鎌倉将軍
執権
連署列伝

日本史史料研究会〔監修〕
細川重男〔編〕

吉川弘文館

目　次

摂家将軍の時代――武家政治の輝き――

後嵯峨皇統

親王将軍の時代——鎌倉幕府の変貌——

凡例

一、本書は、鎌倉幕府の将軍・執権・連署の伝記集である。将軍には尼将軍と称され前近代には鎌倉将軍歴代に数えられていた北条政子を、執権には第十七代に就任した可能性のある金沢貞将を加えた。ただし、将軍の代数がずれないよう政子は「尼将軍」とし、貞将は「第十七代執権カ」とした。

二、掲載順は、将軍・執権・連署への任官・就任順とした。連署に就任した後、執権に就任した者は連署就任時に掲載した。しかし、九代将軍守邦親王は薨去が鎌倉幕府滅亡後であることと、本書が初代将軍源頼朝から始まるので、最後の将軍をもって終わるべきだと判断し、最後に掲載した。各人の詳しい経歴については、巻末の「鎌倉幕府将軍職　経歴表」「鎌倉幕府執権・連署　経歴表」を参照されたい。

三、項目のタイトルの執権・連署については、執権にのみ就任した者は「○代執権」、連署に就任した後に執権に昇った者は「○代連署・○代執権」、連署のみに就任した者は「○代連署」とした。なお、七代執権北条政村は連署に就任した後に執権に昇り、北条時宗と執権を交代し再び連署となっている。

四、改元年は、原則として新年号を用いることとした。

五、鎌倉幕府追加法の条数は、佐藤進一・池内義資編『中世法制史料集』一「鎌倉幕府法」（岩波書店、一九五五年）の条数に従った。

六、参考文献は必要最小限であるが、各項目の末尾に掲載したので、本書全体の参考文献は掲載していない。

七、本書に先行する安田元久編『鎌倉将軍執権列伝』（秋田書店、一九七四年）と北条氏研究会編『北条氏系譜人名辞典』（新人物往来社、二〇〇一年）は、執筆の参考とはしたが紙数の制限もあり参考文献に掲載しなかったので、参照されたい。

八、『北条氏系譜人名辞典』には詳細な先行文献目録が「参考文献」「北条氏関連論文目録」として掲載されており、本書の不備を補ってくれるので、参照されたい。

総論　鎌倉幕府と将軍・執権・連署

鎌倉幕府と将軍

治承四年（一一八〇）八月十七日、二十年を越える流人生活の後、源《みなもとの》頼朝《よりとも》は三十四歳で伊豆に挙兵した。五月十五日の以仁王《もちひとおう》による挙兵計画発覚に始まった全国的長期内乱「源平合戦」（治承・寿永の内乱）は、ここに本格化する（戦乱の完全な終結は建久元年〈一一九〇〉三月、大河兼任《おおかわかねとう》の乱の鎮圧）。十月六日、頼朝は相模国鎌倉に入った。鎌倉幕府の成立時期については、鎌倉幕府をいかに定義するかによって治承四年（一一八〇）・寿永二年（八三）・文治元年（八五）などの諸説があるが、頼朝の鎌倉入りが鎌倉幕府のスタートであったことは間違いない。この時点で頼朝は相模・武蔵・安房・上総・下総の南坂東五ヶ国に伊豆を加えた六ヶ国を実力支配していたからである。鎌倉幕府は反乱軍・反政府武装勢力として始まったのである。

日本最初の武家政権は平《たいらの》清盛《きよもり》の築いた平氏政権であるが、平氏政権は朝廷と不即不離の関係にあり、朝廷と別個の組織を作った鎌倉幕府こそが最初の本格的武家政権ということができる。ここに鎌倉幕府・室町幕府、織豊《しょくほう》政権を挟んでの江戸幕府という約七百年に及ぶ武家政権の歴史が開かれたのである。

鎌倉幕府は治承四年から数えれば元弘三年（一三三三）まで百五十余年存続し、将軍は九代。幕府とは本来、軍隊の総指揮者である将軍が出征中に生活する仮住居を指すが、日本では建久三年（一一九二）七月に頼朝が征夷《せいい》大将軍《たいしょうぐん》に任官したことから、歴代の幕府首長も同職に任官し、幕府は征夷大将軍を首長とする武家政権を意味する言葉となった（頼朝は当然、建久三年以前は将軍ではないが、煩雑になるので以下、頼朝を含め鎌倉幕府の首長を鎌倉将軍と呼ぶ）。

複雑な歴史

三つの幕府のうち、鎌倉幕府の歴史は室町・江戸幕府に比して複雑で、わかりにくい。

わかりにくさの第一は、室町幕府は足利氏、江戸幕府は徳川氏と一つの家で将軍（征夷大将軍）を世襲したが、鎌倉幕府は一つの家での将軍職世襲が叶わなかったことである。

第二は、将軍の下に、頼朝の妻政子《まさこ》の実家北条氏《ほうじょう》（戦国時代の小田原《おだわら》北条氏〈後《ご》北条氏〉と区別して、鎌倉北条氏・執権《しっけん》北条氏と呼ばれる）が世襲する執権なる職が置かれたためである。執権は室町幕府の管領《かんれい》、江戸幕府の大老《たいろう》・老中《ろうじゅう》に相当するが、鎌倉将軍九代のうち四代から八代までを北条氏が京都に送還している点で、江戸管領・大老・老中と大きく異なる。また執権は政所《まんどころ》（行・財政機関）の別当《べっとう》（長官）と侍所《さむらいどころ》（軍事・警察・御家人統率機関）の別当を兼ねる役職であるが、副執権というべき連署《れんしょ》が置かれ、執権は複数制となる。さらに後期鎌倉幕府では北条氏の家督（家長・惣領）である「得宗《とくそう》」が権力を集中し、得宗は執権の職権を越えた存在（執権を辞職し出家した後も、幕府を主導した）として、専制政治を行ったというのであるから、専門の研究者以外にはきわめてわかりにくい。さらにその上、最後の得宗、北条高時《たかとき》（十四代執権）は愚昧な人物とされる（『太平記』・『保暦間記《ほうりゃくかんき》』）。愚昧な人に専制政治は行えないであろう。「わけがわからない」というのが多くの人の正直な感想なのではないか。

このように鎌倉幕府史が複雑化した要因は、正治元年（一一九九）正月に偉大なカリスマであった頼朝が没し、幕府が混乱して、将軍家を巻き込む有力御家人間の抗争が連続し、結果、承久元年（一二一九）正月三代将軍実朝《さねとも》が暗殺され、頼朝の血統が断絶したことに帰せられる。この過程で幕府の執政者である執権職が生まれるのであり、ボタンの掛け違いは、ここに始まったといえる。

鎌倉将軍家

源氏将軍家断絶後、実朝の母北条政子、その弟である執権北条義時《よしとき》ら幕府首脳部は、後鳥羽《ごとば》上皇に皇子の鎌倉下向を願ったが拒絶され、頼朝の姉の曽孫である摂関家（摂政・関白に任官する貴族の最高家格）九条《くじょう》家の三寅《みとら》（二歳）を将来の将軍候補として鎌倉に迎えた。政子は三寅に代わって将軍権力を行使し、尼将軍と呼ばれた。三寅は後の九条頼経《よりつね》であり、子頼嗣《よりつぐ》とともに四代・五代将軍となった。これを摂家将軍と呼ぶ。だが、摂家将軍父子は北条氏と対立し、相次いで京都に送還され、迎えられたのが後嵯峨《ごさが》上皇の皇子、六代将軍宗尊《むねたか》親王である。宗尊以降の惟康《これやす》（宗尊王子）・久明《ひさあきら》（後深草《ごふかくさ》天皇皇子。惟康の従弟）・守邦《もりくに》（久明王子）は惟康が源氏を名乗った時期はあるものの、全員が親王となり、親王将軍・皇族将軍・宮将軍などと呼ばれる。親王将軍を二家とすれば、鎌倉将軍家は四家となる。

なお、まがりなりにも将軍権力を行使したのは宗尊までであり、惟康以降の三代は完全なる傀儡であった。鎌倉幕府は「鎌倉将軍家」なのであり、御家人は将軍の家臣（私的従者）であるという建前は厳然たるものであって、それは執権・得宗の存立基盤にもかかわることであり、たとえ傀儡であっても、いてもらわねば絶対にならない存在、それが後期鎌倉幕府にとっての将軍であった。

御家人

鎌倉幕府は建前上、鎌倉将軍という個人の私的な持ち物「鎌倉将軍家」であり、その組織は将軍の家政機関（家の運営機関）である。だからこそ将軍と私的主従関係を結んで家臣となった者は、将軍への敬意を込めて「御」の字を家臣を指す「家人」の上に付け「御家人《ごけにん》」と呼ばれるのである。御家人たちの主人の呼称は「鎌倉殿《かまくらどの》」であり、鎌倉殿の任官する官職が征夷大将軍なのである。

御家人は鎌倉時代を通じて約二千人（家）と推定されている（**【参考文献】**今野論文六十九頁）が、おのおのが家臣を持っており、よって鎌倉幕府の兵力は御家人の兵力の総体であった。また、御家人は大半が武士であるが、武士ではない者もあった。たとえば、朝廷の下級官人の家柄で文筆能力をもって将軍に仕えた人々は、武士と区別して文士《ぶんし》と呼ばれた。

そして鎌倉幕府は、すべての武士を支配下に置いたわけではない。西国（西日本）には鎌倉後期に「本所《ほんじょ》一円之地住人《いちえんのちじゅうにん》」（学術用語で「非御家人」）と呼ばれた幕府に所属しない武士もあった。もっとも蒙古襲来期以降、対蒙古防衛を理由に本所一円之地住人も幕府の軍事動員を受けることになり、幕府はすべての武士階級を事実上、支配下に置いた。しかし、本所一円之地住人が正式に御家人と認定されることは、鎌倉幕府滅亡までなかったのである。例外はあるものの、鎌倉幕府は御家人を頼朝と主従関係を結んだ者とその子孫に限定しようとし続けており、この点で鎌倉幕府は閉鎖的な組織であった。鎌倉幕府は観念的には「源頼朝の時代の幕府」であり続けようとしたのである。

また、御家人は「鎌倉将軍の家臣として平等」であったと、よくいわれるが、これも建前である。そもそも頼朝期の御家人には、門葉《もんよう》（清和《せいわ》源氏《げんじ》一門。頼朝の父系血族）・家子《いえのこ》（頼朝親衛隊）・侍《さむらい》（門葉・家子以外）という頼朝との私的な関係による序列が存在した。この序列は将軍家が摂関家・皇族と移っていくことにより意味を失うが、代わって有力御家人を中心とした派閥形成が進行し、この事態の延長上に御家人でありながら有力御家人の家臣となる者が現れる。鎌倉後期に幕政上でも大きな力を持った御内人《みうちびと》（史料用語。学術用語は得宗被官《とくそうひかん》）は、御家人の家臣となった御家人の典型である。すなわち御内人とは「御家人である北条氏得宗の家臣となった御家人」のことで、御内人ではない御家人は外様《とざま》と呼ばれるようになる。

北条氏と執権・連署

北条氏は、桓武平氏系を称する伊豆の武士団であったが、時政《ときまさ》の娘政子が流人頼朝に嫁したことから、鎌倉幕府の支配者への道を開いた。時政は建仁三年（一二〇三）九月の比企《ひき》の乱で二代将軍頼家《よりいえ》の外戚として権勢を振るっていた比企氏を滅ぼし、頼朝期以来の大江《おおえ》（中原《なかはら》）広元《ひろもと》とともに政所別当に就任した。通常、これが執権職の始まりとされる。だが、時政は元久二年（一二〇五）閏七月牧《まき》氏の変で娘政子、子息義時《よしとき》・時房《ときふさ》に敗れて失脚。父に代わって政所別当となった義時は、建保元年（一二一三）五月、和田合戦で頼朝期以来の侍所別当和田《わだ》義盛《よしもり》を滅ぼし、侍所別当を兼ねた。これが真の意味での執権職の成立である。義時の子泰時《やすとき》は、元仁元年（一二二四）六月の義時卒去に際し、異母弟政村《まさむら》の外戚伊賀氏一族の陰謀を退け、執権に就任した。泰時は叔父時房を連署に迎え、ここに執権・連署制が成立する。連署は時房の仁治元年（一二四〇）正月の卒去で七年ほど廃絶したが、宝治元年（一二四七）七月の北条重時《しげとき》の就任以降定着した。この時、『吾妻鏡《あずまかがみ》』は重時について「将軍家別当連署たり」と記している（同年七月二十七日条）。

いわば副執権である連署は執権とともに幕府の公文書に署名することから付けられた名称であるが、本来は複数執権制である。執権・連署は合わせて「軍営御後見《ぐんえいごこうけん》」「御後見」と呼ばれた（『吾妻鏡』元仁元年六月二十八日条。執権・連署の履歴を記す『北条時政以来後見次第』は原題が『御後見』）。南北朝時代の史料には執権泰時・連署時房二人を連署と記している例がある（『梅松論《ばいしょうろん》』上）。『沙汰未練書《さたみれんしょ》』に「執権とは、政務の御代官なり」とある。つまり、執権・連署は鎌倉将軍の後見役・政務の代官とされていたのである。

北条氏は執権・連署に限らず、評定衆《ひょうじょうしゅう》などの重要役職に世襲的に就任した。将軍の行事などを差配する小侍所《こさむらいどころ》の長官である別当、六波羅探題《ろくはらたんだい》の二人の長官（北方《きたかた》・南方《みなみかた》）、鎮西探題《ちんぜいたんだい》の長官などは北条氏が独占した。中枢役職に世襲的に就任する幕府支配層は北条氏に限らないが、四割程度が北条氏であった。北条氏は氏族としても繁衍し、得宗・名越《なごえ》・極楽寺《ごくらくじ》・伊具《いぐ》・政村流北条・金沢《かねさわ》・佐介《さすけ》・大仏《おさらぎ》など多くの家系が成立した。そして分流した諸家には幕府役職を基準とする家格（家柄）の序列化が起きる。この中で執権・連署に昇る家格となったのは得宗家時宗《ときむね》系・同宗政《むねまさ》系・極楽寺流赤橋《あかはし》家・同普恩寺《ふおんじ》家・政村流北条家時村《ときむら》系・金沢家顕時《あきとき》系・大仏家宗宣《むねのぶ》系の七家である。北条氏の嫡流は三代執権泰時の家系、得宗家（時宗系）である。得宗は時政・義時・泰時・時氏《ときうじ》・経時《つねとき》・時頼《ときより》（経時弟）・時宗・貞時《さだとき》・高時の八世代九人であり、これが世にいう「北条九代《くだい》」である。

政治体制の三段階論

鎌倉幕府の政治体制は、佐藤進一の提唱した将軍独裁・執権政治・得宗専制の三段階論が現在も基本的に定説である。将軍独裁と執権政治の境界には諸説あるものの、源頼朝将軍期・北条泰時執権期がおのおの典型とされる。執権政治と得宗専制の境界、つまり得宗専制の成立期についても諸説あるが、佐藤進一は

「文永弘安以降の得宗専制時代」「得宗専制の第一段の確立者である北条時宗」（【参考文献】佐藤論文八十・九十三頁）と記している。文永・弘安はほとんど時宗の治世期であるから、佐藤の得宗専制論は時宗期を第一段階、貞時・高時期を第二段階とする二段階論なのである。私見では、渡辺晴美（【参考文献】渡辺論文二二三・四頁）と同じく、時宗が潜在的なそれを含めて敵対勢力を一掃した文永九年（一二七二）二月騒動を画期と考える。また第一段階と第二段階の画期を、佐藤は弘安八年（一二八五）霜月騒動とするが、私見では前年の北条時宗卒去と考えている。

政治体制の変遷

源頼朝に御家人が期待したのは、所領（支配地）などの権益の保護と所領争いなどの紛争に対する公正な裁定であった。よって鎌倉幕府の組織は、政治組織であると同時に訴訟（裁判）機関であった。やがて幕府の権力が朝廷を圧倒するようになると、本来は幕府が関与する必要のない荘園領主（本所・領家）間の訴訟も幕府に持ち込まれるようになる。

将軍独裁期には、政所（初め公文所《くもんじょ》。行・財政）・侍所（軍事・警察・御家人統率）・問注所《もんちゅうじょ》（訴訟事務）の三大機関は早々に置かれたものの、組織や制度は未成熟で、頼朝は軍事は宿老と呼ばれる有力御家人の意見を聞き、行政・訴訟などは文士を手足として使いながら、最終決定は自身で下していた。将軍独裁の典型とされるゆえんである。

幕府の組織・制度が急速に整備されたのは執権政治期である。北条泰時執権期の嘉禄元年（一二二五）七月頃に連署が置かれ、同年十二月に合議機関である評定の構成員、評定衆が任命されて、貞永元年（一二三二）八月に最初の武家法典『御成敗式目《ごせいばいしきもく》』（貞永式目）が発布された。ここに合議制と法治主義に基づく執権政治体制が成立した。評定は当時の幕府の最高議決機関であり、執権・連署はいわば評定の議長・副議長である。評定衆には序列があり、上位者を北条氏が占有するようになる。

北条時頼執権期の建長元年（一二四九）十二月、引付方《ひきつけかた》が設置された。引付方の長である引付頭人《ひきつけとうにん》は評定衆の上位者が兼任し、その下に評定衆、新設の引付衆《ひきつけしゅう》、奉行人《ぶぎょうにん》が数人ずつ配置されて一つの引付方が構成され、評定で正式決定される訴訟判決の予備審理を職務とした。最初の引付方は三方（三番。つまり三つ）であったが、後に六・七・八方に増設された時期もあり、逆に廃止された時期もあったものの、基本は五方となった。引付頭人にも序列があり、五方制では一番頭人が最上位、五番頭人が最下位で、一番から四番までの頭人は北条氏、五番頭人のみ非北条氏から選任されるのが五方制の場合の通例であった。つまり、一番引付頭人は執権・連署に次ぐ幕府役職第三位の地位である。また、弘安七年（一二八四）には、それまで引付方で複数作られていた判決原案が一つとされ、評定ではその可否のみが審理されることとなった。これを引付責任制という。

このように執権政治の制度を確立した時頼であったが、その治世期（執権辞職後も含む）は同時に北条氏家督たる得宗への権力集中が進行した時期であった。得宗専制期に最高議決機関となる寄合《よりあい》（初め深秘御沙《しんぴのごさ》汰《た》）の初見は、時頼執権就任の直前、寛元四年（一二四六）三月である。時頼期の寄合は北条氏家督の主催する私的会議に過ぎなかったが、幕政の重要事項が議されている。また、時頼は康元元年（一二五六）十一月の執権辞職・出家後も事実上、幕府を主導しているのである。

得宗専制の第一期である北条時宗執権期には、時宗は執権ではあったものの執権の職権を越えた権力集中を行い、独裁的な権力を振るった。この時期の鎌倉幕府では政治・訴訟制度の最上位に時宗という個人が位置していたのである。当時の寄合は時宗の私的諮問機関であった。時宗没後の得宗専制第二期になると、寄合の構成員である寄合衆が幕府役職となり、寄合は幕府の最高議決機関として評定の上位に位置付けられるのである。

また得宗専制期には、北条氏一門の幕府役職就任年齢が極端に若年化する。いくつか例を挙げると、十二代執権北条煕時《ひろとき》は十七歳で引付衆、二十三歳で評定衆となり、その三日後に四番引付頭人となった。大仏家《いえ》時《とき》は元徳元年（一三二九）評定衆就任時、十八歳（『金沢文庫古文書』四四三）。北条貞規《さだのり》（貞時の従弟師時《もろとき》の子で母は貞時娘）は文保元年（一三一七）二十歳で一番引付頭人となった（『鎌倉年代記』同年条）。また、十五代執権金沢貞顕《さだあき》は子息貞冬《さだふゆ》が元徳元年春（正月〜三月）に引付衆に就任し同年五月四日に評定衆に昇ったことを「年内両度の昇進、面目の至り、自愛極まり無く候」と歓喜している（『金沢文庫古文書』三九二）。幕府役職は王朝官職のごとく栄爵化し、人事は家格重視で行われるようになったのである。そして鎌倉最末期、得宗北条高時の時代には幕府政治は先例・形式偏重主義に覆われ、そのまま鎌倉幕府滅亡を迎えるのである。

最後に鎌倉幕府の政治・訴訟制度の変遷を示しておく。

【執権政治期】

制度　評定—引付方

役職　執権・連署—引付頭人—評定衆—引付衆—奉行人

【得宗専制第一期】

制度　北条時宗（執権）—評定—引付方

役職　北条時宗（執権）——（連署）—引付頭人—評定衆—引付衆—奉行人

【得宗専制第二期】

制度　寄合—評定—引付方

役職　寄合衆（執権・連署を含む）—引付頭人—評定衆—引付衆—奉行人

参考文献

佐藤進一「鎌倉幕府政治の専制化について」（同上『日本中世史論集』、岩波書店、一九九〇年、初出一九五五年）、同上『鎌倉幕府訴訟制度の研究』（岩波書店、一九九三年、初出一九四三年）、今野慶信「鎌倉幕府と御家人」（葛飾区郷土と天文の博物館編『鎌倉幕府と葛西氏』、名著出版、二〇〇四年）、鈴木由美「金沢貞冬の評定衆・官途奉行就任の時期について」（『鎌倉遺文研究』一七号、二〇〇六年）、佐々木文昭「鎌倉幕府評定制の成立過程」（同上『中世公武新制の研究』、吉川弘文館、二〇〇八年、初出一九八三年）、細川重男『鎌倉幕府の滅亡』（歴史文化ライブラリー、吉川弘文館、二〇一一年）、佐々木文昭「鎌倉幕府引付頭人小考」（『北海道武蔵女子短期大学紀要』四三号、二〇一一年）、渡辺晴美「得宗専制体制の成立過程」（同上『鎌倉幕府北条氏一門の研究』、汲古書院、二〇一四年、初出一九七六〜八〇年）

（細川重男）

源氏将軍の時代

――関東草創――

初代将軍

源　頼　朝

みなもとの　よりとも

人生の時期区分

源頼朝の久安三年（一一四七）四月から正治元年（一一九九）正月十三日までの人生は、次のように、きれいに三区分される。

［第一期］中央軍事貴族源義朝《よしとも》の嫡子
久安三年四月～永暦元年（一一六〇）三月十一日：一～十四歳（十三年）

［第二期］伊豆の流人
永暦元年三月十一日～治承四年（一一八〇）八月十七日：十四～三十四歳（二十年）

［第三期］鎌倉幕府の首長
治承四年八月十七日～正治元年（一一九九）正月十三日：三十四～五十三歳（十八年）

頼朝については多くの書籍が刊行されているので、ここでは流人時代の頼朝に関する物語と近年明らかになった頼朝の征夷大将軍任官事情を紹介する。

伊豆時代の物語と史実

流人時代の頼朝について、延慶本『平家物語』巻四、『源平盛衰記《げんぺいじょうすいき》』巻十八、『源平闘諍録《とうじょうろく》』一之上、真字本『曽我物語』巻二・三、流布本『曽我物語』（日本古典文学大系本を使用）巻第二など（以下、物語類）に、細部に異同はあるものの次のような記事がある。

頼朝が伊豆に流罪になると同地の武士団伊東《いとう》氏と北条氏が監視役となった。伊東祐親《すけちか》が京都《きょうと》大番役《おおばんやく》として上洛中、頼朝は祐親の三女に通じ男子千鶴《せんつる》が生まれた。千鶴三歳の春、京より帰った祐親は平家への聞こえを恐れて怒り、千鶴を家臣に命じて殺害させ、三女を江間《えま》某に嫁がせた。さらに祐親は頼朝殺害を企図したが、祐親の子息伊東九郎からこれを聞いた頼朝は北条時政を頼って逃れた。その後、時政がやはり大番役で上洛中に、頼朝は時政の長女政子に通じた。大番役からの帰途にこれを聞いた時政は、同道して来た流人山木《やまき》（平《たいら》）兼隆《かねたか》に政子を嫁がせた。しかし、政子は伊豆山《いずさん》神社（走湯山《そうとうさん》）に逃れ、頼朝とともに参籠した。やがて時政は頼朝と政子の仲を認めた。

延慶本『平家物語』は延慶二・三年（一三〇九・一〇）書写、応永二十六・七年（一四一九・二〇）再書写、『源平闘諍録』は建武四年（一三三七）書写、文和四年（一三五五）再書写との奥書があり、真字本『曽我物語』の代表的写本である妙本寺本の原形は鎌倉末、流布本『曽我物語』・『源平盛衰記』は南北朝の成立とされる。また、延慶本『平家物語』は、頼朝と政子の仲を裂いた時政について「表面的には世間の評判を恐れて政子を兼隆に嫁がせたが、心中では頼朝に期待していた」という不自然な記述をしている。これは時政の行動への言い訳であり、北条氏全盛の鎌倉後期に記されたと考えられる。よって、右のストーリーは鎌倉末には成立していたと推定できる。

これは物語（説話）である。すべてを史実とすることはできない。たとえば、山木兼隆は治承元年（一一七七）五月十五日には京都で検非違使《けびいし》として活動しており（『玉葉《ぎょくよう》』）、兼隆が父の申請により解官《げかん》されるのは同三年正月十九日である（『山槐記《さんかいき》』）。兼隆の伊豆国田方《たがた》郡山木への配流はこの日以降であり、頼朝は同四年四月にはすでに北条氏の婿となっていたことが『吾妻鏡』で確認されるから、兼隆と政子の婚姻には無理がある。だが、同時にすべてを虚構とする必要もないのであり、以下のような大まかな流れは史実と認めて良いであろう。

頼朝は伊東祐親の娘と通じた。祐親は許さず、頼朝殺害を図った。頼朝は逃れ、北条時政を頼った。頼朝は時政の娘政子と通じた。時政は許さなかった。頼朝と政子は伊豆山神社に逃れた。時政は頼朝を婿と認めた。

また、物語類は祐親の襲撃を逃れた際、頼朝は直接、時政のもとに向かったとするが、『吾妻鏡』寿永元年二月十五日条に「走湯山へ逃げ走りたまふ」とあり、伊豆山の権威と武力からして、頼朝は伊豆山に逃れた後、時政に庇護された可能性がある。さらに、物語類は頼朝・政子の伊豆山参籠について、政子が先に伊豆山に行き頼朝を呼んだとする。だが、『吾妻鏡』文治二年四月八日条には政子の発言として「君の所に到る」とあり、これによれば政子は頼朝のもとに行ったのであり、頼朝とともに伊豆山に行ったか、すでに頼朝がいた伊豆山に行ったという可能性もある。

では、伊東事件・北条事件は、いつのことか。物語類の日時は矛盾が多く、確定は困難だが、推定を行ってみる。伊東事件は、前述の『吾妻鏡』寿永元年二月十五日条が安元元年（一一七五）九月とする。治承四年（一一八〇）八月十七日の挙兵（山木兼隆討伐）から五年前、頼朝二十九歳の時となり、後の展開と矛盾なく接続し、これが最も史実に近いと推定される。北条事件は、妙本寺本『曽我物語』が頼朝・政子参籠を治承二年十一月とする。頼朝三十二歳・政子二十二歳の時となる。流布本『曽我物語』は、頼朝が政子に通い始めた時、政子を二十一歳とし、妙本寺本『曽我物語』と良く接続する。また、政子が頼朝の長女大姫を生んだ年には治承二・三年の二説があるが、政子が伊豆山に行った時、その行動から妊娠していても出産が近い状況ではなかったはずである。さらに『吾妻鏡』によれば、頼朝は治承三年三月二日に武蔵国比企《ひき》郡の慈《じ》光寺《こうじ》に梵鐘《ぼんしょう》を寄進しており（文治五年六月二十九日条）、この時には時政との確執は解決していたと考えられる。そして比企郡は頼朝流罪後、乳母《めのと》比企尼《ひきのあま》が請所《うけしょ》（年貢を定額で請け負った土地）として夫とともに下向し、挙兵まで頼朝への援助を続けた土地である（『吾妻鏡』寿永元年十月十七日条）。この寄進が政子の安産祈願であった可能性は認められるはずである。妙本寺本『曽我物語』記載の日時はほとんど信憑性が低いが、頼朝・政子参籠の時期は史実に近いのではないか。よって、大姫誕生は治承三年と推定される。

征夷大将軍任官についての新事実

今世紀初頭における頼朝関連の最大のニュースは、『三槐荒涼《さんかいこうりょう》　抜書要《ぬきがきよう》』所収『山槐記』建久三年（一一九二）七月条の発見・紹介により、征夷大将軍任官の事情が明らかとなったことである。頼朝が申請したのは「大将軍」任官であり、朝廷は候補に惣官《そうかん》・征東《せいとう》大将軍・征夷大将軍、中国に例のある上《じょう》将軍をあげ、惣官は平　宗盛《たいらのむねもり》、征東は木曽義仲《よしなか》の先例を不快として、上将軍は中国の事例であることを理由に退け、坂上田村《さかのうえのたむら》麻呂《まろ》を吉例として征夷大将軍を選び、頼朝に授けたのである。つまり、頼朝は単に「大将軍」への任官を希望したのであり、「征夷」は朝廷によって選択されたもので、すなわち頼朝の「征夷大将軍」任官は結果に過ぎなかったのである。

物語の中の頼朝と武士たち

延慶本『平家物語』は、①頼朝の流人時代、東国武士の多くが源家の恩顧を忘れず、頼朝立たば命を懸けると決めており、頼朝も捲土《けんど》重来《ちょうらい》の時を待っていた。②伊東事件で北条に向かう途中、頼朝は八幡大菩薩に「征夷ノ将軍」となることを祈願した。③北条事件で伊豆山にあった頼朝の家臣安達盛長《あだちもりなが》が見た「頼朝が陸奥外ヶ浜《そとがはま》と西海鬼海ヶ島《きかいがしま》を両足で踏む」夢について、同じく頼朝に祗候《しこう》していた相模の武士大庭《おおば》景義《かげよし》が頼朝の「征夷将軍」任官を予言する吉夢と解いた、と記している。『源平闘諍録』は、②では「征夷ノ将軍」の語はないものの、「日本国を頼朝に打ち随はしめ給《たま》へ」と祈願しており、③では「武士の大将軍」「征夷将軍」とある。『源平盛衰記』には①②③とも同様の記述がある。

流人時代から征夷大将軍となる志を持ち続けていた頼朝。その流人の決断を待ち続け、挙兵に結集し、頼朝とともに鎌倉幕府を築いた武士たち。――これは前節に見た征夷大将軍任官の史実などに照らせば虚構である。だが、鎌倉後期以降の武士たちにとっては、これこそが真実であった。挙兵以来薨去にいたるまでの十八年、「武家の棟梁《とうりょう》清和源氏の嫡流」を演じ続けた源頼朝は、その没後も偉大なる武家の棟梁として記憶され続けたのである。

参考文献

市古貞次・大島建彦校注『曽我物語』（日本古典文学大系八八、岩波書店、一九六六年）、角川源義編『妙本寺本曽我物語』（貴重古典籍叢刊三、角川書店、一九六九年）、黒田彰・松尾葦江校注『源平盛衰記』三（中世の文学、三弥井書店、一九九四年）、福田豊彦・服部幸造全注釈『源平闘諍録』上（講談社学術文庫、講談社、一九九九年）、櫻井陽子編『校訂延慶本平家物語』四（汲古書院、二〇〇二年）、櫻井陽子「頼朝の征夷大将軍任官をめぐって――『三槐荒涼抜書要』の翻刻と紹介――」（『明月記研究』九号、二〇〇四年）

（細川重男）

二代将軍

源　頼　家

みなもとの　よりいえ

成長とその環境

源頼家は寿永元年（一一八二）八月十二日、父源頼朝、母北条政子の長男として誕生した。乳付《ちつけ》には比企《ひき》尼《あま》の娘（河越重頼《かわごえしげより》妻）が呼ばれ乳母《めのと》となった。その後、乳母夫《めのと》には頼朝の信任の篤かった源家一門の平賀《ひらが》義《よし》信《のぶ》が就任している。比企尼は、父頼朝の乳母として在京していたが、平治の乱後、頼朝が伊豆国に配流されると夫比企掃部允《かもんのじょう》（遠宗《とおむね》）とともに武蔵国比企郡に戻り、そこから頼朝の生活費等を送り続けた女性である。その娘婿には頼朝の側近である藤九郎《とうくろう》盛長《もりなが》、武蔵武士の河越重頼、後に頼朝の知行国である武蔵守に推挙された信濃源氏平賀義信などがいた。このように、頼家は比企尼の娘を通じた係累の見守る中で成長していった。この後、河越重頼の娘は源義経に嫁ぎ、藤九郎盛長の娘は源範頼《のりより》に嫁いでおり、頼朝は異母弟たちにも頼家を託したのではなかろうか。父頼朝の構想は、将来頼家が武蔵国及びその武士団を基盤とすることだったと考えられる。しかし、源義経の謀叛により、縁座として河越重頼父子が処刑されることになり、頼朝の構想にほころびが生じていた。

文治四年（一一八八）七月十日、七歳の頼家の御着甲始《おちゃっこうはじめ》が行われるが、そこには、乳母夫平賀義信・乳母兄比企能員をはじめ、小山・千葉・梶原・三浦・下河辺《しもこうべ》・佐々木・八田・畠山・和田・足立など錚々たる御家人が参列し頼家を補佐していた。

建久元年（一一九〇）四月七日、頼家九歳の時、頼朝は秀郷流《ひでさとりゅう》故実《こじつ》に通じた下河辺行平《ゆきひら》を弓馬の師に付けた。『吾妻鏡』には「弓馬の芸に慣らしめたまふのほか他事あるべからず」と記されており、弓馬の芸に通じた武家の棟梁《とうりょう》にすること、これが父頼朝の頼家に対する教育方針であったと考えられる。その結果、同四年五月十六日の富士巻狩《ふじのまきがり》において、頼家は弓馬の芸を披露し、鹿を射ている。頼朝はこれを大変喜び、頼家を列席させ山神《やまのかみ》・矢口《やぐち》等を祭る儀式を執り行った。翌日には鎌倉の政子に使者を派遣するが、政子は感激せず、むしろ頼朝の粗忽さをたしなめたという。このエピソードは、頼朝夫妻の嫡男頼家に対する期待の違いを示すものとして興味深い。父頼朝は、武家の棟梁の跡継ぎとして御家人に認知されたことを喜び、母政子はまだ未熟な頼家を育てるため、それをたしなめたのであろう。

同六年、父源頼朝の東大寺供養参列に供奉《ぐぶ》して上洛。同六月三日、参内し後鳥羽《ごとば》天皇に謁した。これは、頼朝が後鳥羽天皇以下京都の公家たちに嗣子《しし》頼家を披露する目的であった。鎌倉に帰った後、同八年十二月十五日従五位上、右近衛少将に叙任されたことは、頼家が鎌倉殿の家督として頼朝の継承者に認められたことを示している。また、在鎌倉のままで右近衛少将に補任されたことは、先例を破ることであり、後鳥羽天皇が頼朝に対し破格の待遇をしたことを示している。ちなみに、この頼家の初任とそれ以降の官途は、摂関家の庶子と同等の待遇とみなすことができる。

鎌倉殿頼家

正治元年（一一九九）正月十三日父頼朝が没した。この時頼家は十八歳であった。二月六日には、朝廷から正月二十六日付の宣旨《せんじ》を賜わった。その内容は「前征夷将軍源朝臣（頼朝）の遺跡を続ぎ、宜しく彼の家人郎従等をして、旧のごとく諸国守護を奉行せしむべし」というもので、頼家は日本国惣守護として二代目鎌倉殿に就任した。三月五日には罪科があるとして讃岐守護後藤基清《ごとうもときよ》を罷免し近藤国平《こんどうくにひら》を補任した。『吾妻鏡』はこれを「幕下将軍（頼朝）の御時、さだめ置かるること改めらるるの始めなり」と評している。三月二十三日には、別願ありとして伊勢神宮領六ヶ所の地頭職を停止した。四月一日には、幕府内に問注所《もんちゅうじょ》を建て、三善康信《みよしやすのぶ》を執事として、裁判制度の整備を進めている。しかし、こうした守護人事の見直し、地頭職の改替、裁判制度の整備は、性急すぎたのであろう。四月十二日には、将軍の直断を停止して宿老十三人が合議のうえ補佐することが定められた。これについては、将軍の独裁体制を進める頼家の権力を制限するためとの見方と、将軍の親裁を否定したものではなく、訴訟の取り次ぎを十三人に限るという制度を作ったとする見方などが存在する。制度の整備や世代交代を進めていこうとした頼家にとっては、早くも宿老たちと衝突したことになる。背景には、頼朝後家としての母政子の存在があり、母との対立が顕在化してくる。以降、『吾妻鏡』の記事は、頼家の奇行を記述するようになる。

四月二十日、頼家は侍所別当梶原景時《かじわらかげとき》に命じて、近臣たちの鎌倉内における行動について甲乙人の敵対を禁止させた。さらに七月二十日、頼家は安達景盛の妾の件をきっかけに景盛襲撃を企図し、母政子と対立している。前者は侍所を頼家が掌握していたことを示すが、後者は、景盛は藤九郎盛長の跡継ぎであり、比企グループの一角が頼家から離れていったことを示している。さらに十月二十七日には、女房阿波局《あわのつぼね》の密告によって梶原景時の事件が起きた。経緯は省略するが、結果、翌正治二年正月二十日、梶原景時が上洛する途中の駿河国において討たれた。こうして頼家は侍所別当という支持者を失った。『玉葉』正治二年正月二日条などによれば、景時は御家人たちが頼家の弟実朝を擁立し頼家打倒を謀ったと讒訴《ざんそ》したため失脚したと伝えている。

頼家の側近

以降『吾妻鏡』は、頼家が側近とともに行う狩猟や蹴鞠等の記事が多くなる。この側近の顔ぶれは、比企《ひき》宗員《むねかず》・比企時員《ときかず》・小笠原長経《おがさわらながつね》・北条《ほうじょう》時連《ときつら》（後の時房《ときふさ》）・和田朝盛《わだともり》・中野能成《なかのよしなり》・富部五郎《とべごろう》・細野四郎兵衛尉《ほそのしろうひょうえのじょう》・稲木五郎《いなぎごろう》・壱岐判官知康《いきほうがんともやす》・紀行景《きのゆきかげ》・源性《げんせい》・義印《ぎいん》といった人々である。比企氏一族の他、比企能員が守護である信濃国の武士（小笠原・中野・富部）が目につく一方、父頼朝が構想した武蔵武士（比企氏以外）の姿が見えない。また蹴鞠に長じた人々（知康・紀行景・源性・義印）などもいる。中には時政の子時連、梶原景時の滅亡で侍所別当に返り咲いた和田義盛の子朝盛や比企能員の乱後地頭職を安堵された中野能成もいた。一部の勢力に偏ったグループではなかったようである。

同年十月二十六日、頼家は従三位《じゅさんみ》左衛門督《さえもんのかみ》に叙任されるなど官位は順調に昇進している。翌建仁元年（一二〇一）正月二十三日には城長茂《じょうながもち》が京都と本国の越後国で挙兵するという事件が起きる。これはまもなく鎮圧されるが世情が不安定になっていることを示している。さらに同三年五月には源実朝の乳母夫阿野全成《あのぜんじょう》の謀叛が発覚した。全成は捕らえられ、六月配所《はいしょ》で処刑された。実朝周辺への政治的圧力と考えられる。

比企能員の乱

頼家は、建仁三年三月頃から体調を崩していたが、蹴鞠や狩猟に傾倒する姿が『吾妻鏡』に散見する。七月二十日頼家は大江広元《おおえのひろもと》邸で倒れ、同二十三日には重態に陥り各所で病気平癒の祈禱が行われた。そのため鎌倉殿の後継問題が惹起され、比企グループと北条時政グループの対立が深まっていく。頼家は、八月十五日の鶴岡八幡宮の放生会《ほうじょうえ》にも参会できない有様で、同二十七日には危篤となった。『吾妻鏡』八月二十七日条によれば、この日譲補の沙汰が行われ、頼家は、弟千幡《せんまん》（後の実朝《さねとも》）に関西三十八ヶ国の地頭職を、子一幡に関東二十八ヶ国地頭職と日本国惣守護職を譲ることになった。これを聞いた比企能員が不満を持ち、反逆を企てたとして、九月二日に政子が頼家と能員との謀議を時政に知らせ、時政が仏事にかこつけて比企能員を誘殺した。続いて頼家の子一幡、その母若狭局以下の比企一族が籠もる小御所を政子の命を受けた軍勢が襲い、比企氏は滅亡した。北条政子が頼家を見限り、一幡と比企氏討伐を命じるという展開を『吾妻鏡』は記述している。

源頼家が快復したのは九月五日のことで、侍所別当和田義盛に時政討伐を命じたが時すでに遅く、七日には北条政子の命によって出家させられ、伊豆国修善寺《しゅぜんじ》に送られて幽閉された。翌元久元年（一二〇四）七月十八日に二十三歳で殺害された。

源頼家については、最近『吾妻鏡』の記述は北条氏の側に偏しているとして見直しが行われており、東国の地頭に荒野の開発を命じたこと（『吾妻鏡』正治元年四月二十七日条）や武蔵国の田文《たぶみ》を整えさせたこと（同年十一月三十日条）などをはじめ、頼家の奇行として記されていることも再検討する必要を感じる。

参考文献

仁平義孝「鎌倉前期幕府政治の特質」（『古文書研究』三一号、一九八九年）、永井晋「比企氏の乱の基礎的考察―『吾妻鏡』建仁三年九月二日条と『愚管抄』の再検討から―」（『埼玉地方史』三七号、一九九七年）、藤

本頼人「源頼家像の再検討―文書史料を手がかりに―」（『鎌倉遺文研究』三三号、二〇一四年）

（菊池紳一）

初代執権

北条時政

ほうじょう　ときまさ

伊豆の在庁官人として（前半生）

北条時政は、保延四年（一一三八）に生まれた。上総介平直方朝臣《たいらのなおかた》の五代孫とされ（『吾妻鏡』治承四年四月二十七日条）、父は北条四郎大夫時家（時方ともいう）、母は伊豆掾伴為房《いずのじょうとものためふさ》の娘とされる（北条氏研究会「北条氏系図考証」）。祖父時方の代より伊豆国田方《たがた》郡北条《ほうじょう》（現静岡県伊豆の国市）に住し、北条を称したという。

時政の前半生については不明な点が多いが、伊豆国の在庁官人であった可能性が高い。仁平元年（一一五一）〜保元三年（一一五八）までの伊豆守は、高藤《たかふじ》流藤原《ふじわら》氏の流れを汲む藤原（吉田）経房《つねふさ》であった。経房の子孫隆長の著した『吉口伝《きつくでん》』には、この経房と時政についての興味深いエピソードが記されている。十代後半になっていた時政は、保元の乱の直前に伊豆の目代《もくだい》に捕縛されることがあった。その時、伊豆守藤原経房の処置が理非にかなっていたので、後に時政は後白河院側の窓口となる公卿（関東申次《かんとうもうしつぎ》）として、源頼朝に経房を推挙したという。また『曽我物語』『源平盛衰記』などによれば、平治の乱の翌年（永暦元年〈一一六〇〉）三月、源頼朝が田方郡蛭ヶ小島《ひるがこじま》（現静岡県伊豆の国市）に流されてきた際、その監視役を、伊東祐親《いとうすけちか》とともに命じられ、嘉応二年（一一七〇）四月には、伊豆大島に配流されていた源為朝《ためとも》が叛乱を起こした際、その征伐軍に加わったという。治承元〜二年（一一七七〜七八）頃、時政は京都大番役《きょうとおおばんやく》勤仕のため在京していたが、この頃伊豆では流人源頼朝と娘政子との間に長女大姫が誕生していた。このことが平家の耳に入ることを恐れた時政は、政子を当時伊豆の目代であった山木兼隆《やまきかねたか》（平兼隆）に嫁がそうとしたと伝え、政子は熱海の走湯山権現《そうとうさんごんげん》（伊豆山神社《いずさん》。現静岡県熱海市）にいた頼朝のもとに逃れ、時政は二人の仲を認めざるをえなかったという。結局、時政は頼朝を自邸に迎えている。ただし、兼隆が目代に登用されるのは伊豆国の知行国主源頼政《みなもとのよりまさ》が討たれ、伊豆国が平時忠《ときただ》（清盛の義弟）の知行国になった治承四年六月以降のことで、この話は後世の創作と考えられる。ただこれらのエピソードは北条氏が伊豆国の在庁官人であった可能性が高いことを示している。

源頼朝の岳父として

治承四年五月、源頼朝は以仁王から平家追討を命ずる令旨を受けた。以下『吾妻鏡』の記述に従って経緯を述べると、時政は頼朝を助けて挙兵の計画を練り、同八月、伊豆の目代であった山木兼隆を討ち、ついで頼朝に従って平家方の大庭景親《おおばかげちか》軍と相模国石橋山《いしばしやま》（現神奈川県小田原市）で戦ったが敗れ、頼朝より一足早く海路安房国（現千葉県）に渡り、同地で合流した。九月、時政・義時父子は頼朝の使者として、甲斐国（現山梨県）の武田氏のもとに遣わされ、十月、甲斐・信濃の軍勢とともに南下、富士川に平家軍を破り、駿河国（現静岡県）に進軍してきた頼朝軍と合流したという。ただし、『玉葉《ぎょくよう》』『吉記《きつき》』『山槐記《さんかいき》』などを見ると、富士川での戦闘はなく、平家軍（追討軍）と甲斐源氏の対陣で、頼朝率いる坂東軍はこれに参戦していなかった。時政父子が甲斐源氏と行動をともにしたという点についても、この後、甲斐源氏が頼朝の御家人となり、時政が駿河・遠江両国に勢力を伸ばしていくことを前提とした布石と考えられ、『吾妻鏡』の記事は検討の余地があろう。

次に時政が歴史の舞台に登場するのが、文治元年（一一八五）である。同年十月、源義経の申請によって源頼朝追討の宣旨が下されると、十一月時政は頼朝の代官として上洛した。時政の任務はいわば進駐軍の司令官であり、義経の追捕、義経に与した後白河院《ごしらかわいん》の近臣の処分、義経に代わる京都周辺の治安維持（京都守護）などであった。約千騎の軍勢を率いて京に入った時政は、後白河院やその近臣たちを威圧しつつ、院近臣を処断し、全国一律に田地一反ごとに五升の兵糧米《ひょうろうまい》を徴収することを認めさせた。翌二年の始め頃、後白河院から七ヶ国の地頭職を拝領したが、同三月これを辞退し、鎌倉に下向した。この地頭職が七ヶ国分の地頭職か、七ヶ国の国地頭職なのかは意見の分かれるところである。この時政の鎌倉下向は、義経同様院政のなかに時政を取り込もうとする後白河院の政治的工作を避けて、頼朝に疑惑を持たれまいとする時政の政治的配慮から起きたものと見られる。

文治五年六月、時政は奥州藤原氏征伐を祈念して、伊豆国北条に願成就院《がんじょうじゅいん》の建立を始め、同七月には奥州藤原氏を討つため源頼朝に従って下向した。建久四年（一一九三）五月、頼朝の命により、駿河国の狩猟場を整備するため下向するが、これは時政が文治年間以降、伊豆・駿河両国の守護職に在任していたことによる。

執権への道程

正治元年（一一九九）正月、源頼朝が没し、子の頼家《よりいえ》が鎌倉殿の地位を継承すると、時政は外祖父としてその政治力を発揮しはじめる。先例を無視する頼家の行動は御家人の反発を招き、同年四月、時政・義時父子を含めた幕府の宿老十三人による合議制が実行される。そして同二年四月には時政は従五位下遠江守に叙任され、幕府内での地位を固めていった。頼朝の時代、受領《ずりょう》になるのは源氏一族と吏僚であり、北条氏の地位上昇を示している。この段階で政所別当になった可能性もあろう。

一方、頼家やその外戚比企《ひき》能員《よしかず》との対立も激化していった。建仁三年（一二〇三）八月、源頼家が危篤になった時、時政は頼家の権力継承の方途としてその権力を二分し、頼家の嫡男一幡《いちまん》に関東二十八ヶ国の地頭職と日本国惣守護職とを、弟千幡《せんまん》（後の実朝《さねとも》）に関西三十八ヶ国の地頭職を相続させることを提案した。これを聞いた比企能員は激怒し、同年九月回復した頼家に訴え、頼家も時政追討の命令を能員に下した。この様子を障子越しに聞いていた北条政子は、すぐに父時政に通報した。時政は政所別当であった中原《なかはら》（後の大《おお》江《え》）広元《ひろもと》に能員の断罪を相談し、仏事と称して能員を名越《なごえ》の自邸に招き、機先を制して能員を誘殺した。時政によるクーデターである。さらに政子の命で比企一族とともに一幡を滅ぼした。そして頼家の弟千幡を征夷大将軍に戴き、時政は将軍の外戚、政所別当として幕府政治の実権を握った。以降、時政は単署の下文をもって将軍実朝の意を奉じ御家人に所領の安堵等をしており、時政の実権掌握が裏付けられている。

建仁三年（一二〇三）十月、将軍実朝は、武蔵国内の御家人に対し北条時政の指揮下に入るよう命じた。これは、将軍の「旗本」ともいえる武蔵武士団を時政の指揮下に置いたもので、時政と武蔵の有力武士団畠山《はたけやま》一族との軋轢、さらに畠山一族内の対立を生むことになった。翌元久元年（一二〇四）、時政は後妻牧方《まきのかた》の娘婿武蔵守平賀《ひらが》朝雅《ともまさ》（清和源氏一門）を京都守護とし、着々とその政治的地盤を拡大しつつあった。同二年六月、畠山重忠《しげただ》に謀反の疑いありという牧方の訴えにより、時政は、子息である義時《よしとき》・時房《ときふさ》兄弟の反対を押し切って討手を差し向け、武蔵国二俣川《ふたまたがわ》（現神奈川県横浜市）で重忠を討ち取った。重忠は時政の娘婿の一人であるが、武蔵支配には邪魔な存在であった。この事件によって稲毛《いなげ》・榛谷《はんがや》などの畠山一族も没落していった。ついで時政は、牧方と謀って実朝を除き娘婿平賀朝雅を将軍にしようと企てたが、実朝を保護下に置いた政子・義時の反撃にあって、同年閏七月、時政は出家し、伊豆国北条に隠棲した。法名は明盛《みょうせい》。

承元元年（一二〇七）十一月、時政は願成就院の南傍に塔婆《とうば》を建立し供養を行っている（『吾妻鏡』承元元年十一月十九日条）。建保三年（一二一五）正月六日、日頃煩っていた腫れ物が悪化し没した。享年七十八。安貞元年（一二二七）正月、後妻の牧方は京都で時政の十三年忌供養を行っている（『明月記』安貞元年正月二十三日条）。

時政には子が多く、先妻の子として政子（源頼朝妻）・宗時・義時・時房の他、足利義兼《あしかがよしかね》妻・阿波局《あわのつぼね》（阿野《あの》全成《ぜんじょう》妻）・稲毛女房《いなげのにょうぼう》（稲毛重成《しげなり》妻）・畠山重忠妻（後に足利義純《あしかがよしずみ》妻）等がおり、後妻牧方の子として政範《まさのり》・平賀朝雅妻（後に源国通《みなもとのくにみち》妻）が、他に三条実宣《さんじょうさねのぶ》妻・宇都宮頼綱《うつのみやよりつな》妻（後に藤原師家妾）・坊門忠清《ぼうもんただきよ》妻・河野通信《こうのみちのぶ》妻・大岡時親《おおおかときちか》妻等がいる。源氏の一族、武蔵の秩父一族ばかりでなく、京都の公家との婚姻関係も見られ、北条時政のネットワークの広さを示している。

参考文献

杉橋隆夫「鎌倉執権政治の成立過程―十三人合議制と北条時政「執権」職就任―」（御家人制研究会編『御家人制の研究』、吉川弘文館、一九八一年）、菊池紳一「北条時政発給文書について―その立場と権限―」（『学習院史学』一九号、一九八二年）、森幸夫「伊豆守吉田経房と在庁官人北条時政」（『季刊ぐんしょ』八号、一九九〇年）、湯山賢一「北条時政執権時代の幕府文書―関東下知状成立小考―」（小川信編『中世古文書の世界』、吉川弘文館、一九九一年）、北条氏研究会「北条氏系図考証」（安田元久編『吾妻鏡人名総覧』、吉川弘文館、一九九八年)、福田豊彦「富士川の対戦」(福田豊彦・関幸彦編『源平合戦事典』、吉川弘文館、二〇〇六年)、菊池紳一「武蔵国留守所惣検校職の再検討—「吾妻鏡」を読み直す—」(『鎌倉遺文研究』二五号、二〇一〇年)

(菊池紳一)

三代将軍

源　実朝

みなもとの　さねとも

成長の環境

源実朝は、建久三年（一一九二）八月九日、父源頼朝、母北条政子の次男として生まれた。兄頼家《よりいえ》の十歳下の弟にあたる。幼名は千幡《せんまん》。北条時政《ときまさ》の娘（政子の妹）で、頼朝の弟阿野全成《あのぜんじょう》の妻である阿波局《あわのつぼね》が乳付《ちつけ》（乳母《めのと》）となった。十一月二十九日に行われた五十日《いか》百日《ももか》の儀は、祖父時政の沙汰で行われ、叔父義時《よしとき》が御贈物を献上しているように、北条氏一族の保護を背景に成長していった。一方、兄頼家の周囲には、父頼朝の乳母比企尼《ひきのあま》の縁者を中心に御家人が集まっており、好対照をなしていた。正治元年（一一九九）正月十三日、父頼朝が没した時、実朝はまだ八歳であったが、父の残した人間関係はその後の実朝の人生に大きな影響を与えることになる。

鎌倉殿実朝

建仁三年（一二〇三）三月頃、兄の将軍頼家は病を得た。五月、実朝の乳母夫《めのと》阿野全成は突然謀反の嫌疑をかけられて捕らえられ、六月二十三日頼家の命を受けた八田《はった》知家《ともいえ》によって下野国で処刑された。頼家の追及は乳母阿波局（時政の娘）にも及んだが、姉である母政子に守られ許された。この事件以後、実朝の養育には北条時政とその後妻牧方《まきのかた》夫妻があたることになる。

兄頼家は病状が悪化し、八月二十七日には危篤となった。この日譲補の沙汰が行われ、頼家は、弟千幡（後の実朝）に関西三十八ヶ国の地頭職を、子一幡《いちまん》に関東二十八ヶ国の地頭職と日本国惣守護職を譲ることになった（『吾妻鏡』）。この背景には母政子の意向が反映されていたと思われる。なお、『吾妻鏡』では、これを聞いた比企能員《ひきよしかず》が不満を持ち、反逆を企てたとする。そして九月二日に政子が頼家と能員との謀議を時政に知らせ、時政が仏事にかこつけて比企能員を誘殺し、政子が頼家の子一幡と比企氏討伐を命じるという展開を記述している。この記事の真偽は別として、北条時政によるクーデターが行われ、その背後に政子がいたことは確かであろう。

すでに予定されていたかのように、九月十五日には九月七日付で実朝を従五位下・征夷大将軍に叙任する宣旨が鎌倉に届いた。十月八日には時政の名越《なごえ》邸で元服の儀が行われ、それまで幼名「千幡」を称していた実朝は、後鳥羽上皇の命名により、この時から諱《いみな》（実名《じつみょう》）「実朝」を名乗ることになった。

頼家から実朝への政権交代は母政子の主導で行われたと考えられ、実朝は北条時政の名越邸に引き取られている。十月九日、政所始《まんどころはじめ》が行われた。幼い将軍実朝に代わって祖父時政が将軍の外戚、政所別当《まんどころべっとう》として幕府政治の実権を握ったのである。それは将軍実朝の意を奉じて御家人に所領の安堵等をする時政単署の関東下知状《かんとうげちじょう》が発給されていることで、裏付けられる。

時政の失脚

建仁三年（一二〇三）十月、実朝は侍所《さむらいどころ》別当和田義盛《わだよしもり》を奉行として、武蔵国内の御家人に対し北条時政の指揮下に入るよう命じた。この背景には時政の意向があったとみられ、将軍の「旗本」ともいうべき武蔵武士団を時政の指揮下に置くことを命じたものである。以降、武蔵国支配を巡って時政と有力な武蔵武士である畠山重忠《はたけやましげただ》との軋轢を生むことになった。

元久元年（一二〇四）正月十二日、源　仲章《みなもとのなかあき》が実朝の侍読《じどく》に補任《ぶにん》され、読書始が行われた。こうして実朝に対する鎌倉殿としての教育が始められた。七月二十六日、『吾妻鏡』によれば、実朝は、政所別当北条時政・中原《なかはら》（後に大江《おおえ》に改姓）広元《ひろもと》を御前に召し、政務聴断を始めたとするが、この時実朝はまだ十三歳であり、形式的なものであったと考えられる。

当時実朝の嫁取りについては、源氏一門の足利義兼《あしかがよしかね》娘を候補に調整が行われていたが、八月四日、実朝の許容が得られず沙汰やみとなった。実朝は京都から公家の娘を迎えたい意向で、後鳥羽《ごとば》上皇の近臣である坊《ぼう》門信清《もんのぶきよ》の娘が選ばれ、十二月十日に実朝の正室として鎌倉に到着している。二人の仲は良かったものの子供に恵まれず、建保六年（一二一八）に熊野詣のついでに政子が上洛した時、後鳥羽上皇の皇子を鎌倉に下向させることで交渉が行われ、朝廷側と合意している。

元久二年（一二〇五）六月、畠山重忠に謀反の疑いがあるという牧方の訴えにより、時政は、義時・時房兄弟に命じて武蔵国二俣川《ふたまたがわ》（現神奈川県横浜市）で重忠を討ち取った。畠山一族は時政の武蔵支配には邪魔な存在だったのである。ついで時政は、牧方と謀って実朝を除き女婿平賀《ひらが》朝雅《ともまさ》（清和源氏一門）を将軍にしようと企てた。しかし閏七月十九日、危険を感じた政子・義時は実朝を時政の名越邸から義時邸に移し保護下に置いた。結局、この時政・牧方夫妻の陰謀は挫折し、閏七月、時政は出家し、伊豆国北条に隠棲した。以降、北条義時が執権として実朝政権を支えている。

父頼朝の先例

実朝の官位は順調に進み、十八歳になった承元三年（一二〇九）四月十日には、右近衛中将のまま従三位に叙され、公卿に列した。兄頼家と同様に、摂関家の庶子家に準じる待遇である。

五月十二日、侍所別当和田義盛は、内々に実朝に上総介補任の推挙を要望した。実朝は決断がつかず、母政子に相談した。政子の返事は、故頼朝の時の方針（侍〈源氏一門及び吏僚を除く将軍家の家臣〉は受領《ずりょう》〈国司《こくし》〉にしない）を述べ反対した。さらに義盛は正式に文書を認め政所別当中原広元に提出するが、結局二年後の建暦元年（一二一一）十二月二十日義盛が申請を取り下げている。

一方、承元三年十一月十四日に、執権北条義時から、伊豆国の住人で功労のあった義時の郎従（主達《しゅたち》）を侍に準じる待遇を与えるよう申請があった。この件についても実朝は、母政子に相談したとみられ、郎従を侍とすることは、将来幕府を危うくすることになるとして許可しなかった。こうした実朝の判断は、母政子の補佐を受け、父頼朝の先例を遵守するという考え方を示している。

和田義盛の乱（和田合戦）

建保元年（一二一三）に起きた和田合戦については、北条義時の項で経過を述べるが、合戦に至るまでの推移は、実朝にとって心労が重なる過程でもあった。自分に忠誠を尽くす侍所別当和田義盛を叔父執権北条義時が挑発する様子は耐えがたいものであったと考えられる。謀叛計画に加担したとされる義盛の子息たちをその功績に免じて赦免することまではできても、義盛の甥胤長《たねなが》までは許すことはできなかった。五月二日に挙兵した義盛は幕府を襲撃し、実朝は父頼朝の法華堂《ほっけどう》に避難するほど一時窮地に陥ったが、結局これを退けることができた。この合戦の結果、義時は念願の侍所別当を兼任し、鎌倉殿の掌握する主従制をもその権力下に置くことになった。

京都世界への傾倒

実朝は藤原定家《ふじわらのさだいえ》の添削をうけながら和歌を学び、家集『金槐和歌集《きんかいわかしゅう》』を残した歌人としても知られている。『吾妻鏡』の詠歌の初見は元久二年（一二〇五）四月十二日条で、十二首和歌を詠んだとされる。九月二日には、藤原定家に師事する内藤朝親《ないとうともちか》が、三月十六日に撰進された『新古今和歌集』を鎌倉に持参しており、以降和歌会の記事が『吾妻鏡』に散見する。承元三年（一二〇九）七月五日、和歌二十首を住吉《すみよし》社に奉納。また和歌三十首の添削を藤原定家に依頼している。

建保四年（一二一六）十一月、実朝は宋人陳和卿《ちんなけい》に勧められて医王山《いおうさん》参詣を企図し、唐船の修造など渡宋の沙汰が行われたが、唐船は就航することができなかったこともあり、結局、実朝の渡宋計画は失敗に終わっている。

また、実朝と後鳥羽上皇との関係は表面上良好で、実朝の官位は建暦元年（一二一一）正月正三位、建保元年（一二一三）二月正二位、同四年六月権中納言、同六年正月権大納言、同年三月左近衛大将を兼任し、十月内大臣、十二月右大臣とその昇進は目を見張るものがあった。しかし、実朝は承久元年（一二一九）正月二十七日、右大臣拝賀のため参拝した鶴岡八幡宮《つるがおかはちまんぐう》において、甥公暁《くぎょう》（兄頼家の子）に暗殺された。享年二十八。

実朝の父頼朝を尊崇していた下野の御家人長沼宗政《ながぬまむねまさ》が「当代は歌鞠をもって業となし、武芸廃《すた》るるに似たり、女姓をもって宗となし、勇士はこれ無きがごとし」（『吾妻鏡』建保元年九月二十六日条）と述べているように、実朝は京都の文化に傾倒し、武士の嗜むべき弓馬の道を忘れており、武家の棟梁としてはふさわしくない人物だった。

参考文献

五味文彦「実朝の文化空間」（『三浦古文化』五一号、一九九二年）、坂井孝一「源実朝—青年将軍の光と影—」（平雅行編『公武権力の変容と仏教界』、中世の人物　京・鎌倉の時代編　第Ⅲ巻、清文堂、二〇一四年）

（菊池紳一）

二代執権

北条義時

ほうじょう　よしとき

源頼朝の側近として

北条義時は長寛元年（一一六三）北条《ほうじょう》時政《ときまさ》の次男として生まれた。母は伊東《いとう》入道（祐親《すけちか》カ）の娘と伝える。同母兄に宗時《むねとき》、同母姉に政子がいる。通称は北条四郎、江間《えま》四郎、北条小四郎、江間（江馬）小四郎（『吾妻鏡』）。若い頃の義時の様子を伝えるエピソードは見られないが、北条の北西に位置する江間を通称とすることから、時政の嫡子ではなく、伊東祐親の娘婿となった江間小四郎（『曽我物語』）の故地を引き継いだものと推定される。義時が歴史の舞台に登場するのは、治承四年（一一八〇）八月二十三・二十四両日に行われた石橋山《いしばしやま》合戦からである（『吾妻鏡』同年八月二十日条にみえる頼朝に従った伊豆・相模御家人四十六騎に父時政・兄宗時とともに「同〈北条〉四郎」とあるのが初見）。義時は源頼朝に従って平家方の大庭《おおば》景親《かげちか》軍と戦って敗れたが、兄宗時は時政・義時父子とは別行動をとり伊豆国に向かう途中討死にする。同二十七日時政・義時父子等は頼朝より一足早く海路安房国（現千葉県）に渡り、同地で頼朝と合流した。十月頼朝は鎌倉に入り、十二月十二日には新亭移徙《わたまし》の儀に時政・義時父子も供奉《ぐぶ》した。義時は、この頃から頼朝の最も信頼する若い御家人の一人であり、養和元年（一一八一）四月七日には、頼朝の寝所近辺を警備する十一人の一人に選ばれた。寿永元年（一一八二）十一月時政の岳父牧宗親が頼朝に受けた辱めを理由に時政が伊豆に下向した時、義時はこれに従わなかった。この時義時は頼朝から将来自分の子孫の護りとなるであろうと賞賛されたという。

元暦元年（一一八四）八月平家追討のため源範頼《のりより》に従って西海に下向し、翌文治元年（一一八五）正月には豊後国に渡り、同年二月葦屋《あしや》浦《うら》（福岡県芦屋町）で平家家人原田《はらだ》種直《たねなお》父子を破った。頼朝はこれらの戦功に対し、みずから書状を認め賞している。

建久元年（一一九〇）十一月の頼朝の最初の上洛に供奉。六条若宮《ろくじょうわかみや》・石清水《いわしみず》八幡宮《はちまんぐう》の参詣や後白河《ごしらかわ》院御所参向にも従った。同三年五月に、義時の嫡子金剛《こんごう》（後の泰時《やすとき》）が歩いていたところ、御家人の多賀《たが》重行《しげゆき》が乗馬しながらその前を通過し、これを理由に重行は頼朝から所領を没収された。この時頼朝は重行に「金剛は汝ら傍輩に準じることはできない」と述べたという。頼朝と義時の関係を想起させるエピソードである。泰時は、同五年二月に元服するが、烏帽子《えぼし》親《おや》は頼朝が勤めた。義時は、同三年九月に、頼朝の計らいで、比《ひ》企《き》朝宗《ともむね》の娘姫前《ひめのまえ》（幕府の官女。後に朝時《ともとき》・重時《しげとき》らの母となる）を妻に迎えている。

北条氏の地位確立

正治元年（一一九九）正月、源頼朝が没し、子の頼家が鎌倉殿を嗣ぐと、義時の父時政は将軍の祖父としてその政治力を発揮し始める。先例を無視する頼家の行動は御家人の反発を招き、同四月、時政・義時父子を含めた幕府の宿老十三人による合議制が実行された。しかし、義時は将軍頼家の覚えもよく、鶴岡八幡宮《つるがおかはちまんぐう》や伊豆国三島《みしま》社等への奉幣使などや蹴鞠会の判定役も勤めている。一方、頼家の弟千幡《せんまん》（後の実朝《さねとも》）にも仕え、建仁三年（一二〇三）二月四日にはその鶴岡社参の扶持を行っている。同九月に起きた比企氏の乱では、姉政子の命に従って、頼家の嫡子である一幡《いちまん》の拠る小御所を襲い、比企一族を滅亡させた。この戦功で義時は信濃国守護（元守護は比企能員《ひきよしかず》）と大隅国守護（元守護は島津忠久《しまづただひさ》）を獲得する。

将軍実朝の代になると、実朝の寺社参詣の供奉や鶴岡八幡宮・二所（伊豆山・箱根山）・伊豆国三島社等への奉幣使を勤め、自邸に実朝を迎えるなど、側近として奉公する姿が『吾妻鏡』に散見する。元久元年（一二〇四）三月には従五位下相模守に叙任された。父時政についで義時が国司に任じられたことは、北条氏と他の御家人との格の違いを示すものといえよう。

同二年六月、畠山重忠が討たれる。この事件は父時政の後妻牧方《まきのかた》の讒言《ざんげん》によるものであり、義時は弟時房とともに父を諫める姿勢をとるが、父の指示に従って重忠を討った。しかし、重忠討伐後、重忠の謀叛は讒訴である旨を時政に報告している。この事件は、時政の前妻の子と後妻牧方の対立とも見られるが、当時武蔵国で最も勢力のあった畠山一族が没落したことは、北条氏の武蔵国支配を考える上で大きな意味があった。その後、牧方の陰謀が露見したが、父時政の処分は、出家と伊豆国北条への蟄居という軽微なものであったことは事件の背景を暗示させる。

執権として

父時政没落後は義時が執権に就任した。以降の幕府政治は、姉政子を擁する義時を中心に弟時房・中原《なかはら》（後の大江《おおえ》）広元《ひろもと》・三善康信《みよしやすのぶ》・伊賀朝光《いがともみつ》等によって運営されていく。

承元三年（一二〇九）十一月、義時は伊豆国の住人で年来の義時の郎従を侍に準じる待遇を与えるよう将軍実朝に申請するが、実朝は母政子や政所別当中原広元等の意見を聴取し、将来幕府を危うくする原因となるとして許可しなかった。これは、義時が他の御家人と一線を隔す存在であることを示す目的があったと思われる。また、義時は諸国守護の職務怠慢を理由に、守護を世襲から結番《けちばん》（交代制）にすることを検討し、各国守護に補任された時の下文《くだしぶみ》の提出をもとめた。これは御家人の反対にあい実現しなかったが、源頼朝以来の有力御家人への抑圧策と考えられる。

建保元年（一二一三）二月、千葉成胤《ちばなりたね》が差し出した一人の法師（安念《あんねん》）の白状から、信濃国住人泉親衡《いずみちかひら》の陰謀事件が発覚する。その計画に侍所別当和田義盛《わだよしもり》の子義直《よしなお》・義重《よししげ》と甥の胤長が加わっていたため、義時は絶好の機会と捉え、さかんに和田氏への挑発を始めた。結果、和田一族は、五月二日遂に挙兵し、幕府や義時亭を襲撃した。義時は一時窮地に陥ったが、和田氏の一族三浦義村《みうらよしむら》が内応したこともあり、二日間の激戦の末、和田義盛一族は壊滅した（和田合戦）。この結果、義時は義盛の就任していた侍所別当の地位も手に入れ、幕府の中での確固とした権力を掌握した。また、同四年から五年にかけて従四位下右京権大夫・陸奥守となり、父時政の官位を越え、名実ともに幕府の実力者となった。

実朝暗殺と承久の乱

承久元年（一二一九）正月二十七日、源頼家の遺児公暁《くぎょう》による実朝暗殺事件が起きる。この時、実朝は右大臣拝賀のため鶴岡八幡宮に参詣するが、義時はこれに供奉し、実朝の御剣役を務める予定であった。しかし、急病のため、その役を源仲章《なかあき》に譲った。仲章は実朝とともに殺害されており、義時が殺害されるはずであったと推定される。直前に仲章と交代したことにより、義時はこの災いを逃れることができたのである。こうした『吾妻鏡』の叙述から、義時が事前にこの暗殺計画を知っていたとする憶測も生まれ、三浦氏や義時の陰謀説等が生まれたが、真相は闇の中である。これ以前の建保六年二月、嗣子のない実朝の後継将軍を皇族とすべく、熊野詣《くまのもうで》を口実に姉政子は弟時房とともに上洛して交渉し、冷泉宮頼仁《よりひと》親王が候補者になっていた。義時は実朝没後、この実現に向けて策動したが、後鳥羽《ごとば》上皇の同意が得られず、結局源頼朝と血縁のある九条道家《くじょうみちいえ》の子三寅《みとら》（当時二歳。後の頼経《よりつね》）が四代将軍の候補者に決定し、七月十九日鎌倉に到着した。これ以降、三寅が幼少の間は政子が後見として政治を聴き、義時が執権として政治を執り行う体制が整えられた。

朝幕関係が緊張の度を加えていくなかで、朝廷では後鳥羽上皇を中心に倒幕計画が進められ、承久三年（一二二一）五月、畿内近国の武士や僧兵が召集され、京都守護伊賀光季《いがみつすえ》を討ち、北条義時追討の宣旨が全国に発せられた。義時は御家人たちの去就を懸念したが、三浦義村以下の御家人たちが幕府に忠誠を誓い、一致団結してこの難局に対処できた。幕府軍は上洛し、六月十五日には入京して京都を制圧した（承久の乱）。義時は、後鳥羽上皇方の首謀者の処断を指示し、仲恭《ちゅうきょう》天皇を廃して後堀河《ごほりかわ》天皇を即位させた。京方についた公家・武士等の所領三千余ヶ所が没収され、勲功のあった武士に新恩地として与えられた。この戦乱の結果、義時の主導する鎌倉幕府が、京都の公家政権に対し優位に立ち、朝廷を監督・支配する状況が生まれた。京都には、上洛した北条泰時・同時房を留め、朝廷を監視させた。これが畿内や西国を統括する幕府の出先機関である六波羅探題《ろくはらたんだい》の始まりである。

晩年の義時

承久の乱の後、幕府の勢力は西国に及び、新補地頭として所領を獲た東国の武士と現地勢力との争いも多くなり、義時はそのような訴訟に対処するなど忙殺されている。一方、政権の安定と三寅の下向で鎌倉には京都の文化が移植されつつあった。そのようななかで、元仁元年（一二二四）六月十三日義時の病が重くなり出家、同日巳刻に没した。享年六十二。葬儀は同十八日に行われ、源頼朝法華堂の東の山上に葬られた。

参考文献

安田元久『北条義時』（人物叢書、吉川弘文館、一九六一年）、佐藤進一『増訂鎌倉幕府守護制度の研究』（東京大学出版会、一九七一年）、下山忍「北条義時発給文書について」（安田元久先生退任記念論集刊行委員会編『中世日本の諸相』下、吉川弘文館、一九八九年）、佐藤進一『鎌倉幕府訴訟制度の研究』（岩波書店、一九九三年）、細川重男『鎌倉政権得宗専制論』（吉川弘文館、二〇〇〇年）

（菊池紳一）

尼将軍

北条政子

ほうじょう　まさこ

御台所として

北条政子は保元二年（一一五七）伊豆国北条で生まれた。伊豆国在庁官人で後に鎌倉幕府初代執権となる北条《ほうじょう》時政《ときまさ》の長女である。母の名は伝わらない。同母兄弟に宗時《むねとき》・義時《よしとき》・時房《ときふさ》がおり、同母姉妹には足利義《あしかがよし》兼《かね》妻・阿波局《あわのつぼね》（阿野全成《あのぜんじょう》妻）・稲毛女房《いなげのにょうぼう》（稲毛重成《しげなり》妻）・畠山重忠《はたけやましげただ》妻（後に足利義純《あしかがよしずみ》妻）等がいる。

政子は後に源頼朝の妻となり、頼家・実朝と女子らの母となるが、その頼朝との出会いについては、『曽我物語』『源平盛衰記』などに描かれている。当初、頼朝・政子の婚姻は、平家の威を恐れる時政によって反対されたが、政子が父の意を押し切って深夜豪雨の中を伊豆走湯山《そうとうさん》（伊豆山《いずさん》神社）で待つ頼朝のもとへ走ったという。『吾妻鏡』文治二年四月八日条にも似た記事があり、平家への聞こえを恐れた時政が政子を幽閉したが、頼朝に思いをはせる政子は暗夜を迷い深雨を凌ぎながら頼朝のもとに走ったと、政子自身に語らせている。政子の一途さ、強さを感じさせるエピソードであろう。

治承二年（一一七八）頃長女大姫《おおひめ》が誕生した。同四年八月、頼朝が以仁王《もちひとおう》の令旨《りょうじ》を奉じて挙兵すると、政子は一時伊豆の走湯山に身を寄せるが、十月には南関東をほぼ制圧した頼朝が鎌倉に居を定めると、正式に御台所《みだいどころ》として迎えられた。その後、寿永元年（一一八二）に長男頼家《よりいえ》、文治二年（一一八六）に次女三幡《さんまん》、建久三年（一一九二）に次子実朝《さねとも》を出産し、二男二女の母となった。政子が頼家を懐妊中に、頼朝は亀前《かめのまえ》という女性を寵愛していた。無事頼家を出産した政子が、亀前のことを知ると烈火のごとく怒り、大岡宗親《おおおかむねちか》に命じて亀前のいた伏見《ふしみ》広綱《ひろつな》の家を襲撃、破壊させた。政子の気性の激しさを示している。

この間、『吾妻鏡』に見える政子は、鎌倉幕府の行事のうち鶴岡八幡宮《つるがおかはちまんぐう》や勝長寿院《しょうちょうじゅいん》などの寺社に夫頼朝と参詣する姿で散見しており、御台所としての役割を示している。文治元年（一一八五）十月二十四日の勝長寿院（頼朝の父義朝を祀る）の落慶供養《らっけいくよう》では、堂の左右の仮屋に左方に頼朝、右方に政子と一条能保《いちじょうよしやす》妻（頼朝妹）が座している様子は、居並ぶ御家人たちにとって象徴的な姿であったと思われる。その翌年四月八日、頼朝・政子夫妻が鶴岡八幡宮に参詣する。この時義経《よしつね》の愛妾静《しずか》に命じて舞を奉納させた。ところが、静が頼朝を讃えずに義経を慕って舞ったことに頼朝は激怒した。そこで政子はかつて自分が頼朝の安否を心配したことなどを述べて、これをとりなした。政子の優しさを示すエピソードである。

鎌倉幕府も安定期に入った建久六年（一一九五）には、頼朝に従って上洛。夫とともに東大寺の大仏開眼法要に列席し、京都諸寺へ参拝した。この時、当時朝廷内に大きな影響力を及ぼしていた後《ご》白河《しらかわ》法皇の寵姫丹後局《たんごのつぼね》（高階栄子《たかしなのよしこ》）と会見し、大姫の入内問題について話し合っている。しかし、大姫は、かつて許嫁であった木曽《きそ》義仲《よしなか》の子義高《よしたか》が討たれたため心を患っており、同八年に死去し、入内は実現しなかった。

後家として

正治元年（一一九九）正月、夫頼朝が急死する。この時四十三歳であった政子は出家し尼となった。法名は如実《にょじつ》。妙観《みょうかん》上人とも号した。二代将軍には長男頼家が就任した。これ以降、政子は源頼朝の後家として、さまざまな場面に登場し、頼家を後見する姿が散見する。『吾妻鏡』によると、当時十八歳の頼家には父頼朝ほどの器量はなく、専恣的な政治が行われることが多かった。御家人の人望も薄く、日々蹴鞠に明け暮れるという有様であった。そのため、将軍頼家が訴訟を親裁することを停止し、政子の父時政・弟義時を含む宿老十三人による合議制を成立させた。また、頼家の外戚比企《ひき》能員《よしかず》の勢力と対抗するため、父時政・弟義時と協力して幕府内における北条氏の地位向上と実権掌握にも努めた。政子らの処置に不満を募らせた頼家は、頼朝の乳母の家でありまた自身の婚家でもある比企氏との関係を強めていった。こうして政子と頼家との関係は悪化していった。政子も頼家を見限るしかなかったものと思われる。

建仁三年（一二〇三）頼家が重病に陥ると、父時政と謀って比企氏を挑発する。すなわち頼家の所有する日本国惣守護および地頭職について、六歳になる頼家の長子一幡《いちまん》には関東二十八ヶ国の地頭職と惣守護職を、弟の千幡《せんまん》（後の実朝、この時十二歳）には西国三十八ヶ国の地頭職を譲与することとした。この分割譲与という処遇に不満を持った比企能員は、回復した頼家にこれを訴えて北条氏を討つべしとの密議を凝らした。『吾妻鏡』は政子がこの密議を聞き、父時政に通報したと記述する。時政は、仏事にかこつけて能員を名越《なごえ》の自邸に招いて誘殺した。政子は義時らに一幡を奉じる比企一族を討つことを命じ、頼家の妻で能員の娘である若狭局《わかさのつぼね》と子一幡は、比企一族と運命をともにした。頼家は、政子の判断により出家させられ、伊豆修善寺《しゅぜんじ》に幽閉され、翌年二十三歳で殺害された。

かくて三代将軍に実朝が就任すると、父時政を執権とし、政子は再び将軍後見として幕政に参画した。元久二年（一二〇五）六月の畠山氏討伐事件を発端として時政・義時父子の間に亀裂が生じると、政子は弟の義時と結んだ。同年閏七月、時政の後妻牧方《まきのかた》が、将軍実朝を廃して女婿の平賀《ひらが》朝雅《ともまさ》（清和源氏一門）を将軍に据えようとした陰謀事件が発覚する。政子は時政邸にいた実朝を義時邸に引き取った。これを見た時政は出家し、翌日、時政は牧方とともに伊豆国北条へ下向した。政子は実朝の後見（執権）に弟義時を据えている。

実朝は兄頼家とは異なり、政子や北条氏、他の御家人らと対立することはなかったが、京都への憧憬が強く、和歌や学問の他、朝廷から高官位を得ることに熱中し、建保六年（一二一八）十二月には右大臣に任官した。翌承久元年（一二一九）正月、実朝は任右大臣の拝賀のため鶴岡八幡宮《つるがおかはちまんぐう》へ参詣したところ、頼家の遺児、鶴岡八幡宮別当公暁《くぎょう》に暗殺された。この前年、政子は熊野参詣を口実に上洛し、後鳥羽上皇の女房で当時の朝廷内の実力者であった卿二位《きょうのにい》（藤原　兼子《ふじわらのかねこ》）と会談して、子供に恵まれない実朝の後継者に後鳥羽上皇の皇子冷泉宮頼仁《よりひと》親王を鎌倉へ迎える密約を交わしていた。ちなみにこの半年後、政子は従二位に叙されているが、これは鎌倉との接近を図る卿二位の計らいと考えられる。以降政子は、「二位殿《にいどの》」あるいは「二位《にい》家《け》」などと呼ばれるようになる。ちなみに政子という諱《いみな》はこの叙位に際し名付けられたものと考えられる。

尼将軍として

実朝没後、幕府はかねてからの約束通り親王将軍を迎えたい旨を朝廷に伝えたが、後鳥羽上皇は実朝暗殺という状況の変化により態度を一変させて、これを拒絶した。幕府は代わりに、頼朝の妹を曾祖母にもつ左大臣九条　道家《くじょうみちいえ》の三男三寅《みとら》（二歳。後の頼経《よりつね》）を次期将軍として鎌倉に迎えた。こうした幕府の判断も政子の決断によるものであったことは想像に難くはない。以降政子は、三寅に代わって簾中《れんちゅう》で政務を聴断することとなった。後の執権北条泰時が制定した「御成敗式目《ごせいばいしきもく》」（第七条）には、「一、右大将家（頼朝）以後、代々将軍ならびに二位殿（政子）の御時、充て給わるところの所領等」と、政子を将軍と同等の扱いをしており、実質的な将軍、つまり「尼将軍」として政務を見ていたことがわかる。

承久三年（一二二一）五月、後鳥羽上皇は北条義時追討の宣旨を諸国に下し討幕活動を開始した（承久の乱）。この時政子は、頼朝の後家として御家人等を前に頼朝の恩義を説き、御家人の結束を促した。乱後は、仏事供養や将軍家内の仕事を中心として活動しながらも、義時を全面的に支援して乱の戦後処理にあたった。

元仁元年（一二二四）、義時が没した後、後妻伊賀方とその実家伊賀氏の陰謀を察知した政子は、深夜密かに伊賀氏に荷担する三浦義村《みうらよしむら》の屋敷を訪れて説得し、急遽帰東した北条時房とともに陰謀を未然に防いだ（『保暦間記《ほうりやくかんき》』）。執権には義時の長子泰時が就くとともに、義時の弟時房を連署として泰時の補佐役に据え、執権政治体制の確立に尽力している。政治家政子の面目躍如といえよう。

嘉禄元年（一二二五）七月十一日、政子は六十九歳で生涯を閉じた。墓所は、はじめ勝長寿院御堂（現神奈川県鎌倉市雪ノ下法華堂跡）に築かれたが、のち寿福寺《じゅふくじ》と高野山《こうやさん》に分骨された。

参考文献

渡辺保『北条政子』（人物叢書、吉川弘文館、一九六一年）、三浦勝男「頼朝と政子（尼将軍）」（『国文学解釈と鑑賞』三一―六、一九六六年）、杉橋隆夫「北条時政と政子―その出身と心操―」（『歴史公論』通巻四〇号、一九七九年）、野村育世『北条政子―尼将軍の時代―』（歴史文化ライブラリー、吉川弘文館、二〇〇〇年）、関幸彦『北条政子―母が嘆きは浅からぬことに候―』（ミネルヴァ日本評伝選、ミネルヴァ書房、二〇〇四年）

（菊池紳一）

摂家将軍の時代

――武家政治の輝き――

三代執権

北条泰時

ほうじょう　やすとき

北条義時の長男

北条泰時は寿永二年（一一八三）、鎌倉幕府二代執権北条義時《よしとき》の長男として生まれた。泰時の母は『系図《けいず》纂要《さんよう》』の注記に「官女阿波局《あわのつぼね》」と記されているが、どのような女性か不明である。泰時の生まれた寿永二年は源平合戦の真最中で、祖父時政《ときまさ》は四十六歳、父義時は二十一歳で、北条氏は一族をあげて武家政権の草創に全力をかたむけていた。泰時の童名は金剛《こんごう》というが、建久五年（一一九四）二月に十三歳で元服し、源頼朝の「頼」字を与えられて、太郎頼時《よりとき》と名乗る。泰時への改名の時期・理由は不明である。泰時は建仁二年（一二〇二）に三浦義村《みうらよしむら》の娘（矢部禅尼《やべぜんに》）と結婚し、翌三年長男時氏《ときうじ》が誕生するが、この女性とはまもなく離婚する。その後、武蔵国御家人安保実員《あぼさねかず》の娘と再婚し、建暦二年（一二一二）に次男時実《ときざね》が生まれる。女子は閑院《かんいん》流藤原実春《ふじわらのさねはる》・足利義氏《あしかがよしうじ》・三浦泰村《やすむら》・北条朝直《ともなお》に嫁いだ女性、源国道の猶子《ゆうし》となった女性が知られる。

北条泰時に関する著作は多数にのぼるため、本稿では六波羅探題《ろくはらたんだい》時代の泰時と後世における泰時の評価の二点について述べてみたい。

六波羅探題時代の北条泰時

承久三年（一二二一）五月に承久の乱が起こり、評議の結果京都への出撃が決定すると、泰時は同月二十二日、長男時氏以下の十八騎とまず鎌倉を出発した。幕府軍は総勢十九万におよぶ大軍で、東海道・東山道・北陸道の三方から京都に向かうが、泰時は叔父時房《ときふさ》とともに東海道大将軍として十万を率いた。東海道大将軍として幕府軍を率いたのは、北条時房、同泰時、同時氏、足利義氏、三浦義村、千葉胤綱《ちばたねつな》の六名であった。一般的な通史の記述では、「東海道からは北条泰時・時房を大将軍にして十万騎の大軍が」のように、泰時を時房の上位に記すことが普通であるが、『吾妻鏡』の表記は一貫して時房・泰時の序列で記されている。

『増鏡』によると、泰時は出陣の翌日一人で鎌倉にもどり、上洛の途中で後鳥羽《ごとば》上皇自身が御旗を挙げ出陣された場合の対処を父義時に質問した。義時は泰時の思慮をほめ、「君の御輿に弓を引くことはできない」とし、兜をぬぎ、弓の弦を切り、上皇の命令に従うように命じている。しかし、上皇が都を出ることは一度もなく、戦いは幕府軍の圧勝で、泰時は六月十五日に入京、後鳥羽・土御門《つちみかど》・順徳《じゅんとく》三上皇の配流、仲《ちゅう》恭《きょう》天皇の廃位などの戦後処理にあたり、乱後も京都に残り時房とともに六波羅探題に就任した。

六波羅探題は、鎌倉幕府が京都の六波羅に置いた機関、およびその長をいう。六波羅はかつて平氏の本拠地であったが、後に没官地《もつかんち》として源頼朝に与えられた。都を占領した泰時・時房は、そのまま六波羅館に住み、乱後の処理や庶政にあたったが、これが六波羅探題の起源である。泰時は六波羅北方、時房は同南方となったが、それ以来、北・南各一名の探題が北条一門の中から選任され、両探題の一方は執権探題として政務を主導した。貞応元年（一二二二）五月十八日付鎌倉幕府追加法によると、時房・泰時は西国をおのおの分割して担当しており、鎌倉時代後期には摂津・播磨（北方）、丹波（南方）など、京都周辺諸国の守護を兼ね、被官を守護代に任じて、強力な支配を樹立した。

六波羅探題成立以来、幕府の指示・命令は両探題宛でなく、主として時房単独に充てられたが、この事実は南方の北条時房が「執権探題」であったことを示している。興福寺《こうふくじ》・東大寺《とうだいじ》別当など権門宛の書状が時房単署で発給された事実も公武交渉の直接の当事者としての時房の役割を示している。北条義時は幕府最大の危機であった承久の乱後の西国の政治運営を、若年の泰時ではなく、当時すでに政所別当の地位にあり、政治家としての経験も豊富な時房に委ねたのではないか。六波羅時代の北条泰時を後世の泰時の高い評価から見てはならない。探題在任中、泰時は栂尾《とがのお》高山寺《こうざんじ》の明恵《みょうえ》上人と出会い、和歌の贈答を行うなど親交を深め、その教えは泰時の以後の政務・人間形成に大きな影響を与えた。

武家政治の理想とされた北条泰時

仁治三年（一二四二）正月、四条《しじょう》天皇が十二歳で急死すると、前摂政九条《くじょう》道家《みちいえ》は姉東一条院《ひがしいちじょういん》が順徳中宮であったため、順徳上皇の皇子の即位を望んだ。しかし、順徳上皇は承久の乱の中心人物であり、配流先の佐渡で生存している。泰時は断固としてこれを拒絶し、討幕に反対した土御門上皇の皇子を擁立した。後《ご》嵯峨《さが》天皇である。四条天皇の後継問題により朝幕関係が急速に悪化する中、六月十五日北条泰時は六十歳の生涯を閉じた。長年の盟友であった連署時房も二年前に死去しており、執権を継いだ嫡孫の経時は十九歳、弟の時頼は十六歳の若さであった。泰時の法名は観阿《かんあ》、現在鎌倉市大船の常楽寺《じょうらくじ》本堂裏に墳墓がある。

南朝正統の立場から大義名分論による史論を展開した北畠親房《きたばたけちかふさ》は、その著『神皇正統記《じんのうしょうとうき》』で、泰時について「心正しく、政すなおにして、人をはぐくみ、物におごらない」人物で、陪臣で長く政権をとった先例は和漢にもなく、北条氏の政権が七代まで続いたのは、徳政と法式を重んじた泰時の余薫であると述べ、「保元・平治の乱以来、頼朝や泰時が現れなければ、日本国の人民はどうなってしまったか」とまで高く評価している。泰時は承久の乱で、後鳥羽・土御門・順徳三上皇の配流と仲恭天皇の廃位という、日本史上未曽有の天皇家の処分を実行した人物であり、天皇との関係から人物を論じる過去の歴史学の立場からすると、泰時も足利尊氏のように不当な評価をされても仕方がない。しかし、なぜか泰時は江戸末期の尊王論者や戦時下における皇国史観の学者たちの評判も決して悪くない。

　鎌倉後期以降の歴史書である『百練抄』・『五代帝王物語』・『保暦間記』には、泰時について、それぞれ「都鄙《とひ》貴賤《きせん》、考妣《こうひ》（父母）を喪うごとし」、「心に偏頗《へんぱ》なく、末代には有がたき人」、「天下惜まぬ人なし」のように、最大限の賛辞を与えている。しかし、同時代の公家日記を見ると、泰時に対する評価は正反対の二つに分かれる。参議広橋経光《ひろはしつねみつ》の『経光卿記抄』では、「性稟《せいひん》廉直、道理を以って先となす」「唐堯《とうぎょう》・虞舜《ぐしゅん》の再誕」と絶賛し、泰時の死を万人が歎いたと記している（六月二十日条）。その一方で、同日記には、泰時は極重悪人であったため、その死に様は高熱で人が近づけず、東大寺・興福寺を焼き払った平清盛と同じであったと記している（六月二十六日条）。泰時の死因は赤痢だったようで、参議平経高《たいらのつねたか》の『平戸記《へいこき》』でも、「温気火のごとし」「人以ってその傍らに寄り付けず」（六月二十日条）と記しており、経高は顕徳院《けんとくいん》（後鳥羽上皇）の祟りという風説があると述べている。後鳥羽上皇が配所の隠岐で死去したのは、三年前の延応元年（一二三九）二月であった。

　泰時が死亡した日は仁治三年六月十五日であるが、泰時にとって六月は特別に縁起の悪い月であった。先立たれた泰時の二人の男子は、時氏が寛喜二年、時実は安貞元年の偶然にも同じ六月十八日に死亡した。また父義時も貞応三年六月十三日に死去したのである。近年の研究によると、六月は食料不足・疫病などで死亡率の高い月といえるが、中世人にとって泰時一家の偶然を後鳥羽上皇の怨霊・祟りと考えたのは当然であった。六月十五日は、二十一年前の承久の乱で、泰時が幕府軍を率いて入京した日でもあった。しかし、泰時がそうした当時の公卿たちの感情を越えて、武家政治の理想・名執権としての評価を得ていくのは、やはり泰時の人徳といえようか。

参考文献

上横手雅敬『北条泰時』（人物叢書、吉川弘文館、一九五八年）、安田元久『鎌倉執権政治―その展開と構造―』（教育社歴史新書、一九七九年）、田村憲美「中世人の〈死〉と〈生〉―死亡の季節性と生活条件―」（『日本史研究』三八八号、一九九四年）、久保田和彦「北条泰時―執権政治を確立―」（北条氏研究会編『北条一族』、新人物往来社、二〇〇一年）、菊池紳一「北条泰時―東西文化を融合させた宰相―」（平雅行編『公武権力の変容と仏教界』、中世の人物　京・鎌倉の時代編　第Ⅲ巻、清文堂、二〇一四年）

（久保田和彦）

初代連署

北条時房

ほうじょう　ときふさ

初代の六波羅探題・連署

北条時房は、鎌倉時代中期に活躍した初代の六波羅《ろくはら》探題《たんだい》・連署である。北条時政《ときまさ》の三男として安元元年（一一七五）に生まれた。母は『北条氏系譜人名辞典』に足立遠元《あだちとおもと》の娘と記されるが、この女性は『系図《けいず》纂《さん》要《よう》』に時房の三男資時《すけとき》の傍注に母と記されているので時房の妻である。時房は北条政子・義時《よしとき》の弟であり、同母なら伊東祐親《いとうすけちか》の娘が母となる。通称は北条五郎、武州《ぶしゅう》、相州《そうしゅう》、匠作《しょうさく》と変遷した。

鎌倉幕府の成立

治承四年（一一八〇）八月十七日、源頼朝は二十年間の流人生活を送った伊豆国北条で挙兵した。伊豆国の在庁官人であった北条時政は、娘政子の婿となった頼朝を全面的に支援し、鎌倉を本拠とする武家政権が誕生した。時政の三男として生まれた時房は、頼朝の挙兵時点でまだ六歳、平家が滅亡した文治元年（一一八五）でもわずか十一歳にすぎない。しかし、鎌倉幕府の成立は時房の人生を大きく変えることになる。

北条時房の『吾妻鏡』の初出は文治五年四月十八日条の元服記事で、時房は三浦義連《みうらよしつら》を加《か》冠役《かんやく》として五郎時連《ときつら》と称した。同年七月、源頼朝の奥州出兵に従軍する。時房の初陣である。時房はまだ元服したばかりの十五歳で、合戦での活躍や功績は期待できない。頼朝在世中の時房は位階や官職もなく、ただの「北条五郎」であり、源頼朝や御台所《みだいどころ》である姉政子の寺社参詣や幕府諸行事への出向に際し随兵として供奉《ぐぶ》すること、放生会《ほうじょうえ》での流鏑馬《やぶさめ》の射手をつとめることが主要な職務であった。

二代将軍源頼家の側近

正治元年（一一九九）正月に源頼朝が死去すると、時房は二代将軍頼家《よりいえ》の側近となり、蹴鞠・狩猟の御供として近侍し、建仁二年（一二〇二）六月に時房と改名した。蹴鞠後の酒宴で、頼家から連の字の改名を命じられたためである。頼家時代の時房は二十代の後半であるが、依然として無位無官である。頼家は蹴鞠や狩猟を好み、これをたびたび開催していたが、時房は常連として蹴鞠の会に参加している。

頼家は近臣を重用し、近臣の小笠原《おがさわら》弥太郎長経《ながつね》・比企《ひき》三郎宗員《むねかず》・比企弥四郎時員《ときかず》・中野《なかの》五郎能成《よしなり》は鎌倉中で狼藉を働いても甲乙人は抵抗してはいけない、また彼ら以外に将軍に取り次ぎはできないと決定している。しかし、近臣の一人で、信濃国の御家人である中野能成は、頼家失脚直後の建仁三年（一二〇三）九月に北条時政から所領を安堵されている（建仁三年九月四日付北条時政下文〈出羽市河文書〉）。頼家が信頼を寄せた近臣の中にも北条氏の息のかかった監視役がひそんでいたのである。時房も、父時政のスパイであった可能性がある。

従五位下・武蔵守に任官

三代将軍源実朝の時代になり、時房は元久二年（一二〇五）八月に従五位下・遠江守、同年九月に駿河守、承元四年（一二一〇）正月に武蔵守に任官する。頼朝の時代、国司に任官できたのは源氏一門と京下官人に限られており、源氏一門以外の武士で国司（遠江守）に任官したのは正治二年四月の北条時政が最初である。時政の国司任官は北条氏が一般御家人の上に立ち、源氏一門に準ずる地位に昇ったことを意味した。元久元年三月の義時の相模守に続く時房の国司任官は、鎌倉幕府における北条氏の地位の確立を意味した。また、武蔵国は相模国とともに将軍家の永代知行国であり、鎌倉幕府の最重要国であるが、その武蔵守に北条氏ではじめて時房が任じられたことは、北条一門における時房の重要な位置が理解されると思う。

承久の乱の勝利

承久元年（一二一九）正月、源実朝は右大臣就任拝賀のため鶴岡八幡宮《つるがおかはちまんぐう》参拝の帰途、甥の公暁《くぎょう》の襲撃により落命する。政子は後鳥羽《ごとば》上皇の皇子の東下を奏上するが、上皇は摂津国長江《ながえ》・倉橋《くらはし》両荘地頭職の改補を要求。三月、時房は千余騎の軍勢を従えて上洛、地頭職改補の拒否と新将軍の下向を奏請した。この結果、同年七月に左大臣九条道家《くじょうみちいえ》の息三寅《みとら》の関東下向が決定し、時房はこれを引率して鎌倉に帰着した。

同三年五月、承久の乱が勃発すると、幕府は上洛軍の規模・編成を確定し、時房は甥の泰時とともに東海道大将軍として十万余騎を従えて出陣する。幕府軍を率いたのは、北条時房、同泰時《やすとき》、同時氏《ときうじ》、足利義氏《あしかがよしうじ》、三浦義村《みうらよしむら》、千葉胤綱《ちばたねつな》の六名であった。六月、時房は京都を占領して六波羅館に入り、以後、六波羅探題として洛中《らくちゅう》警固・西国成敗に従事する。

連署（両執権）としての時房

元仁元年（一二二四）六月、兄で二代執権の北条義時が急死すると、時房は泰時とともに帰東し、政子より軍営の御後見として武家の事を執行するよう命じられる。泰時・時房の両執権への就任である。しかし、時房は翌嘉禄元年まで約一年間、再び京都を活動の舞台としていたことが『明月記《めいげつき》』の記事から知られることから、時房の執権（連署）への就任は、尼将軍北条政子死後の嘉禄元年（一二二五）七月とする説が有力である。

時房が就任した連署に関する一般的な理解は、「執権を助けて政務を行い、執権とともに幕府発給の文書に署判する職」「両執権、両執事、両後見、両探題などといったが、執権と連署の権限は同等ではなく、連署は執権の補佐役であった」（『国史大辞典』）である。連署制成立の意義は、執権・連署制は複数執権制であり、幕政の中枢における独裁制から合議制への転化とする理解と、執権・連署の関係は対等ではなく、独裁・専制志向こそが成立期執権政治の基調であると理解する、正反対の評価がある。連署の名称は、幕府発給文書に執権と連名で署名したために生まれたものであるが、連署時房の立場を単なる執権泰時の補佐と理解することはできない。

その後の時房

鎌倉幕府の重要な儀式の一つに年始の垸飯《おうばん》がある。元日より数日にわたり、北条氏以下の有力な御家人が将軍に太刀・名馬・弓矢とともに食事を奉る儀式である。特に元日から三日までの垸飯は、鎌倉幕府内の序列を意味した。義時の死後、元日の垸飯は、嘉禄二年・安貞元年の二年間を泰時がつとめた以外、一貫して北条時房であった。

その後の時房は、寛喜三年（一二三一）十二月に正五位下、文暦元年（一二三四）正月に従四位下に昇叙し、嘉禎二年（一二三六）二月に修理権大夫を兼任、翌三年正月に従四位上となり、十一月に相模守を辞任する。暦仁元年（一二三八）閏二月に四代将軍九条頼経の上洛に従軍、在京中に正四位下に叙された。仁治元年（一二四〇）正月二十四日、六十六歳で死去した。法名は行念《ぎょうねん》または称念《しょうねん》である。

参考文献

上横手雅敬「連署制の成立」（京都大学文学部読史会創立五〇年記念会編『国史論集』第一巻、読史会、一九五九年）、杉橋隆夫「執権・連署制の起源―鎌倉執権政治の成立過程・続論―」（『立命館文学』四二四～四二六号、一九八〇年）、久保田和彦「六波羅探題発給文書の研究―北条泰時・時房探題期について―」（『日本史研究』四〇一号、一九九六年）、同上「北条時房と重時―六波羅探題から連署へ―」（平雅行編『公武権力の変容と仏教界』、中世の人物　京・鎌倉の時代編　第Ⅲ巻、清文堂、二〇一四年）

追記

時房の連署就任に関する記述は、拙稿「鎌倉幕府『連署』制の成立に関する一考察」（『鎌倉遺文研究』四一、二〇一八年）で訂正した。参照願いたい。

（久保田和彦）

四代将軍

九条頼経

くじょう よりつね

鎌倉下向

三代将軍源実朝《さねとも》には子がなく建保六年（一二一八）、母北条政子《まさこ》が上洛し、後鳥羽《ごとば》上皇の乳母「卿二位《きょうのにい》」藤原兼子と会談し、後鳥羽の皇子を実朝の後継として迎える内諾を得た（『愚管抄《ぐかんしょう》』）。承久元年（一二一九）正月二十七日、実朝は暗殺された（『吾妻鏡』同日条。以下、『吾妻鏡』は日付のみを記す）。二月、政子は二階《にかい》堂行光《どうゆきみつ》を京都に派遣し、後鳥羽の皇子の下向を要請した（十三日条）が、後鳥羽は拒絶した（『愚管抄』）。かくて、四代将軍候補に迎えられたのが九条道家《くじょうみちいえ》の三男三寅《みとら》（後の頼経）であった。父道家は摂政九条良経《よしつね》の嫡子であるが、母は源頼朝の妹の娘であった。そして道家の妻で三寅の母西園寺綸子も、頼朝の妹の娘全子の娘であった（『増鏡』第二「新島守」）。つまり、三寅は父方・母方双方で頼朝の妹の血を引いていたのであった（九条頼経関係系図参照）。頼朝の遠縁というこの血筋ゆえに三寅は選ばれたのである。わずか二歳の三寅は六月二十五日京を発ち、七月十九日鎌倉に到着した。その日に政所始《まんどころはじめ》が行われたが、当時公卿ではない三寅に政所開設の資格はなく、それゆえに従二位であった政子の政務代行が宣言されたのである。

竹御所との結婚

嘉禄元年（一二二五）七月、北条政子が没すると、十二月二十九日、八歳の三寅は執権北条泰時を烏帽子《えぼし》親《おや》として元服、名を頼経と改めた。翌二年正月二十七日、将軍宣下を受けた。寛喜二年（一二三〇）十二月九日、十三歳の頼経は二代将軍源頼家の娘竹御所《たけのごしょ》（二十八歳）を妻に迎えた。摂関家出身の頼経と源氏将軍家の血筋の結合を意図したものであった（なお、この婚姻は密儀として執り行われた）。竹御所は文暦元年（一二三四）七月二十七日、出産がもとで三十二歳で没した。その後、頼経は藤原親能《ちかよし》の娘大宮《おおみや》局《のつぼね》（二棟御方《ふたむねのおんかた》）との間に頼嗣《よりつぐ》を儲けることになる（延応元年〈一二三九〉十一月二十一日条）。

【九条頼経関係系図】（『尊卑分脈』『増鏡』を基に作成）

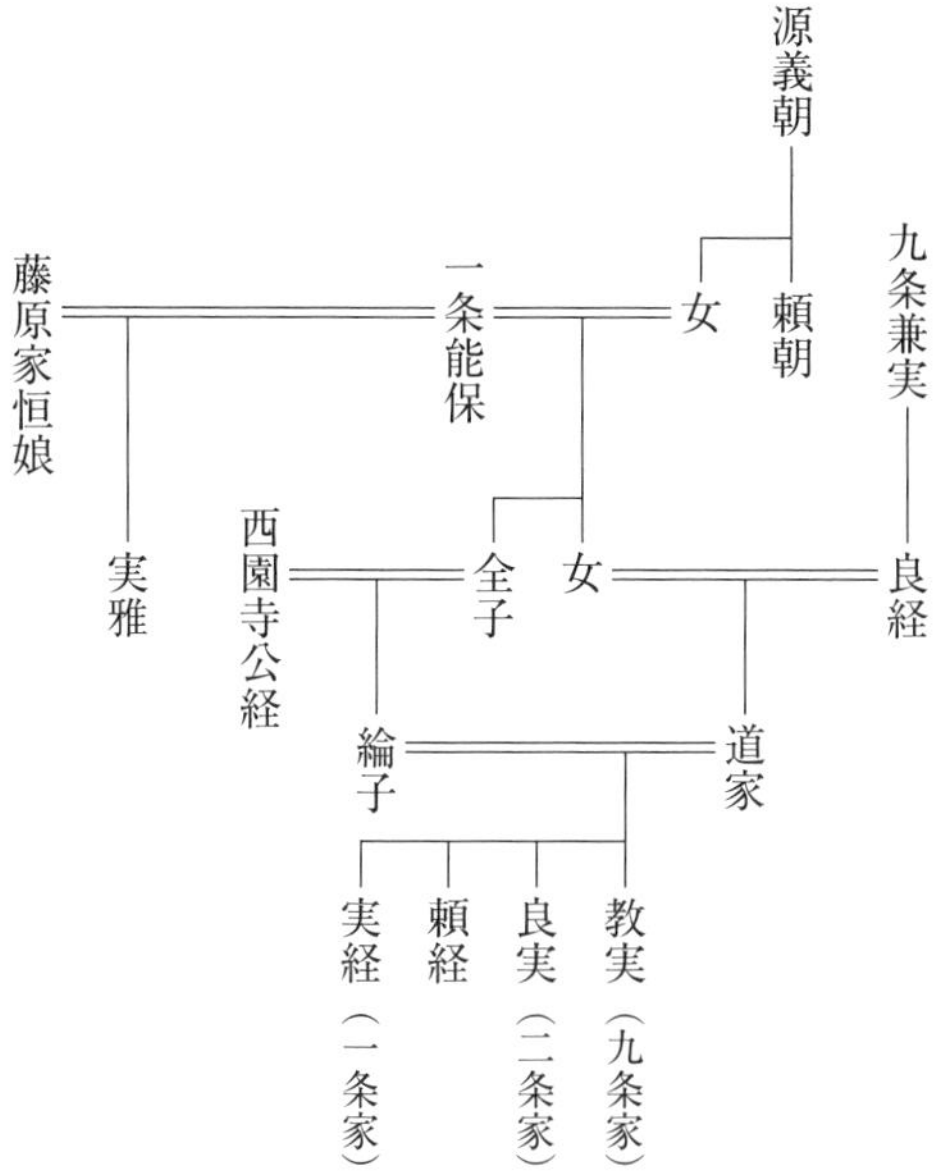

藤原氏の将軍

頼朝の遠縁とはいえ、頼経は摂関家九条家（藤原氏）の人間である。嘉禄二年（一二二六）正月、頼経の将軍宣下のため京に派遣された佐々木信綱《のぶつな》は関白近衛《このえ》家実《いえざね》と会談し、頼経の藤原氏から源氏への改姓について藤原氏の氏社春日社へ赴き可否を問うことを伝えている（『明月記《めいげつき》』二十六日条）。だが、春日社に詣でた信綱に対し、春日明神の神判は改姓を許さなかった（『明月記』二十七日条）。

そもそも頼経は鎌倉下向に際し、春日社に詣でてから下向している（承久元年七月十九日条）。また、寛喜三年（一二三一）二月、従四位下に叙された（十二日条）頼経は三月三日、鶴岡八幡宮に勧請された春日別宮を参拝し、叙位の報告をしている。頼経の行動はあくまでも藤原氏の人間としてのものであった。だが、嘉禄二年の使者佐々木信綱の守護国近江国内の藤原氏の氏寺興福寺領鯰《なまずえ》江荘に頼経の源氏改姓が伝えられている（文永五年正月日付近江鯰江荘由来記〈春日神社文書〉）ことは興味深い。

鎌倉幕府にとっての将軍と頼経の自覚

鎌倉で成長する頼経が将軍としての自覚を備えていく様子を、将軍儀礼の一つ二所詣《にしよもうで》から考えてみたい。二所詣とは正月または二月に走湯山《そうとうさん》（伊豆山神社）・箱根社（あわせて二所権現《にしよごんげん》）、そして三嶋社を将軍が参詣する行事である。頼経幼少期は奉幣使《ほうへいし》代参の形態であった。貞永元年（一二三二）頼経は従三位に叙され公卿となった。頼経自身の参詣が行われるようになるのは、嘉禎三年（一二三七）からである（二月二十一日条）。しかし、安貞二年（一二二八）の二所詣は代参であったものの、いったんは頼経による二所詣に変更されている（正月九・十三・二十九日条）。以後、代参か頼経の参詣かが幕府で議論されていたのである。

議論の契機は嘉禄二年（一二二六）の頼経の征夷大将軍就任と考えられる。重要な幕府儀礼の一つ鶴岡放《ほう》生会《じようえ》への頼経の参加も将軍就任後の安貞二年からであった（八月十五日条）。つまり、頼経が将軍となったことを契機に、幕府儀礼への参加が議論され始めたのである。これは御家人の主「鎌倉殿」という私的な地位だけでは、幕府の首長の資格は不十分であり、征夷大将軍、さらには公卿という身分秩序における地位が将軍の儀礼参加には必要であったことを示している。

ちなみに寛喜元年の二所詣は頼経の判断で代参に決定している（正月七日条）。周囲から幕府儀礼への参加が求められると同時に、頼経自身も将軍としての自覚を強め、自ら政治的判断を行うようになったのである。

上　洛

頼経は暦仁元年（一二三八）二月十七日上洛を果たし、十月十三日まで約九ヶ月間京都に滞在した。歴代将軍による上洛は頼朝の建久元年（一一九〇）・同六年の二回とこの頼経の上洛のみである。では、頼経の上洛には、いかなる意味があったのであろうか。

嘉禎元年（一二三五）、父九条道家は承久の乱で配流された後鳥羽・順徳《じゅんとく》両上皇の還京を幕府に打診するが（『明月記』四月六・十六日条）、幕府はこれに反対し（『明月記』五月十四日条）、以後、幕府は九条家を警戒するようになったとされる。つまり、頼経の上洛は父道家が幕府に不審をもたれていた状況下で行われたのである。

上洛した頼経の供奉人は御家人と九条家の家司《けいし》により構成されていた（二月二十三・二十八日条など）。また、頼経の弟福王（後の法助《ほうじょ》。頼経猶子）の仁和寺《にんなじ》入寺では共侍《ともざむらい》として御家人が供奉している（『吾妻鏡』・『玉蘂《ぎょくずい》』四月十日条）。さらに、頼経の検非違使《けびいし》別当就任には父道家が主導的に関与している（『玉蘂』二月二十四日条）。

道家による頼経への供奉人提供も京の治安維持を職務とする検非違使別当就任への関与も、九条家と幕府との関係の修復を目指したものであろう。頼経に従い上洛した北条泰時が親幕派の西園寺《さいおんじ》公経《きんつね》との会見（『玉薬』二月二十四日条）以外目立った動きをしていないのとは対照的である。

頼経の上洛は、子息頼経と連携して幕府と九条家との関係を修復するとともに、幕府と九条家の緊密さをアピールするという九条道家にとってのメリットからなされたという側面が大きいのではないか。

大殿頼経

仁治三年（一二四二）六月、執権北条泰時が没し、嫡孫経時《つねとき》が四代執権となった。経時十九歳、頼経二十五歳。将軍が執権より年長となり、将軍と執権の年齢が逆転した。当時、頼経の周囲には北条氏庶流名越《なごえ》氏、有力御家人三浦氏等の支持勢力が形成されていた。

寛元二年（一二四四）四月二十一日、経時が烏帽子親となり頼経の嫡子頼嗣《よりつぐ》の元服が行われた。頼嗣は二十八日、征夷大将軍に任官した（『平戸記《へいこき》』同日条）。

わずか二年間ではあったが、将軍を退いた後も鎌倉に留まったのは「大殿」と称された頼経のみであり、頼経は将軍頼嗣の後見役となった。寛元二年八月の放生会には頼経は頼嗣とともに臨席している（十五日条）。また、『吾妻鏡』には頼嗣の行事参加を見守る頼経の姿が記されている（六月十三日条など）。そして翌三年七月五日、天変と日頃の病を理由に頼経は出家し翌日、将軍御所を頼嗣に譲ったのである。

宮騒動

寛元四年（一二四六）閏四月一日、執権経時が二十三歳で没した。死の直前、経時は執権職を弟時頼《ときより》（二十歳）に譲った。翌五月「宮騒動」（『鎌倉年代記裏書』）と呼ばれる内訌が勃発した。頼経近臣による時頼排除の計画であったが、結局頼経派が敗北した。頼経側近の北条氏一門名越光時《みつとき》は夜ごと頼経の許に赴き謀叛を勧めたとされる（『鎌倉年代記裏書』）が、出家に追い込まれた。光時の弟時幸《ときゆき》は『吾妻鏡』には病死のごとく記されているが、京都には自刃と伝えられた（『葉黄記《ようこうき》』六月六日条）。また、側近藤原定員《さだかず》も出家した（五月二十五日条）が、彼の自白により経時の早世は頼経の呪詛によるものであったことが露見したという（『岡屋《おかのや》関白記《かんぱくき》』六月九・十六日条）。六月七日には、頼経に近い後藤基綱・狩野為佐《ためすけ》・千葉秀胤《ひでたね》・三善康持が評定衆《ひょうじょうしゅう》を解任され、康持は問注所《もんちゅうじょ》執事をも罷免された。十三日、名越光時が伊豆へ流され、千葉秀胤は本領上総に追放された。京都では道家・頼経父子が共謀し、経時に続いて時頼を除こうとした計画であったと報じられた（『岡屋関白記』六月九・十六日条）。

頼経追放

宮騒動の結果、七月十一日頼経は鎌倉を発ち、二十八日京都の六波羅探題北条重時邸に入った（『葉黄記』同日条）。将軍から退いた頼経は以前より強く上洛を希望していた（寛元二年八月二十九・九月十三・十九・四年二月十三日条など）が、上洛は皮肉にも鎌倉追放という形で実現したのであった（『岡屋関白記』六月十六日条）。後日、時頼は北条重時に、頼経の上洛は遁世のためと伝えている（『葉黄記』八月二十七日条）。

康元元年（一二五六）八月十一日、頼経は三十九歳で病死した。上洛後の頼経は人望を失っていたと伝えられている（『経俊卿記《つねとしきょうき》』同日条）。その墓所は不明である。

参考文献

永島福太郎「将軍藤原頼経と源姓」(『日本歴史』一一五号、一九五八年)、上横手雅敬『北条泰時』(人物叢書、吉川弘文館、一九五八年)、関口崇史「将軍頼経上洛時における九条道家の動向」(『鴨台史学』一号、二〇〇〇年)、同上「摂家将軍期における二所詣」(阿部猛編『中世政治史の研究』、日本史史料研究会、二〇一〇年)、岩田慎平「九条頼経・頼嗣―棟梁にして棟梁にあらざる摂家将軍の蹉跌―」(平雅行編『公武権力の変容と仏教界』、中世の人物　京・鎌倉の時代編　第Ⅲ巻、清文堂、二〇一四年)、小野翠「竹御所と石山尼―「家」をつないだ女性たち―」(同上)

(関口崇史)

四代執権

北条経時

ほうじょう　つねとき

北条氏の嫡流として

北条経時は元仁元年（一二二四）、三代執権北条泰時《ほうじょうやすとき》の嫡孫として生まれた。童名は薬上《やくじょう》という（野津本『北条系図、大友系図』）。寛延二年〈一七四九〉に完成した若狭国小浜《おばま》藩の地誌『若狭国志《わかさこくし》』には「藻上御前」と記される）。「薬上《やくじょう》」は「薬上菩薩《やくじょうぼさつ》」が語源と思われる。父時氏《ときうじ》は泰時の嫡男として前途を嘱望されたが、六波《ろくは》羅《ら》探題《たんだい》として六年間の京都での生活を終え、鎌倉に帰った直後に発病し、寛喜二年（一二三〇）六月十八日に二十八歳の生涯を終えた。母は弟時頼《ときより》に質素倹約を教えたことで知られる安達景盛《あだちかげもり》の娘（松下禅尼《まつしたぜんに》）である。正室として下野国の有力御家人宇都宮泰綱《うつのみややすつな》の娘を迎えたが、寛元三年（一二四五）九月四日にこの娘は十五歳の若さで死去している。諸系図によると、経時の子として隆政《りゅうせい》・頼助《らいじょ》の二人が記されており、隆政には「母は将軍家女房讃岐」の注記がある。父時氏の死は経時七歳の時であり、以後経時は祖父泰時の教育を受けることになる。

祖父北条泰時と経時

文暦元年（一二三四）に将軍邸で元服し、烏帽子親《えぼしおや》の将軍九条頼経の「経」の一字を拝領し経時を名乗る。

十一歳であった。以後、幕府の小侍所《こさむらいどころ》別当《べっとう》に就任、左近将監・従五位上に任官・叙位し、北条氏の嫡流として歩みだす。仁治二年（一二四一）十一月二十五日、泰時は経時と甥の実時《さねとき》を自邸に招き、経時に「好文を事となし、武家の政道を扶ける」、「実時と相談し二人は水魚のように親しくなる」ように諭した。泰時はまだ若い経時のサポート役として同年で学問を好み、後に金沢文庫《かなざわぶんこ》を創設する実時を選んだのである。

その四日後、若宮大路《わかみやおおじ》で小山《おやま》一族と三浦《みうら》一族との対立があり、両氏の一族が集まり合戦かという騒動が起こった。この騒ぎを聞いた経時は自分の家人を武装させ、姻戚である三浦一族（経時・時頼の祖母が三浦義村《よしむら》の娘）に加勢させた。しかし、弟の時頼は一方に味方をすることなく静観した。兄弟のこの事件に対する態度を聞いた泰時は、「将来の将軍後見となる人物が御家人の一方に加勢することがあってはならない」と、経時に謹慎を命じ、事態を静観した時頼を執権の器量と称賛した。この記事は『吾妻鏡』に掲載された記事であり、編纂の時点で時頼の子孫による得宗専制が確立していたため、時頼を美化した記事であろう。多くの通史では、このエピソードを引用し、経時と時頼を比較し、弟時頼の政治家として器量が兄経時を上回っていたという叙述をよくみる。しかし、経時・時頼兄弟の政治家としての器量をこのエピソードのみから評価することは穏当ではない。

連署の不設置

仁治三年（一二四二）六月、四条《しじょう》天皇の後継問題により朝幕関係が急速に悪化する中、北条泰時は六十歳の生涯を閉じた。執権を継いだ嫡孫の経時は十九歳、弟の時頼は十六歳の若さであった。『吾妻鏡』には仁治三年の記事が欠けているため、経時が執権を継承した経緯や鎌倉の政情は不詳であるが、民部卿平経《たいらのつね》高《たか》の日記である『平戸記《へいこき》』に、泰時の病気のため幕府・朝廷の人心が動揺した記事が詳細に記されている。

かつて元仁元年（一二二四）六月、二代執権義時が急死し、翌年六月に大江広元《おおえひろもと》、七月に尼将軍政子が死去すると、三代執権泰時は幕府の動揺を防ぐため、六波羅にあった叔父時房《ときふさ》を鎌倉に迎えた。時房の立場を単なる執権泰時の補佐と理解することはできないが、時房の連署就任が幕政安定に寄与したことは明らかである。執権泰時および前年の連署時房の死は、それ以上に幕府・朝廷に大きな動揺を与えたことは間違いない。経時はなぜ、四年後に弟時頼が執権就任に際し試みたように、六波羅にあった大叔父重時《しげとき》（泰時の異母弟）を連署に迎えようとしなかったのであろうか。詳細は不明といわざるを得ないが、四年弱の執権在職中、経時が連署を置かなかったことは事実である。

執権北条経時の評定制度改革

合議制度である評定制は、源頼家期の正治元年（一一九九）が出発点とされ、その後拡充されてきたとされる（【参考文献】の仁平論文・佐々木論文参照）。執権政治期の幕政は評定会議が中心となるが、泰時執権期以前には将軍御所で開催されていた評定会議は、泰時の時代になると将軍御所以外に、執権邸・小侍所・政所などでも開催されるようになる。しかも、将軍御所で開催される評定会議に将軍は参加せず、評定の決定事項を事書で閲覧するのみとなる。泰時の時代に、将軍は裁判・評定会議に関与することがなくなり、執権が評定会議を主導する執権政治が成立する。

経時が執権に就任した翌年の寛元元年（一二四三）、経時は評定会議と訴訟手続に関する改革を実施した。二月二十六日、経時は評定衆を三番に結番《けちばん》し、各番の訴論沙汰日を決定した。一番は三日、九日、十三日、十七日、二十三日の五日間で、構成員は中原師員《なかはらもろかず》・三浦泰村《みうらやすむら》・宇都宮泰綱《うつのみややすつな》・矢野倫重《やのともしげ》・太田康連《おおたやすつら》の五名である。二番は四日、八日、十八日、二十四日、二十八日の五日間で、構成員は後藤基綱《ごとうもとつな》・狩野為佐《かのうためすけ》・二階堂行《にかいどうゆき》義《よし》・清原季氏《きよはらすえうじ》の四名である。三番は六日、十四日、十九日、二十六日、二十九日の五日間で、構成員は二階堂行盛《ゆきもり》・長井泰秀《ながいやすひで》・安達義景《あだちよしかげ》・町野康持《まちのやすもち》の四名である。各番の筆頭に記された中原師員・後藤基綱・二階堂行盛は各番内の序列において最上位であり、時頼期に設置される引付頭人《ひきつけとうにん》に相当する。

従来の評定沙汰において全員出仕が遵守されず、欠席が多かったという事情から行われた訴訟制度改革であり、裁判の正確・迅速を期する方策によるもので、政治的背景としては、御家人等の信望が厚かった泰時没後、人心を安定し、御家人の動揺を防止するために実施され、これが時頼執権期の引付制の新設につながると評価されてきた。しかし、結番評定制の構成員は評定衆の全員ではなく、北条一門の評定衆である北条政村《まさむら》・大仏朝直《おさらぎともなお》・北条資時《すけとき》の三名は名前がなく、他に毛利季光《もうりすえみつ》・清原満定《きよはらみつさだ》も結番されていない。

経時はさらに同年九月二十五日付の鎌倉幕府追加法で訴訟手続改革を実施する。従来の訴訟手続きは、まず問注所で書面審理・当事者尋問が行われ、その結果を評定会議が審議して判決が下り、判決の内容をまとめた評定事書を将軍が閲覧した後関東下《かんとうげ》知《ち》状《じょう》が発給された。この追加法は、将軍の事書閲覧を省略し、奉行人が事書にもとづいて下知状を作成し、下知状と評定事書を問注所で照合し、間違いなければ下知状を発給する、としている。この改革により、将軍が裁判に関与する機会が完全に失われたことを意味する。

四代執権北条経時の評価

仁治元年の時房の死後、泰時はひとり将軍家政所別当を勤めたが、翌年から泰時を含めて別当が計七人に増員された。これは政所の権限強化であり、執権勢力の相対的後退を意味する。さらに、泰時の死、若き経時の執権就任により、将軍頼経の主従制的支配権が執権勢力にとって容易ならぬ存在として立ち表れる、という評価がある。

寛元二年四月、北条経時は将軍頼経に強要し、将軍職を長子で六歳の頼嗣に譲らせた。頼嗣は元服し、従五位上・征夷大将軍に叙位・任官、五代将軍となる。翌三年七月、頼嗣は執権経時の妹（檜《ひ》皮姫《わだひめ》、当時十六歳）を室に迎え、経時と深い婚姻関係を結んだ。

経時の在職はわずかに四年足らずで、その間の事績としては将軍頼経の更迭が最大のものであり、それ以外には特筆すべきものは少ない。名執権の誉の高い泰時・時頼の二人に挟まれていては一層影の薄い存在、歴史上での評価は不遇な執権であった、という評価もある。

わずか四年の執権在職であるが、将軍頼経の容易ならざる勢力拡大を将軍更迭という、今後の幕府政治における将軍と執権との対抗を解消する仕組みの前例や、名執権時頼が設置した引付制度の前史をつくりあげた北条経時の一連の幕政改革は、これまで以上に高い評価を与える必要があると私は思う。

参考文献

青山幹哉「鎌倉幕府将軍権力試論―将軍九条頼経～宗尊親王期を中心として―」（『年報中世史研究』八号、一九八三年）、岡邦信「引付制成立前史小考」（九州大学国史学研究室編『古代中世史論集』、吉川弘文館、一九九〇年）、工藤勝彦「九条頼経・頼嗣将軍期における将軍権力と執権権力」（『日本歴史』五一三号、一九九一年）、仁平義孝「執権政治期の幕政運営について」（『国立歴史民俗博物館研究報告』四五号、一九九二年）、石井清文「北条経時執権期の政治バランス（Ⅰ）（Ⅱ）（Ⅲ）」（『政治経済史学』三九一・三九八・

四〇〇号、一九九九年)、佐々木文昭「鎌倉幕府評定制の成立過程」(『中世公武新制の研究』、吉川弘文館、二〇〇八年、初出一九八三年)

(久保田和彦)

五代将軍

九条頼嗣

くじょう よりつぐ

父の跡を継ぐ

第五代将軍九条頼嗣は延応元年（一二三九）十一月二十一日、四代将軍九条頼経《よりつね》と中納言藤原親能《ちかよし》の娘大《おお》宮局《みやのつぼね》（二棟御方《ふたむねのおんかた》）との間に誕生した（『吾妻鏡』同日条。以下、『吾妻鏡』は日付のみを記す）。寛元二年（一二四四）四月二十一日、六歳で執権北条経時《つねとき》を烏帽子親《えぼしおや》として元服した。元服は父頼経の先例に倣ったものであった。二十八日、将軍宣下を受け、父の譲りを受け五代将軍に就任した。将軍在職期間はわずかに八年。一年で将軍の座を逐われた二代将軍源頼家に次いで、二番目に短い在職であった。

将軍任官後、寛元二年六月十三日、頼経が見守るなか吉書始・御行始を行い、八月十五日の鶴岡放生会《ほうじょうえ》は頼経とともに臨席するなど、頼嗣の傍らには常に後見役としての「大殿」頼経の姿があった。

檜皮姫との結婚

頼嗣は寛元三年（一二四五）七月二十六日、七歳で執権経時の妹である九歳年上の檜皮姫《ひわだひめ》を娶った。婚姻当日の夜、檜皮姫は北条氏と密接な関係にあった佐々木氏信《うじのぶ》・小野沢時仲《ときなか》・尾藤景氏《かげうじ》・下河辺宗光《しもこうべむねみつ》等に供奉されて将軍御所に入った。注目すべきは、この婚姻は「密儀」として檜皮姫の御所入りを行い、後日「露《ところ》顕《あらわし》之儀」を行うべしと『吾妻鏡』に記されている点である。つまり、将軍頼嗣と檜皮姫の婚姻は大々的に行われず秘密裏に行われ、後日、披露が行われる段取りになっていたのである。密儀となった理由は婚姻当日が「天地相去日」という悪日であるとの反対意見を退けての婚姻であったためである。

将軍の結婚が密かに、しかも急がれた理由は何か。九条将軍家と執権北条氏のつながりは北条政子の孫娘（源頼家の娘）である頼経の正妻竹御所《たけのごしょ》が没した文暦元年（一二三四）七月に途切れていた。「大殿」頼経の勢力拡大に苦慮していた執権経時は、頼嗣と自身の妹の婚姻により将軍家と北条氏の関係を修復しようと考えたのではないだろうか。

取り残された頼嗣

頼経は、わずか二年間ではあったものの、将軍を退いた後も鎌倉に留まった唯一の人物であり、「大殿」と呼ばれ隠然たる勢力を有していた。

寛元四年（一二四六）三月二十三日、病床の経時は弟時頼に執権職を譲り、閏四月一日没した。七月、頼経は宮騒動により鎌倉を逐われ、京都に送還された。わずか八歳で頼嗣は最大の庇護者であった父を失ってしまう。

幼い頼嗣に幕府を主導できるはずもなく、幕府は新たに就任した執権北条時頼により運営された。では、時頼は将軍頼嗣に何を求め、頼嗣にいかに対応したのであろうか。

頼経の京都送還後、頼嗣の近習《きんじゅう》六番が定められた（九月十二日条）。近習番のリストは時頼自らが執筆し、理由なく三回欠席した御家人は罰することが定められた。人選は時頼によって決定されたと思われるが、他の将軍近習番の記事とは異なり、選ばれた御家人の名を『吾妻鏡』は伝えていない（貞応二年十月十三日条には、頼経の近習番十八人の名が見える）。

また、時頼は和漢の学問については文士（文筆官僚）中原師連《もろつら》・清原教隆《のりたか》を、弓馬の指導には安達義景《あだちよしかげ》・小山長村・佐原光盛《さはらみつもり》・武田五郎・三浦盛時といった有力御家人を頼嗣の師範として選び、さらに御家人の子弟で好文の器量ある者を頼嗣の学友として選んでいる（建長二年二月二十六日条）。時頼は頼嗣に対して、将軍として学問と武芸の両方を求めていたことがわかる。

宝治合戦

頼経が京都に送還された翌宝治元年（一二四七）五月十三日、病に伏せっていた頼嗣の妻檜皮姫が十八歳で早世した。九条将軍家と執権北条氏との姻戚関係はふたたび途切れた。この前後から執権時頼を戴く派閥と前将軍頼経の復帰を願う三浦氏等の派閥との対立が深まり、ついに六月五日、武力衝突に発展した。この戦乱を宝治合戦という。結果、三浦氏・毛利氏等は滅び、上総に追放されていた千葉秀胤《ひでたね》も七日、滅亡した。かくて九条将軍家の支持勢力は一掃された。

合戦に至る過程で、三浦氏側は頼嗣を迎えることができなかった。三浦氏等が擁立すべき頼嗣は終始、北条氏側が占拠していた将軍御所にあったのである。合戦当日も北条氏一門の有力者金沢実時《かねさわさねとき》が御所を守護しており、時頼も頼嗣の御前に候じている。『吾妻鏡』によれば、三浦氏の惣領泰村《やすむら》は合戦当日まで時頼と和平交渉を進めており、これがため三浦側は頼嗣を戴く機会を逸したのである。

合戦後、頼嗣は鶴岡八幡宮への所領寄進状や、戦功のあった御家人への地頭職補任の文書に花押《かおう》を据えている〈宝治元年六月二十日付将軍家寄進状〈鶴岡八幡宮文書〉、宝治元年六月二十三日付将軍家袖判下文〈小代文書〉、宝治元年六月二十三日付将軍家袖判下文案〈二階堂文書〉〉。皮肉にも頼嗣は父を鎌倉に迎え入れようとした人々を滅ばした側の功績を賞さねばならなかったのである。

なお、所領が寄進された鶴岡八幡宮では泰村の縁坐により別当定親《じょうしん》が罷免され、新たに隆弁《りゅうべん》が任じられている〈六月十八・二十七日条〉。三浦一派への追及は鎌倉宗教界にも及んだのである。また七月一日、頼嗣の近習番が刷新された。近習番《きんじゅうばん》に三浦氏とその与党が多く任じられていたためであった。二十七日には、京都より帰還した北条重時が連署に就任。次いで八月一日、執権・連署以外の頼嗣に対する八朔《はっさく》の進物が禁止された。新たな将軍近臣、いわば第二の三浦氏の誕生を阻むための措置であったといえよう。

京都送還

頼嗣は寛元四年十一月従四位下、建長元年（一二四九）正月正四位下、六月左近衛中将を経て、同二年正月美濃権守を兼ね、同三年六月閑院《かんいん》内裏造営の賞により従三位に叙せられた。公卿に昇った頼嗣は七月八日、下文の形式を自身が花押を据える袖判下文から家司《けいし》等の連署で発給される将軍家政所下文へ変更している。

宝治合戦後も順調に昇進していた頼嗣であったが建長三年（一二五一）十二月二十六日、鎌倉において了行《りょうぎょう》法師・矢作《やはぎ》左衛門尉（千葉一族）・長久連《ちょうひさつら》等が捕縛された。彼等は宝治合戦により滅びた三浦・千葉氏の残党で、尋問の結果、謀叛の企てが露見する。翌年二月二十日、二階堂行方《ゆきかた》・武藤景頼《かげより》が京都に派遣された。頼嗣を廃し、後嵯峨《ごさが》上皇の皇子を新将軍に迎えるためであった。この将軍の交代は、執権北条時頼・連署北条重時の二人のみで決定され、二人以外は誰も知らなかったという。皇子要請の書状は時頼自身が執筆し、これに重時も花押を加えたものであった（二十日条）。わずか十四歳の頼嗣は為す術もなかったであろう。頼嗣の将軍辞職は婚姻同様、密かに進められたのであった。

建長四年四月一日、鎌倉に新将軍宗尊《むねたか》親王が到着した。三日、陰陽師が日が悪いと報告するも無視され、入れ替わるように頼嗣は鎌倉を逐われたのであった。康元元年（一二五六）八月十一日、父頼経が三十九歳で死去すると、九月二十四日（十月二日条。二十五日とする説もある）、後を追うように頼嗣は赤斑瘡《せきはんそう》で死去した。わずか十八歳であった。父同様その墓所は不明である。

頼嗣の京都送還には母大宮局が同行した。夫頼経の鎌倉追放には同行せず鎌倉に残った母は、頼嗣とともに上洛したのである。短い生涯を鎌倉幕府の政争に翻弄され続けた頼嗣にとって、常に寄り添っていてくれた母は心の支えであったことであろう。

参考文献

工藤勝彦「九条頼経・頼嗣将軍期における将軍権力と執権権力」（『日本歴史』五一三号、一九九一年）、細川重男『鎌倉政権得宗専制論』（吉川弘文館、二〇〇〇年）、関口崇史「摂家将軍期における二所詣」（阿部猛編『中世政治史の研究』、日本史史料研究会、二〇一〇年）、岩田慎平「九条頼経・頼嗣—棟梁にして棟梁にあらざる摂家将軍の蹉跌—」（平雅行編『公武権力の変容と仏教界』、中世の人物　京・鎌倉の時代編　第Ⅲ巻、清文堂、二〇一四年）

（関口崇史）

五代執権

北条時頼《ほうじょう　ときより》

執権職に就くまで

北条時頼は安貞元年（一二二七）五月十四日に京都で生まれた。父は北条時氏《ときうじ》。当時六波羅《ろくはら》探題《たんだい》北方として在京していた。母は安達景盛《あだちかげもり》の娘（松下禅尼《まつしたぜんに》）。松下禅尼は破れた障子紙を自ら切り貼りし、時頼に倹約の大切さを教えたことで知られている（『徒然草』第百八十四段）。兄弟には三歳年上の兄経時がおり、弟に時定《ときさだ》（為時《ためとき》）がいた。幼名は戒寿《かいじゅ》。無住の『雑談集《ぞうたんしゅう》』によると、時頼は幼少のころ、弓矢を使う遊びよりも、お堂や仏像を作ることを好んだと伝えられる。父時氏が寛喜二年（一二三〇）六月、時頼四歳のときに死去したため、祖父北条泰時の薫陶を受けながら、得宗被官平盛綱《たいらのもりつな》や諏訪《すわ》盛重《もりしげ》によって養育されたようである。

嘉禎三年（一二三七）四月元服し、五郎時頼と名乗る。同母兄の経時がいたため、時頼は北条家嫡流の後継予定者ではなかった。『吾妻鏡』仁治二年（一二四一）十一月の記事に、鎌倉若宮大路《わかみやおおじ》で三浦《みうら》一族と小山《おやま》一族が喧嘩となったとき、経時が三浦氏に肩入れしたのに対し、時頼が事態を静観していたので、泰時は経時の行動を戒め、時頼のそれを褒めたとあるが、後に兄の死という偶発的事態に伴い執権となる時頼の冷静沈着ぶりが強調されており、事実かどうか疑わしい。

仁治三年六月、泰時が死去する。執権職は経時が継承した。しかし経時は当時十九歳と若く、しかも病弱であった。その一方泰時の晩年から、将軍九条《くじょう》頼経《よりつね》を核として、朝時《ともとき》流（名越《なごえ》）北条氏や三浦氏らの反執権派が勢力を強めていた。そのため経時は多難な幕政運営に直面していた。寛元四年（一二四六）三月、時頼は重病となった経時から執権職を譲られる。

三つの政変を乗り越える

寛元四年五月の安達義景《よしかげ》（松下禅尼弟）周辺での騒動をきっかけとして鎌倉で政変が起こる。時頼は名越光時《みつとき》を出家・配流に追い込み、同時幸《ときゆき》を自害させた。また藤原定員《ふじわらのさだかず》らの将軍側近を排除し、七月には「大殿」九条頼経（元四代将軍。現五代将軍頼嗣《よりつぐ》の父）を京都に送還した。この政変を宮騒動という。政変の影響は京都にも及び、頼経の父九条道家《みちいえ》一族は関東申次《かんとうもうしつぎ》の任を解かれ、西園寺《さいおんじ》実氏《さねうじ》がこれに就任する。また十一月になると、幕府の方針に沿い、後嵯峨《ごさが》院政下において院評定制が発足することとなる。

さて時頼は執権就任早々、反対勢力打倒という力による政治姿勢をみせつけたのであるが、翌宝治元年（一二四七）六月には最有力御家人三浦氏を滅亡させる。当時の三浦氏当主は泰村《やすむら》であったが、弟光村《みつむら》は頼経側近であり、また九条道家とも結んでいた。時頼は鎌倉で北条・三浦間の緊張が高まるなかいったん三浦氏と和したが、外祖父安達景盛の檄により合戦に及び、源頼朝法華堂で三浦一族ら五百余人を自害・滅亡させた。三浦氏討滅により、北条氏に比肩する有力御家人は消滅した。この戦いを宝治合戦という。なお宮騒動と宝治合戦において大きな役割を果たしたのが時頼の外戚安達氏である。この二つの大事件は安達氏の主導によるものとみてよい。当時の時頼はさほど政治的主導力を発揮していたわけではなかった。

さて九条道家は反執権派と結び、京都で再起を期していたが、建長三年（一二五一）末に勢力を募り、時頼政権打倒を企てた。しかし計画は事前に発覚する。足利泰氏《あしかがやすうじ》もこの謀叛に関与しており、発覚後、出家した。この陰謀事件を建長政変という。この政変により道家一族は後嵯峨上皇の勅勘《ちょくかん》を蒙り、長く政治生命を絶たれた。また五代将軍九条頼嗣が廃され、六代将軍として宗尊《むねたか》親王が鎌倉に迎えられることとなる。時頼はこれら三つの政変を乗り越え、政治基盤を盤石にしていったのである。

執権としての活動

時頼は宝治合戦の翌月となる宝治元年七月、六波羅探題の北条重時《しげとき》を連署として鎌倉に迎えた。重時は十七年間も探題を務めた北条一門の重鎮であり、その政治補佐を求めたのである。重時が入った鎌倉亭は北条泰時や経時の旧居であり、亭内に評定所や小侍所《こさむらいどころ》が置かれたように、当初は重時が幕政を主導したとみられる。元来時頼は北条家嫡男ではなく、いまだ政治基盤も強固ではなかったのである。建長元年には重時の娘（葛西殿《かさいどの》）と結婚する。時頼が幕府政治を主導するようになるのもこの頃からである。同年六月には左《さ》近将監《こんのしょうげん》から相模守に任官する。

時頼は建長元年十二月、御家人裁判の迅速化のために引付《ひきつけ》を設置した。引付は三〜五番（グループ）程度から成り、番ごとに長官たる頭人《とうにん》と、引付衆《ひきつけしゅう》・奉行人《ぶぎょうにん》ら数名の吏僚によって編成された訴訟担当機関である。創設時には北条政村《まさむら》・同朝直《ともなお》・同資時《すけとき》の三名が引付頭人に任じられた。引付は鎌倉期のみならず南北朝期にいたるまで、武家政権の重要機関として機能する。さて建長五年十月には、諸国の地頭代に対し、百姓らに「撫民《ぶみん》」を宗とするよう指令している（鎌倉幕府追加法二八二〜二九四条）。統治者となった武士が民衆に対し、領主としてのあるべき姿を自覚したことから生まれた法令であったといえる。この撫民政策には連署重時も深く関わっていたらしい。また建長年間（一二四九～五六）頃になると鎌倉が都市的に発展し、それに伴う様々な法令が出された。たとえば商業地区を定めたり、物価統制などが行われている（同二七二・二九六条等）。さらに弱い立場にあった西国御家人を庇護する立法もなされている（同二六四条）。

時頼政権の施策につき、ほんの一部を垣間見たに過ぎないが、裁判制度の整備に象徴されるように、これらの政策は祖父泰時以来の方針を継承・発展させたものであり、執権政治の一つの到達点と評価できる。北条泰時や重時の薫陶を受けた執権時頼は、充分にその職責を果したといえるであろう。

出家と得宗政治の萌芽

康元元年（一二五六）十一月、時頼は病により出家した。法名は道崇《どうすう》。三十歳であった。嫡子時宗がまだ幼少であったため、執権職は重時の子長時に譲られた。しかし侍所の実務を取り仕切る所司が時頼被官の平盛時《たいらのもりとき》であったように、幕府政治の実権は時頼入道が握っていた。長時は「眼代《がんだい》」に過ぎなかった（『吾妻鏡』康元元年十一月二十二日条）。だから文応元年（一二六〇）七月、日蓮の『立正安国論《りっしょうあんこくろん》』は時頼に献呈されたのである。ここに、政治の実権は執権にはなく、北条氏家督が掌握する得宗《とくそう》政治の萌芽形態を見出すことができる。だが時頼は出家から七年後の弘長三年（一二六三）十一月二十二日、病気により三十七歳の若さで、山内《やまのうち》の最明寺《さいみょうじ》別業《べつぎょう》で死去する。『吾妻鏡』には臨終に際し唱えたとされる遺偈《ゆいげ》（「業鏡《ごうきょう》高く懸ぐ　三十七年　一槌に打砕して　大道担然たり」）を載せる。

時頼は仏教諸派に対し信仰が篤かったが、南宋からの渡来僧蘭渓道隆《らんけいどうりゅう》を招き、山内に本格的な禅宗寺院建《けん》長寺《ちょうじ》を開創したしたことは特に有名である。また出家後の時頼が、諸国を廻ったという廻国伝説もよく知られている。

なお子どもは長子の三郎時輔《ときすけ》をはじめ数人いたが、太郎時宗を嫡子、四郎宗政《むねまさ》を準嫡子とした。太郎は泰時《やすとき》の、四郎は義時の仮名《けみょう》であり、時頼は時宗・宗政にこの仮名を名乗らせた。この後得宗家では、家嫡が太郎（相模太郎）、準家嫡が四郎（相模四郎）を称する慣例が定着していく。

参考文献

村井章介「執権政治の変質」（『中世の国家と在地社会』、校倉書房、二〇〇五年）、川島孝一「北条時頼文書概論」（北条氏研究会編『北条時宗の時代』、八木書店、二〇〇八年）、高橋慎一朗『北条時頼』（人物叢書、吉川弘文館、二〇一三年）、高橋典幸「北条時頼とその時代」（村井章介編『東アジアのなかの建長寺』、勉誠出版、二〇一四年）

（森　幸夫）

二代連署

北条（極楽寺）重時

ほうじょう（ごくらくじ）しげとき

初期の活動

北条（極楽寺）重時は建久九年（一一九八）六月六日、北条義時《よしとき》の三男として生まれた。母は比企《ひき》朝宗《ともむね》の娘姫前《ひめのまえ》。兄に泰時《やすとき》・朝時《ともとき》、弟に有時《ありとき》・政村《まさむら》・実泰《さねやす》らがいる。朝時は四歳年上の同母兄である。母の姫前は源頼朝に仕えた「権威無双の女房」で、「容顔はなはだ美麗」であったと伝わる（『吾妻鏡』建久三年九月二十五日条）。義時の正室となったが、建仁三年（一二〇三）九月に起きた比企氏の乱により離別され、都の公家源具親《ともちか》に再嫁した。重時六歳のときである。少年時代の重時は母親不在の不遇な時期を過ごしたようだ。

承久元年（一二一九）七月、三寅《みとら》（九条《くじょう》頼経《よりつね》）の鎌倉下向に際し、先陣随兵として供奉しているのが重時の活動初見である。程なく小侍所《こさむらいどころ》別当に任命される。小侍所別当は将軍に近侍し、その出行などを掌った役職で、近習筆頭ともいえる地位であった。この人事は父義時によるものとみられるが、兄朝時を差し置いての任命であった。当時、義時と朝時との関係は良好ではなく、義時は穏健で有能な重時を抜擢したものと考えられる。重時は小侍所別当補任により、その後の幕府要職に就く足掛かりを得たといえる。承久三年五月、承久の乱が勃発するが重時が出陣することはなかった。鎌倉で頼経を守護していたのだろう。

元仁元年（一二二四）六月、北条義時が死去し、泰時が執権に就任した。重時は父の遺領として信濃守護職を継承している。信濃国は重時の子孫（重時晩年の居所にちなみ極楽寺流北条氏と称される）の主要な守護国として相伝されていくこととなる。

六波羅探題としての活躍

寛喜二年（一二三〇）三月、重時は六波羅探題《ろくはらたんだい》北方に任命された。六波羅探題は在京して朝廷の監視やそれとの交渉、洛中《らくちゅう》警固、西国裁判などを掌った重職である。鴨川の東部、もとの平家の本拠六波羅に所在し、その敷地内の北側に館を構えた北方と、南側の南方との両探題が存在した。当時南方には五年程前から北条時盛《ときもり》が任じていた。この両探題のうちのリーダーを執権探題というが、重時は執権探題として着任した。重時が六波羅探題となった当時は、承久の乱から約九年が経過し、朝廷の衰退は明白であった。そのため、朝廷は京中の治安維持を自力で行うこともできず、六波羅は都を荒らしまわる群盗などの取り締まりに協力しなければならなかったのである。暦仁元年（一二三八）には、都の大路が交わる辻々に、篝屋《かがりや》という警固のための施設が置かれて御家人が勤務し、幕府・六波羅によって洛中警固が担われるようになる。また承久の乱後、他ならぬ在京御家人による乱暴・狼藉も頻繁であり、重時はその引き締めをはかり、彼らを統制のとれた組織にしていった。

さて重時は宝治元年（一二四七）七月までの十七年もの長きにわたり六波羅探題に任じたが、彼の任務のなかで重要なものの一つは九条道家《みちいえ》の動向の監視であっただろう。道家は摂関九条家の当主で将軍頼経の父であり、京都政界で権力を振るっていた。嘉禎元年（一二三五）には承久の乱の首謀者後鳥羽《ごとば》・順徳《じゅんとく》両上皇の帰京を計るなど、幕府の意に背く活動を行っていた。将軍頼経の後援も得ながら、反執権派の三浦氏らと結んでいたのである。この道家も、寛元四年（一二四六）頼経が京都に送還される宮騒動や、翌宝治元年三浦氏が滅ぼされる宝治合戦などにより、次第に没落していく。その一方で重時は、仁治三年（一二四二）北条泰時によって擁立された、後嵯峨《ごさが》天皇を保護する役割を果たしていた。後嵯峨は朝廷での支持基盤が弱く、道家による政治介入も行われたからである。六波羅探題在任時、重時が後嵯峨皇統の守護者的存在であったことから、後にその皇子宗尊親王を将軍として鎌倉に迎えることが可能となるのである。

　この他重時の探題時代には、貞永元年（一二三二）の『御成敗式目《ごせいばいしきもく》』の西国施行に関わったり、嘉禎元・二年の興福寺《こうふくじ》対石清水八幡宮《いわしみずはちまんぐう》、延暦寺《えんりやくじ》対佐々木氏などの寺社紛争の解決に尽力した。そして同三年十一月には、北条一門中の有力者として相模守に任官している。なお重時の探題在任時代は、六波羅の官僚組織が未熟であり、その政務運営を佐治《さじ》重家《しげいえ》や佐分《さぶり》親清ら西国出身の重時被官たちが補佐した。

鎌倉に帰還し連署に就任する

　宝治元年七月、重時は六波羅探題を辞し鎌倉に下向した。連署に就任するためである。鎌倉の執権北条時頼は、宮騒動や宝治合戦などの荒波を乗り越えてきたが、当時二十一歳で政治経験は浅く、補佐役として重時の連署就任を望んだのである。重時が住んだ鎌倉亭は、北条泰時や経時の旧居であり、北条氏嫡流が相伝した屋敷であった。その亭内には評定所や小侍所が置かれており、幕府の政務運営や将軍儀礼などに関わる重要な施設が重時亭内に設けられていた。このことからわかるように、連署就任当初からしばらくは、時頼よりも重時が幕政を主導していたとみられる。重時は建長元年（一二四九）六月、時頼に相模守を譲って陸奥守となり、同年、娘（葛西殿《かさいどの》）を時頼と結婚させた。この頃から時頼が幕政を主導するようになり、重時は岳父として時頼を薫陶していったことがわかる。同三年には孫となる時頼嫡子時宗が誕生している。

建長四年四月、時頼政権は将軍宗尊親王を擁立するが、宗尊の鎌倉下向がスムーズに実現したのは、重時と後嵯峨上皇との親密な信頼関係があったからである。また同五年十月、幕府は諸国地頭代らに対し、百姓への暴力的な行為を慎み、慈しむよう指令している（鎌倉幕府追加法二八二～二九四条）が、この撫民《ぶみん》政策は、慈悲を宗とする浄土教の熱心な信者であった重時が発案したとする意見がある。

出家と晩年

康元元年（一二五六）三月、重時は連署を辞し出家した。法名は観覚《かんかく》。五十九歳。「年来の素意《そい》」であり（『歴代皇記《れきだいこうき》』）、念仏を中心とした信仰生活に入るためであった。これに伴い、嫡子長時は六波羅探題北方の要職を辞し、鎌倉に下向する。長時は六月には引付衆を経ずに評定衆に任じられた。そして十一月時頼の出家により、執権職に抜擢される。また長時の後任の六波羅探題として三男時茂《ときもち》が任命された。このように重時流は得宗家に次ぐ家格となり、執権職をはじめとする幕府重職に子息たちが任命されていったのである。ちなみに四男業時《なりとき》・五男義政も連署に就任している。

重時は鎌倉西部の極楽寺《ごくらくじ》山庄《さんしょう》で余生を過ごした。弘長元年（一二六一）四月には山庄に宗尊親王を迎えている。しかし同年六月から発病し、十一月三日、極楽寺亭で死去した。享年六十四。晩年の居所にちなみ、極楽寺殿や極楽寺入道などと呼ばれた。

重時は六波羅探題時代に藤原定家と交流し、『新勅撰和歌集《しんちょくせんわかしゅう》』に入集するなど、勅撰歌人でもあった。また『六波羅殿御家訓《ろくはらどのごかくん》』と『極楽寺殿御消息《ごくらくじどのごしょうそく》』という、二つの家訓があった。前者は寛元二・三年頃、長時のために書いたもの、後者は出家後、すべての子どもを対象に書かれたものとみられる。『六波羅殿御家訓』には重時の得宗（当時は経時）観なども垣間見られ、貴重である。

参考文献

桃裕行『武家家訓の研究』（桃裕行著作集三、思文閣出版、一九八八年）、本郷恵子「鎌倉期の撫民思想について」（鎌倉遺文研究会編『鎌倉期社会と史料論』、東京堂出版、二〇〇二年）、秋山哲雄「北条氏一門と得宗政権」（『北条氏権力と都市鎌倉』、吉川弘文館、二〇〇六年）、森幸夫『北条重時』（人物叢書、吉川弘文館、二〇〇九年）

（森　幸夫）

後嵯峨皇統

親王将軍の時代

――鎌倉幕府の変貌――

六代将軍

宗尊親王

むねたかしんのう

待望の皇族将軍

三代将軍源実朝《さねとも》暗殺後、幕府は後任に後鳥羽《ごとば》上皇の皇子を求めたが許されず、源頼朝の遠縁で摂関家出身の九条《くじょう》頼経《よりつね》が将軍に就任した。四代頼経・五代頼嗣《よりつぐ》と続いた九条将軍（摂家将軍）は反北条氏の拠点となり、相次いで京都に送還された。建長四年（一二五二）二月、将軍頼嗣を廃することに決した幕府は、後継に後《ご》嵯峨《さが》上皇の皇子の下向を要請し、第一皇子宗尊親王が第六代将軍に選ばれた（『吾妻鏡』二月二十・三月五日条。以下、『吾妻鏡』は日付のみを記す）。

宗尊は仁治三年（一二四二）十一月二十二日、後嵯峨と平棟基《たいらのむねもと》の娘棟子との間に生まれた。寛元二年（一二四四）正月二十八日、親王宣下。建長四年四月一日、幕府は待望の皇族出身の将軍を鎌倉に迎えたのである。以降、幕府滅亡までの四人の将軍は皇子または皇孫であり、皇族将軍・親王将軍と呼ばれる。

下向後まもなく宗尊はたびたび病を患い、八月六日には食事も摂れない状況となった。執権北条時頼《ときより》は評定を行い、鶴岡八幡宮別当隆弁《りゅうべん》に祈禱を命じた。評定に加わっていた安達義景《よしかげ》は隆弁に、宗尊下向は御家人の懇望であり、宗尊を迎えられたことは幕府の名誉であると語っている。病状は快方に向かい（八月十・十三日条）、人々は安堵した。皇族将軍を迎えた幕府関係者の思いをうかがわせる。

征夷大将軍としての下向

四代将軍頼経が承久元年（一二一九）七月鎌倉に下向（二歳）、嘉禄二年（一二二六）正月将軍宣下（九歳）、貞永元年（一二三二）二月従三位（十五歳）と成長を待って任官・叙位をしたのに対し、宗尊は下向直後の建長四年四月五日、四月一日付（宗尊の鎌倉到着と同日）で将軍宣下の宣旨が鎌倉にもたらされた。つまり、幕府は征夷大将軍である親王の下向を朝廷に求めたのである。なぜ、幕府は頼経同様、宗尊の成長を待たなかったのか。

頼経の項で述べたように、将軍の儀礼参加には御家人の主人である鎌倉殿という立場だけでは不十分で、征夷大将軍という官職を得て、さらに公卿となり将軍家政所を開設するという身分秩序における地位が必要であったのである。十一歳とはいえ三品親王《さんぽんしんのう》として政所開設の資格を有していた宗尊は征夷大将軍として下向した。だからこそ、宗尊は政所始《まんどころはじめ》を皮切りに下向直後に「○○始」と呼ばれる一連の将軍儀礼を短期間で実施することが可能だったのである（四月十四・十七日条など）。正応二年（一二八九）十月、七代将軍惟《これ》康《やす》親王に代わり八代将軍として京都より下向した久明《ひさあきら》親王も征夷大将軍として鎌倉に下向し、すぐさま執権北条貞時邸への御行始《みゆきはじめ》をはじめ、多くの「○○始」を行っている（『武家年代記』）。鎌倉下向直後から「年齢に関係なく将軍儀礼を遂行可能な将軍」、これこそが宗尊下向に際し、幕府が新たに求めた将軍像であったのである。

親王将軍がもたらしたもの

天皇の血筋にある将軍の登場は、幕府にいかなる変化をもたらしたのか。建長四年四月十四日、初の宗尊の鶴岡参宮が行われた。随兵として供奉《ぐぶ》していた金沢実時《かねさわさねとき》・佐原光盛《さはらみつもり》は鎧から布衣に着替えて供奉し直している。頼嗣までは将軍の威儀を糺すために御出の供奉人がたとえ二人であったとしても必ず勇士（武士）が含まれたが、親王の御出には必ずしもその必要はなく、場合に応じて随兵を選ぶことにしたと『吾妻鏡』にある。同十六日、これまで将軍が参宮して行われた鶴岡臨時祭は奉幣使《ほうへいし》派遣へ変更された。親王行啓はたやすく行われないというのがその理由であり、明らかに宗尊は武家の棟梁としての側面よりも親王としての側面が重視された将軍として遇されている。尊貴な親王という血筋ゆえに、宗尊の行動は制約されたのである。

　さきに触れた隆弁は建長四年九月七日、宗尊に対する祈祷の恩賞として幕府から美濃国岩瀧郷が与えられ、加えて朝廷への僧正任官が申請された。結果、十月二十三日「三品親王御祈賞」により、隆弁は権官である権僧正《ごんのそうじょう》に任じられた（九月七・十一月三日条）。これまでの歴代将軍は官職への推挙権は有するものの、将軍に対する祈禱の賞として官職が与えられることはなかった。従来の幕府・将軍に対する仏事は国家仏事（公請《くじょう》）の対象外であったことを意味する。そのため幕府に勤仕する僧が僧位・僧官を得るには、朝廷の仏事への参加か、他人の賞の譲りを受ける以外には手段がなかったのである。だが、親王将軍の存在が幕府・将軍への仏事を国家仏事に準ぜられるものに高めたのである。

「依将軍家仰」

　皇族将軍の誕生は幕府発給文書にもその変化をもたらした。将軍の命令書の一つである下文《くだしぶみ》は、将軍自ら花押を据える御判下文《ごはんくだしぶみ》と政所職員が連名で署判する将軍家政所下文《まんどころくだしぶみ》の二種があった。政所は親王四品《しほん》以上・公卿などでないと設置資格はない。そのため、頼経・頼嗣父子は公卿になる前は御判下文を、公卿となって政所を開設した後は政所下文を用いた。しかし、政所設置可能な地位で下向した宗尊（三品親王）は最初から政所下文を発給した。つまり、宗尊以降の幕府の下文からは、将軍の花押は消えたのである。

また、宗尊期の政所下文は書止文言が「依鎌倉殿仰」から「依将軍家仰」に変化したことはよく知られている。宗尊に求められた立場が征夷大将軍家であり、武士と私的な主従関係を結んだ武家の棟梁「鎌倉殿」ではなかったことを示している。しかし、「依将軍家仰」の文言は宗尊期以外は使用されず、惟康王以後は元の「依鎌倉殿仰」が復活している。惟康以降の親王将軍は実権を有さなかったが、御家人の主人である鎌倉殿という観念は、鎌倉幕府にとって、やはり必要であり、ゆえにこの文言が復活したのであろう。

幕府儀礼と宗尊

宗尊の事蹟としては、和歌をはじめとする文化活動への言及が多くなされてきた。弘長三年（一二六三）十一月二十四日、自身を鎌倉に迎えた執権時頼の死（二十二日）を十首の歌を詠んで悼んだエピソードなどは歌道に情熱を注いだ宗尊らしい哀傷の表し方であろう。このような宗尊の文化的活動は彼が政治的に無力であったためと評価されてきた。

だが、宗尊の幕府儀礼への関与は他の将軍（頼朝は除く）とは大きく異なる。下向した建長四年、病床の身の宗尊は鶴岡放生会の供奉人のリストを提出させ、合点《がてん》を加え、自ら確認をしている（八月十四日条）。幼い宗尊が供奉人の人選に関与できるはずはなく、この時は形式的なものに過ぎなかったであろう。しかし、成長するに従い、宗尊は実際に供奉する御家人の選定を自ら行うようになる。承久元年（一二一九）小侍所の設置以降、出仕する御家人の人選は小侍所で行われていた。小侍所別当（長官）は歴代、北条氏が独占し、将軍近侍の人事権を掌握していた。宗尊期の別当は北条一門金沢実時で、文応元年（一二六〇）二月には、執権時頼の子で後の執権時宗《ときむね》が実時とともに就任している。宗尊の指令が実時・時宗との対立を招く場合もあった（十一月十一日条など）。

宗尊の積極的な人事介入が行われる一方で、この時期の『吾妻鏡』には御家人の幕府儀礼辞退の記事が散見される（建長五年正月十六日、康元元年七月二十九日条など）。従来、御家人の儀礼辞退は将軍権力の低下を示すと評価されてきた。しかし、宗尊期と頼嗣以前の将軍期の供奉人の数を比較しても人数に特段変化は見られない。宗尊期に儀礼辞退記事が見えるのは、『吾妻鏡』編纂に使用された史料の性格によるものではないか。つまり、頼嗣以前の儀礼に関する記事の多くは実施された結果のみが記されているのである。それに対して、宗尊期の『吾妻鏡』編纂には供奉人の人選段階に関する史料も用いられたため、辞退記事が存在するのであって、これをもって宗尊期に将軍権力が低下したということは誤りである。むしろ、宗尊は将軍として供奉人選定に積極的に関与しているのであり、幕府儀礼を媒介に御家人との主従関係を育成しようとしていたといえよう。

不可解な鎌倉追放

文永元年（一二六四）執権赤橋長時《あかはしながとき》が没すると、執権には北条政村《まさむら》が、連署には北条時宗が就任した。時宗は十四歳、宗尊は二十三歳であった。そして宗尊は前述のごとく将軍としての自覚を持っていた。

文永三年（一二六六）六月二十日、宗尊の祈祷僧松殿僧正良基《りょうき》が将軍御所より突如逐電する。同日、時宗邸では時宗・政村・金沢実時・安達泰盛による「深秘の沙汰」（秘密会議。寄合）が行われた。二十三日、宗尊親王の正室近衛宰子と娘、後継者惟康王が将軍御所を出た。二十六日、近国の御家人が参集し、鎌倉は不穏な情勢となった。有事に際しては、将軍は執権邸に移るか、将軍御所に人々が参集して将軍を守護するのが先例であったが、今回はいずれも行われなかった。将軍御所にはわずかに島津忠景《ただかげ》等五名が残ったに過ぎなかった（七月三日条）。七月四日、宗尊は北条時盛の佐介《さすけ》邸に移され、そこから京都へ送還された。七月二十日、入洛。六波羅《ろくはら》探題《たんだい》北条時茂《ときもち》邸に入った。この記事をもって鎌倉幕府の歴史を綴った『吾妻鏡』は幕を閉じる。

二十二日、宗尊の皇子惟康王がわずか三歳で七代将軍に任官する。将軍たることを強く自覚し行動した宗尊の鎌倉追放は、このように不可解かつ呆気ないものであった。文永九年（一二七二）二月、宗尊は出家。同十一年七月二十九日、没した（『勘仲記《かんちゅうき》』）。三十三歳であった。墓所の所在は不明である。

参考文献

川添昭二「北条時宗の連署時代」（『金沢文庫研究』二六三号、一九八〇年）、近藤成一「文書様式にみる鎌倉幕府権力の転回―下文の変質―」（『古文書研究』一七・一八合併号、一九八一年）、黒川高明「史料を蒐めること―鎌倉時代雑考―」（『加能史料会報』七号、一九九四年）、盛本昌広「鎌倉幕府儀礼の展開」（『鎌倉』八五号、一九九七年）、池田瞳「北条時宗・金沢実時期の小侍所―『吾妻鏡』を素材として―」（阿部猛編『中世政治史の研究』、日本史史料研究会、二〇一〇年）、菊池威雄『鎌倉六代将軍宗尊親王―歌人将軍の栄光と挫折―』（新典社、二〇一三年）

（関口崇史）

三代・五代連署
七代執権

北条政村

ほうじょう　まさむら

「四郎政村」のネットワーク

政村は北条義時の五男。母は所《ところ》朝光《ともみつ》の娘で、義時の三人目の正妻である。同母弟に三歳下の実泰《さねやす》（金沢流祖）らがいる。朝光の子孫は彼が任官した伊賀守にちなみ、伊賀を苗字とした。本項ではこの一族を伊賀氏、政村の母を伊《い》賀方《がのかた》と表記する（伊賀氏については『吾妻鏡』『尊卑《そんぴ》分脈《ぶんみゃく》』『秀郷《ひでさと》流系図』「佐伯」〈群書系図部集五〉に拠る。なお以下、注記しない限り、根拠は『吾妻鏡』・【参考文献】）。

政村の元服《げんぷく》は九歳。烏帽子《えぼし》親《おや》は義時に次ぐ有力御家人三《み》浦《うら》義村《よしむら》で、政村の「村」は義村の偏諱《へんき》（名の一字）を与えられたものである。実泰の元服は七歳。注目すべきは二人の仮《け》名《みょう》（通称）で、政村・実泰は五男・六男でありながら四郎・五郎を名乗った。政村の五歳上の異母兄有時《ありとき》（伊具流祖）は四男であるにもかかわらず六郎を称しており、その母は義時の側室であった。政村・実泰が幼少で元服したのは、義時が正妻の生んだ二人を庶兄有時より先に元服させるためであったとされる。本来、仮名は元服に際し出生の順に機械的に付けられるものであるが、政村・実泰と有時の仮名の順を変えた義時は、仮名に嫡庶を根拠とする子息たちの序列の意味を持たせたのである。

政村の外伯父伊賀光宗《みつむね》の母は、初代政所執事《しつじ》（政所の次官）藤原行政《ゆきまさ》（二《に》階堂《かいどう》氏祖）の娘である。光宗は外祖父行政の猶子《ゆうし》（相続権のない養子。『武家年代記』承久元年条）となり、行政の子二階堂行光《ゆきみつ》の後継として第三代政所執事となった。鎌倉時代、二階堂氏以外で政所執事となったのは光宗のみである。

義時の最初の妻、長男泰時の母は出自不明の人。二番目の正妻、次男朝時《ともとき》（名越流祖）・三男重時（極楽寺流祖）の母は比企《ひき》朝宗《ともむね》の娘。比企氏は頼朝・頼家期に一大勢力を築いていたが、建仁三年（一二〇三）九月比企の乱で北条時政・義時らに滅ぼされた。よって義時の晩年、政所執事伊賀氏を外戚とし文士の雄族二階堂氏ともつながり烏帽子親に三浦義村を持つ政村は、義時の子息たちの中で最も強力なネットワークを背景に持っていた。

いかに「鍾愛《しょうあい》の若君」（『吾妻鏡』建保元年十二月二十八日条）であったとはいえ、義時がすでに幕政に地位を築いていた泰時を差し置き、政村を後継者にするつもりであったとは考えにくいが、伊賀氏の側はそれを望んでいた。政村が祖父「四郎」時政・父「小四郎」義時と同じ「四郎」の仮名を与えられたことは、伊賀方らの期待の根拠となったであろう。

伊賀氏の変

元仁元年（一二二四）六月義時が没すると、伊賀方・光宗らは泰時排斥を企図し、「伊賀氏の変」が勃発する（伊賀氏の変については『吾妻鏡』同年六～八月条。『保暦間記』）。四代将軍候補であった九条三寅と泰時を排し、義時・伊賀方の娘婿であり鎌倉にあった貴族一条《いちじょう》実雅《さねまさ》（源頼朝の妹婿一条能保《よしやす》の子だが、母は藤原家《いえ》恒《つね》娘で頼朝妹との血縁はない）を将軍、政村を執権にせんと計画したとされる。これに対し、六波羅北方探題として在京していた泰時は南方探題であった叔父時房とともに鎌倉に帰り、伯母北条政子の後援を受けて陰謀を退けた。伊賀光宗は政所執事を罷免され、所領五十二ヶ所を没収されて配流。伊賀方とその兄弟朝行《ともゆき》・光重《みつしげ》も配流され、一条実雅も京都に送還された後に配流された。なお、義時の死因を『吾妻鏡』は病死とするが、『保暦間記』は近習《きんじゅ》による刺殺、そして『明月記《めいげつき》』安貞元年四月十一日条には伊賀方による毒殺説が記されている。『吾妻鏡』元仁元年七月十七日条は「政村がたびたび義村と密談していた」との噂を記しており、二十歳の政村が事件に関与していなかったとは思われない。にもかかわらず、泰時は二十二歳下の異母弟の罪を不問に伏したのであった。

北条氏惣領家（得宗家）確立に尽力した生涯

かくて成立した執権泰時・連署時房の体制下で、政村は二十六歳で任官・叙爵《じょしゃく》（従五位下《じゅごいげ》に叙すこと）し、以後順調に官位を昇進させ、三十五歳で評定衆に就任。これが幕府役職就任の最初であり、就任年齢は当時の評定衆では若年であるが、翌年には評定衆筆頭となった（『関東評定伝《かんとうひょうじょうでん》』）。この地位は泰時の跡を継いだ孫経時の治世期も変わらず、経時の弟時頼の執権期に入る。時頼が執権となった寛元四年（一二四六）宮騒動、翌宝治元年（一二四七）宝治合戦という二つの政変を経て、時頼は政村の異母兄で泰時期以来十七年の長きにわたって六波羅探題を務めていた重時を連署に迎えた。執権時頼・連署重時体制下でも政村は評定衆筆頭、つまり幕政第三位の地位を維持し、建長元年（一二四九）引付方が設置されると一番引付頭人となった。そして康元元年（一二五六）三月、出家した重時の後任として五十二歳で連署に就任。同年十一月の時頼の執権辞職・出家を受けて執権に就任した赤橋長時《あかはしながとき》（重時の嫡子）が、時頼没後の文永元年（一二六四）七月に病により出家すると、八月六十歳で執権に昇った。時宗は十四歳で連署となっている。そして蒙古の国書が鎌倉に届けられた直後の文永五年三月、政村・時宗は役職を交代。十八歳の時宗が執権、六十四歳の政村が再び連署となる。執権・連署の交代は空前絶後であり、執権から再び連署となったのは政村ただ一人である。

また、寛元四年宮騒動・宝治元年宝治合戦の直後に開催された時頼邸での「深秘の沙汰」（秘密会議。後の寄合）に、政村は甥（同母弟実泰の嫡子）で娘婿である金沢実時《かねさわさねとき》とともに参加している。当時の深秘の沙汰は北条氏家督の私的会議であり、これに加わっていたことは政村・実時が時頼政権の始動直後から中枢メンバーであったことを示す。宝治合戦では烏帽子親三浦義村の子で政村と同じ「村」の字を名に持つ泰村《やすむら》・光《みつ》村《むら》ら三浦兄弟が滅亡した。いわば自身の「兄弟」ともいうべき人々を滅ぼす側の中枢に政村は身を置いていた。文永三年（一二六六）六月、将軍宗尊親王が京都に送還される直前に時宗邸で開かれた深秘の沙汰にも、政村は実時とともに参加している。議題は記されていないが、宗尊の将軍辞職・上洛についてであったことは確実であろう。時宗は連署とはいえ十六歳に過ぎず、宗尊送還を主導したのは、六十二歳の執権政村であったはずである。文永九年（一二七二）二月、鎌倉で時章《ときあき》（一番引付頭人）・教時《のりとき》（評定衆）の名越兄弟が、京都で時宗の庶兄北条時輔（六波羅南方探題）が攻め滅ぼされる。この「二月騒動」で名越時章討伐の大将となった五人のうち四人は時宗の被官（御内人・得宗被官）であったが、残る一人四方田時綱《よもだときつな》は政村の被官であった。よって、二月騒動は執権時宗・連署政村によって計画・実行されたと判断される。この事件により二十二歳の執権時宗は独裁的な権力を確立した。そして一年三ヶ月後、翌十年五月十八日、政村は連署を辞し出家、二十七日没した。六十九歳。伊賀氏の変において自分の罪を問うことなく許した兄泰時の家系を北条氏惣領家として確立するために尽力し続けた生涯であった。訃報を聞いた貴族吉田《よしだ》経長《つねなが》は日記に「東方の遺老なり。惜しむべし、惜しむべし」と記し、朝廷は政村卒去を理由に議定を延期し、弔問使を派遣した（『吉続記《きちぞくき》』閏五月四・七・十二日条）。

「東方の遺老」の残したもの

伊賀氏の変で失脚した伊賀光宗は二十年後、寛元二年（一二四四）評定衆に就任し復権を果たした。その孫（宗義《むねよし》の子）光政《みつまさ》は正元元年（一二五九）引付衆となり、建治元年（一二七五）在京のため上洛。以降、伊賀氏は拠点を六波羅に移し、鎌倉幕府滅亡まで六波羅評定衆などを世襲する六波羅探題の幹部として存続した。伊賀氏復活の背景に政村の援助があったことは想像に難くない。嘉元三年（一三〇五）四月二十三日、政村の嫡子時村（当時、連署）が屋敷を夜襲され滅亡した（嘉元の乱）。この時、光宗の弟朝行《ともゆき》の孫政綱《まさつな》が時村とともに討たれている。伊賀氏は拠点を京都に移したが、政綱は鎌倉で時村に祗候していたのである。政村流北条氏と伊賀氏は世代を超えて結びついていたのであった。

また、平成十五年（二〇〇三）、別々に所蔵されていた日蓮《にちれん》書状が（文永十年）十一月三日付書状の前半と後半であることが判明した。そしてこの書状から同年九月頃、金沢実時の庶長子実村《さねむら》とその母（天野《あまの》政景《まさかげ》娘）が配流されたことがわかった。実村母子は引付衆であった実村の嫡弟顕時《あきとき》に対抗し敗れたのである。金沢氏の内紛は、なぜ起こったのか。顕時の母、すなわち実時の正妻は政村の娘であった。その政村が没したのは前述のごとく同年五月二十七日である。実村母子は顕時の外祖父政村の卒去を契機に、顕時の追い落としを図ったのである。全体の構図が伊賀氏の変に似ているのは皮肉であるが、政村が金沢顕時の庇護者であったことがわかる。

伊賀氏の復権・金沢氏の内部抗争は、「東方の遺老」の存在がいかに大きかったかを物語っている。

参考文献

筧雅博『蒙古襲来と徳政令』（日本の歴史一〇、講談社、二〇〇一年）、坂井法曄「日蓮遺文に記された金沢北条氏の内訌」（『季刊ぐんしょ』六二号、二〇〇三年）、森幸夫『六波羅探題の研究』（続群書類従完成会、二〇〇五年）、坂井法曄「金沢北条氏に関する日蓮の記録」（『興風』一八号、二〇〇六年）、細川重男『鎌倉北条氏の神話と歴史』（日本史史料研究会、二〇〇七年）、森幸夫「得宗家嫡の仮名をめぐる小考察―四郎と太郎―」（阿部猛編『中世政治史の研究』、日本史史料研究会、二〇一〇年）

（細川重男）

六代執権

赤橋長時

あかはし　ながとき

極楽寺流と赤橋氏

長時は寛喜二年（一二三〇）二月二十七日、北条《ほうじょう》重時《しげとき》の二男として生まれた。父重時に始まる北条氏の門流を「極楽寺《ごくらくじ》流」というが、これは重時が構えた別業が後に極楽寺となったことに由来する。このうち長時に始まる家系を「赤橋《あかはし》氏」とも称するが、これは鎌倉鶴岡八幡宮《つるがおかはちまんぐう》入口の源平池《げんぺいいけ》に架けられていた赤橋の付近に邸宅を構えていたことによる。赤橋氏からは執権も出し、その当主は元服時に将軍を烏帽子親《えぼしおや》としてその一字を与えられるなど、北条氏一門の中でも得宗家に次ぐ高い家格を有した。これは重時が兄泰時を支えるとともに、その娘が時頼に嫁して時宗を生むなど得宗家と深い関係を築いたことによるが、それを引き継いだ長時の役割も少なくない。

長時には二歳年長の異母兄為時《ためとき》がいたが、幼少期の疱瘡（『明月記《めいげつき》』嘉禎元年十月十六日条）により病弱（あるいは精神疾患）であったことから、嫡男は長時となった。長時の母は平基親《たいらのもとちか》娘（治部卿局《じぶきょうのつぼね》）である。平基親は下級貴族（実務官人）であり、九条家の家司を務めたこともある。その関係から、平基親娘は将軍九《く》条頼経《じょうよりつね》に女房として仕え、そこで将軍に近侍する小侍所《こさむらいどころ》別当《べっとう》を務めていた重時との出会いがあったと考えられる。下級貴族を出自とする母のネットワークは、後に六波羅探題を務めることになった長時を支えたことであろう。同母弟には十一歳年少の時茂《ときもち》がいる。また、三歳年少の葛西殿《かさいどの》（時頼《ときより》正室・時宗《ときむね》母）も同母妹と考えられ、長時も得宗家との深い絆を有していた。

京都での生育

寛喜二年（一二三〇）三月に父重時は六波羅探題（北方）として上洛し、生まれたばかりの長時も母に伴われてこれに同行したはずである。六波羅探題は、京都に置かれた鎌倉幕府の出先機関であり、京都周辺の治安維持と西国の訴訟審理などを担当し、公武間の交渉も行った。長時は、父の練達の政務を見聞しながら成長したのであろう。この間、長時が鎌倉に下向したのは、寛元二年（一二四四）の危篤の名越朝時《なごえともとき》の見舞いと宝治元年（一二四七）の将軍九条頼嗣の御台所檜皮姫《ひわだひめ》（時氏《ときうじ》娘・経時《つねとき》妹）の弔問の二回である。元服をすませ父の片腕として働く姿がうかがわれる。

なお、宝治元年三月、長時は鎌倉に下向する直前に、京都で北条時盛《ときもり》娘と結婚した。北条時盛は時房の子で、佐介《さすけ》氏の祖である。時房の後を継いで仁治三年（一二四二）まで六波羅探題南方を務めており、北方を務める重時との関係から成立した縁談であろう。時房流北条氏は大仏《おさらぎ》氏を中心に展開し、佐介氏はこの後ふるわなくなる。その係累からの支援はさほど期待できなかったといえるが、長時は生涯この妻と添い遂げた。

重時の教え―『六波羅殿御家訓』―

重時は『六波羅殿御家訓《ろくはらどのごかくん》』、『極楽寺殿御消息《ごくらくじどのごしょうそく》』の二書を残しているが、このうち『六波羅殿御家訓』は長時に宛てて書かれたものであり、長時に対する重時の教育を窺うことができて興味深い。その内容は四十三条からなり、出仕における立居振舞、交際における心構え、従者を召し使う際の心得などが具体的に記されている。酒席での作法についての記述も多く、中には女のもとに通う際の諸注意まであって、成人したばかりの息子に対する親心を読みとれる。殊に注目されるのが、「親方」と呼ぶ得宗家との関係についての記述である。「(親方から)馬を拝領したら、人に任せず先ず自ら轡《くつわ》を取ってから従者に渡すようにせよ」、「(親方とは)決して同座せず、一人を隔てた席に着座すること」など細かい所作に係る指示が見られる。おそらく長時はこれを忠実に守り、得宗家に対する赤橋氏の立ち位置になっていったに違いない。

六波羅探題としての務め

宝治合戦の後、宝治元年(一二四七)七月、父重時は十七年間務めた六波羅探題を退任し、連署に就任するために鎌倉に戻った。長時はその後任として、南方不在の中、十年間六波羅探題を務めた。その間の大きな政治的事件としては、建長四年(一二五二)の九条頼嗣から宗尊《むねたか》親王への将軍交替が挙げられる。頼嗣の上洛や宗尊親王の東下に係り、京都における責任者として気骨の折れる仕事であったと想像される。この頃の朝廷は、後嵯峨《ごさが》上皇による院政の時期であった。後嵯峨院政は幕府に協調的な姿勢で臨んでおり、六波羅探題としてはその関係の維持に努めた。長時は父重時同様に歌人としても知られ、勅撰集・私撰集に二十六首が採録されているが、歌道に精進したのは、歌を好んだ後嵯峨院やその周辺との交流に必要だったからであろう。

得宗家以外から初めての執権就任

康元元年（一二五六）、幕府首脳部の大幅な交替があった。三月に連署の重時が辞して北条政村がこれに替わり、十一月には執権の時頼が辞して長時がこれに替わったのである。この時期、度重なる病魔に襲われていた時頼は、執権を辞して出家することを望んでいた。しかし、子息時宗はまだ六歳であったことから、初めて得宗家以外から執権を立てることになり、長時に白羽の矢が立ったのである。時頼が信頼する重時の子であり、時宗にとっても伯父（母の兄）にあたる点がその理由であろう。この時の長時の立場を『吾妻鏡』は「家督《かとくようち》幼稚之程《ほどのがんだい》眼代」と表現している。すなわち、時宗が成長するまでの代理（つなぎ役）ということであった。しかし、死を覚悟していたはずの時頼の健康は回復し、「出家ノ後モ、凡《おおよそ》世の事ヲバ執行《とりおこな》ハレケリ」（『保暦間記』）とされるように権力を保持し続けた。時頼が執権職に還任《げんにん》しなかったのは、長時に対する信頼という面も大きかったであろう。長時の執権在任中には、正嘉元年（一二五七）に鎌倉大地震、正元元年（一二五九）に全国的な飢饉も起こっている。こうした社会不安も増大する中で時頼を支えたが、その良好な関係は弘長三年（一二六三）に時頼が亡くなるまで続いた。皮肉なことに、長時もその翌年に死去したため、時宗の「眼代」を務めたのは結果的にはわずか一年間に過ぎなかった。

高僧たちとの邂逅

長時は、法名を専阿《せんあ》とする浄土教信者であり、法然の流れをくむ真阿を開山として鎌倉に浄光明《じょうこうみょうじ》寺を開いている。念仏信仰を激しく非難した日蓮《にちれん》は、弘長元年（一二六一）に伊豆に配流されるが、これを「念仏者等にたぼらかされた（だまされた）」重時の意を受けた長時による理不尽な弾圧であるといっている。この時期は、鎌倉仏教の祖師たちが綺羅星の如く登場しているが、中でも真言律宗との関係が深い。同じ弘長元年（一二六一）には忍性《にんしょう》が父重時の葬儀の導師を務めており、その師叡尊《えいそん》も翌年鎌倉に下向し、母治部《じぶ》卿《きょうの》局《つぼね》に次いで、長時自身も妻とともに叡尊から斎戒を受けた。この時に長時は仏道修行のことだけでなく、政道のあり方について叡尊に問うているが、これは為政者としての迷いを払拭するためであったろうか。実務を淡々とこなす印象のある長時の別の面を見る思いがする。

長時の死

時頼の死の翌年、文永元年（一二六四）八月二十一日、急病により出家していた長時は浄光明寺で逝った。享年三十五。後任の執権職には連署の政村が昇格し、連署には十四歳の時宗が就いた。文永の役まであと十年というこの時期に、老練な政村が若き得宗時宗を支え、その成長を待つことになる。歌を通じても交流のあった歌人将軍宗尊親王は、長時の死をこう詠んだ。

冬の霜秋の露とてみし人の　はかなく消ゆる跡ぞかなしき
（『瓊玉《けいぎょく》和歌集』巻十）

浄光明寺には長時の僧形の木像と位牌が現存する。

参考文献

桃裕行『武家家訓の研究』（桃裕行著作集三、思文閣出版、一九八八年）、川添昭二『日蓮とその時代』（山喜房佛書林、一九九九年）、菊池紳一「北条長時について」（北条氏研究会編『北条時宗の時代』〈八木書店、二〇〇八年〉）、森幸夫『北条重時』（人物叢書、吉川弘文館、二〇〇九年）

（下山　忍）

四代連署
八代執権

北条時宗

ほうじょう　ときむね

生まれながらの北条氏家督

北条時宗は執権時頼の次男。母が時頼の大叔父・連署であった北条重時の娘で、正妻であったため、三歳上の異母兄時輔《ときすけ》（母は出雲国御家人三《み》処《どころ》氏の娘）がありながら、出生の時点から嫡子とされた。時輔の仮名（通称）が三郎である（『吾妻鏡』康元元年八月十一日条）のに対し、時宗は太郎で、次郎が置かれなかった点に、兄弟間での時宗の卓越した地位が示されている。時宗は父時頼、外祖父重時、重時の異母弟政村、同じく甥金沢実時、外戚安《あ》達義景《だちよしかげ》（時頼の母の弟）・泰盛《やすもり》（時宗の妻の兄で養父）父子らに育まれて成長した。

時宗については川添昭二氏による優れた伝記をはじめ多くの書籍があるので、ここでは問注所執事・評定衆であった太田《おおた》康有《やすあり》の政務日記『建治《けんじ》三年記《さんねんき》』を主な史料として時宗の権力行使の様子を中心に記す。

権力確立まで

康元元年（一二五六）、時頼から執権を譲られた赤橋長時（重時嫡子）は、「家督」時宗（六歳）が「幼稚」であったための「眼代《がんだい》」（代理）とされた（『吾妻鏡』同年十一月二十二日条）。重時・時頼・長時の没後、時宗は十四歳で連署に就任。文永五年（一二六八）閏正月八日に蒙古の国書が鎌倉に届くと、二ヶ月後の三月五日、時宗は十八歳で執権となった。長時の後継として執権を務めていた政村と交代したのであるが、執権・連署の交代は空前絶後のことである。以後、弘安七年（一二八四）四月四日三十四歳での卒去まで執権であり続けた。

よって、時宗の執権在職期は、文永十一年文永の役・弘安四年弘安の役という蒙古襲来の時代と重複する。そして、この時代には、それまで統制外にあった「本所一円之地住人」（非御家人）にも対蒙古防衛を理由に軍事動員がなされ、全武士階級が幕府の支配下に入ったのであった（鎌倉幕府追加法四六三・四六四・四七三・四七七条）。

佐藤進一は時宗を「得宗専制の第一段の確立者」（【参考文献】佐藤論文九十三頁）と評価している。私見では文永九年（一二七二）に名越時章（一番引付頭人）・教時（評定衆）兄弟、時宗の庶兄時輔（六波羅南方探題）が討たれた二月騒動を画期と考える。二月騒動の概要を述べると、時宗二十二歳の同年二月十一日、鎌倉で名越時章・教時の屋敷が襲撃され、名越兄弟は滅ぼされた。続いて十五日暁、鎌倉からの早馬が京に到着した直後、六波羅北方探題赤橋義宗《よしむね》の部隊が時輔の南方探題府を襲い、時輔も滅ぼされた。時章襲撃の大将五名のうち四名が時宗の家臣であり、事件は時宗の主導であったことがわかる。

時宗は北条氏庶家の大族名越氏・庶兄時輔という潜在的敵勢力を武力によって打倒したのであり、父時頼・祖父重時ら周囲によって育成されてきた自己の権威と権力を二月騒動の決行によって自ら確立した。これ以降、時宗は鎌倉幕府の独裁者となる。

北条氏家督の称号「得宗」の起源は、時宗の高祖父（祖父の祖父）義時に父時頼が贈った禅宗系追号「徳《とく》崇《すう》」と推定されるが、『若狭国税所今富名領主代々次第《わかさのくにさいしょいまとみみょうりょうしゅだいだいしだい》』は時宗について「徳崇と号す」と記しており、時宗は「徳崇（得宗）」を自称していたことになる。

将軍権力の代行

『建治三年記』は同年（一二七七）分のみで記事も簡略だが、筆者太田康有は時宗の側近であり、幕府中枢の実態を具体的に記している（以下、『建記』と略称。引用には日付のみを記す）。同年、時宗は二十七歳。

幕府での時宗の地位を示すのは六月十六日条である。この日、「『諸人官途《しょにんかんと》の事』は今後、評定での審議を中止し『御恩沙汰《ごおんのさた》』に准じ直接お聞きになり『内々《ないない》』に判断なさる」ことが定められた。「諸人官途の事」とは「御家人を官職に推挙すること」で、将軍が御家人に施す広義の御恩の一つである。主語がないが、主語が将軍であれば「内々」とわざわざ記すはずはないので、執権時宗の「諸人官途の事」専断が決められたと判断される。これが「御恩沙汰」に准じていたのは注目される。この場合の御恩は狭義の意味で、「御恩沙汰」は「御家人に新たに所領を与えること（新恩給付《しんおんきゅうふ》）」を指す。将軍の御恩の中でも最重要で、元々は将軍固有の権限である。それがこの日以前に、時宗という個人の専断に任されていた。時宗は本来、将軍が行使すべき権力を代行していたのである。

山内殿での執政

執権は評定の議長役であるが、『建記』を見ると、時宗は評定にほとんど出席していないようである。七月十九日、改築の成った将軍御所に将軍源惟康が正式に入る儀式「御移徙の儀」が挙行された後の評定には出席したが、これは評定始《ひょうじょうはじめ》（年始など節目に行う儀式的な評定）であり、通常の評定には出ている様子がない。

たとえば七月二十五日、評定終了後に、康有のところに御内人（得宗被官）平頼綱《たいらのよりつな》が来て、「評定衆が提出する起請文《きしょうもん》（神仏への誓約書）には新加入者も花押《かおう》（サイン）を加えよ」という時宗の指示を伝えた。これなど、時宗が評定に出ていれば、その場で指示すれば良いことである。

そもそも『建記』では、前述の御移徙の儀と十二月二日に将軍御所で挙行された時宗の嫡子貞時の元服、そして七月二十一日を除き、時宗が確実に鎌倉の府内にいたことを示す記事がない。しかも、同日条には「時宗が将軍御所に出仕《しゅつし》したので、人々が庭に着座した」とわざわざ書かれている。では普段、時宗はどこにいたかといえば、鎌倉郊外の別邸、山内殿《やまのうちでん》である。時宗の指示は、使者を通じてか、康有が山内殿に呼ばれてなされている。

評定に出席しない執権時宗。そして連署は、政村の後任で文永十年（一二七三）に就任した塩田義政《しおだよしまさ》が建治三年四月四日に辞職して以後、弘安六年（一二八三）四月に普恩寺業時《ふおんじなりとき》が就くまで置かれなかった。六年にわたり執権は時宗の独任なのである（業時就任の一年後に時宗が没する）。当時の幕府において時宗は執権の職権を越えた存在であった。

人事と寄合

引付頭人の人事では、八月二十九日に山内殿に呼ばれた康有に、時宗から「一番頭人に北条宗政（時宗同母弟）、二番頭人に大仏宣時、三番頭人に普恩寺業時を任ずるので、各人に伝えよ」との指示が出されている。九月四日、山内殿に呼ばれた康有が時宗に「宗政・業時が就任を承諾した」ことを報告すると、時宗は「宗政は三番頭人だったので元の三番衆（三番引付方のメンバー）を連れて一番に移り、業時は一番引付方所属の評定衆であったので、元の一番衆を連れて三番に移れと伝えよ」と命じている。政所・問注所などの実務を担う下級職員の人事も、時宗が山内殿で康有に一人一人名をあげて指示している（八月二十九・九月四日条）。六波羅探題の人事も、時宗が主催する寄合で詳細に決められている（十二月十九・二十五日条）。人事権は権力の源泉である。これを完全に掌握していた時宗は、鎌倉幕府の独裁者と評価できる。

北条氏家督の私的会議であった寄合は、『建記』には四回記されている（康有が出席した時のみ記したらしい）。会場は十月二十・二十五・十二月十九日が山内殿と明記されている（十二月二十五日は記載がないが、前三回からして山内殿と考えて良いであろう）。内容は、十月二十日が院宣など京都から来た文書に対する返事の清書役人事、二十五日は京都の本所・領家（荘園領主）の所領で兵糧料《ひょうろうりょう》所《しょ》（年貢を軍兵の食糧に充てる土地）とされたり在京武士に与えられていた（対蒙古防衛策であろう）場所の返還を決定、十二月の二回は前述の六波羅探題人事である。

時宗以外の出席者は、安達泰盛（時宗外戚。外様御家人）・太田康有（文士）・佐藤業連《さとうなりつら》（文士。評定衆）・平頼綱（御内人）・諏訪《すわ》真性《しんしょう》（御内人）の五人。十月の二回が康有・業連・頼綱、十二月十九日が泰盛・康有、二十五日は泰盛・康有・頼綱・真性である。時宗は少数の側近を選び、そこから必要に応じてメンバーを集め、寄合で政治的決定を行っており、この時期の寄合は時宗個人の私的諮問機関であったといえる。

評定は稼働しており、『建記』にも十一回の記事がある。だが、時宗は通常、寄合を含め山内殿で政務を執り、人事をはじめとする時宗の決定は山内殿から発せられていた。執権政治期には最高議決機関であった評定の上に、時宗という個人が位置していたのである。

庭に座す時宗

北条時宗の権力は執権の職権を越えていた。時宗の地位は「将軍権力代行者」と表現できる。時宗が手にした将軍権力代行者の地位が嫡子貞時・嫡孫高時と北条氏家督「得宗」に一子相伝された政治体制、それが今、「得宗専制政治」と呼ばれるものの正体であった。

ところで七代将軍惟康は初め惟康王を称していたが、文永七年（一二七〇）十二月七歳で源惟康を名乗った。惟康が親王となるのは時宗没後である。惟康が源氏となってから弘安七年四月の時宗卒去まで十四年以上、時宗が最も長く主人としたのが源氏将軍であったことは、きわめて興味深い。

建治三年七月十九日、前述のごとく「御移徙の儀」が挙行された。この儀式の費用一切を負担した時宗は、西侍《にしざむらい》（侍間《さむらいのま》。大広間）に参上していたが、惟康の入御《にゅうぎょ》に際し出席した御家人たちとともに庭に着座した。十二月二日、将軍御所で挙行された貞時の元服式でも、時宗は参列者とともに庭に列座している。将軍権力代行者、幕府の独裁者であっても、北条氏家督「得宗」は筆頭ではあるが、あくまでも御家人、将軍の家臣の一人であった。得宗専制政治の本質を象徴する場面である。

参考文献
佐藤進一「鎌倉幕府政治の専制化について」（同上『日本中世史論集』、岩波書店、一九九〇年、初出一九五五年）、筧雅博『蒙古襲来と徳政令』（日本の歴史一〇、講談社、二〇〇一年）、川添昭二『北条時宗』（人物叢書、吉川弘文館、二〇〇一年）、今野慶信「北条時輔の母」（『段かづら』三・四合併号、二〇〇四年）、細川重男『鎌倉北条氏の神話と歴史』（日本史史料研究会、二〇〇七年）

（細川重男）

七代将軍

惟康親王

これやすしんのう

異例ずくめの経歴

惟康親王は、文永元年（一二六四）鎌倉で生れた。父は六代将軍宗尊《むねたか》親王（後嵯峨《ごさが》天皇皇子）、母は関白近衛《このえ》兼経《かねつね》の娘宰子である。父が将軍職を罷免され上洛したため、三歳にして従四位下・征夷大将軍となった。征夷大将軍の最年少記録である。当時の名乗りは、惟康王であった。文永七年（一二七〇）、七歳で元服し、従三位に昇叙された。同時に賜姓されて、源惟康と名乗る。源実朝の横死以来、五十一年ぶりの源氏将軍である。その後、従二位、正二位等を経て弘安十年（一二八七）六月、中納言・右近衛大将（右大将）に昇進した。同年十月に親王宣下され名乗りを惟康親王と変え二品に叙されたが、二年後の正応二年（一二八九）九月、将軍職を罷免された。このように、惟康は王→源氏→親王と、三つの身分を経験したことになる。

すでに将軍職は傀儡と化しており、惟康の事績はほとんど知られていない。蒙古襲来当時の将軍ではあるが、惟康のことをモンゴルを撃退した「史上最強の将軍」と呼ぶ人はいないであろう。このように存在感に乏しい将軍であるが、その身分・官位の変化は異例ずくめである。続けざまの越階《おっかい》（律令制の位階の順序を飛び越えて昇進すること）、九歳で従二位という当時としては最速の昇進過程、正二位昇叙から八年に及ぶ位階の停滞とその後の唐突な中納言昇進等がそれである。中でも右大将任官と親王宣下とは、特に注目される異例の人事である。いったい何が彼をそのようにさせたのであろうか。

幕府に従順であった将軍の明と暗

右大将任官と親王宣下とは、北条時宗《ほうじょうときむね》没後の平頼綱《たいらのよりつな》（得宗家執事）政権下の出来事である。いずれも幕府からの要請によるものであることが、『勘仲記《かんちゅうき》』『実躬卿記《さねみきょうき》』など当時の公家の日記に記されている。細川重男は鎌倉幕府追加法を分析し、頼綱政権の政策は大きく二期に分けることができるとする。右大将任官はその第一期に、親王宣下は第二期に属する。第一期で頼綱の目指したものは、時宗政権の政策の忠実な継承である。細川は惟康の右大将任官を時宗政権以来の構想と位置付け、蒙古襲来という未曽有の国難に臨んだ幕府が源頼朝の再来を演出しようとしたものと推測する。政治的な実権はなくとも、時宗が惟康を礼遇していたことを示す当時の史料がある。『建治三年記《けんじさんねんき》』における、惟康の御所が新調された時の記録がそれである（七月十九日条）。時宗は惟康入御を見計らって自ら庭に下りて着座し、御家人たちもこれに随って庭に列したという。このように、時宗は惟康に対して、最大限の礼を尽していた。圧倒的な指導力を持つ時宗政権に支えられながら、惟康は従順に幕府の期待に応えていたものと思われる。

しかし、将軍と幕府との円満な関係は、親王宣下の二年後暗転する。正応二年（一二八九）、惟康は突如将軍職を罷免された。後任の将軍は、前年即位した持明院統《じみょういんとう》の伏見《ふしみ》天皇の異母弟、久明《ひさあきら》親王であった。先の細川の説によると、頼綱政権の第二期が目指したのは、王朝権威の推戴であったという。頼綱政権は、惟康の親王宣下、得宗の公卿化（実現せず）、頼綱一族の昇進と、幕府諸階層の王朝身分を玉突き的に向上させて自己の権威の向上と政権の安定を図ろうとした。親王の位は本来天皇の皇子にしか許されないが、惟康は孫王《そんのう》（天皇の孫の世代の皇族）に過ぎない。頼綱政権は先例を無視してまで一度は惟康を親王に押し上げたが、結局は、よりブランド力の高い新帝の弟を選んだのである。

かつて時宗が自ら庭に下りてまで敬意を表した将軍は、罪人同然の扱いで都へ送られた。網代《あじろ》の輿の中で涕泣する惟康が鼻をかむ音が頻りに漏れ聞こえてきたという挿話は、哀れをそそる。この上洛は、時人によって「将軍都へ流され給う」と評された（『増鏡』第十一「さしぐし」、『とはずがたり』巻四）。鎌倉生まれの惟康にとって、都はそもそも異郷の地である。それは百二十九年前、源頼朝が都から伊豆に流されたのと真逆の方向への「配流」であった。その後、惟康は三十七年を生きるが、その間の事績はほとんど伝えられていない。

惟康の親王宣下がもたらしたもの

惟康の親王宣下は、俗人の孫王としては史上初のものであった（摂関期において東宮を辞退した小《こ》一条院《いちじょういん》敦《あつ》明《あきら》親王の王子女が親王宣下された例はあるものの、院号を賜った前東宮という敦明の特殊な立場が考慮されてか、先例のうちに数えられていない〈【参考文献】拙稿参照〉）。これは、第九代鎌倉将軍守邦《もりくに》親王の場合も踏襲された。しかし孫王に対する親王宣下はこの時期、鎌倉将軍だけにとどまらず、他の傍系皇族においてもみられるようになった。親王が代を重ねることによって「宮家」と呼ばれる天皇家の分家を形成していく萌芽が生まれたのである（最終的には室町前期に成立）。幕府から強要された先例破りを甘受した後、それを慣例化させ、自分のものとして取り込んでゆく。権力を失って久しい朝廷の持つ、したたかな一面かも知れない。親王将軍の系統は宮家としては存続しなかったが、惟康の親王宣下は、その契機を生んだものとして評価されよう（親王将軍の系統では、久明親王の王子か王孫とされる熙明親王が五辻宮家を立てしばらく存続したといわれるが、宮家の動向・系譜ともに詳らかではない)。

惟康の親王宣下は、もう一つの意味を持つ。すなわち、源氏が親王宣下を受け皇族に復帰する可能性が生まれたことである。いわば「親王返り」と呼ぶべきこうした現象は、平安時代にも先例がある(宇多《うだ》天皇とその兄弟、醍醐《だいご》天皇皇子左大臣源《みなもとのかねあきら》兼明等)が、いずれも天皇の皇子としての親王宣下である。それから三百年以上経ったこの時期の親王返りは、孫王以下の傍系皇族に見られるのが特徴である。源氏が親王になり得るという状況は、皇族と臣下との境界が曖昧になり得ることを意味しよう。彦仁王(順徳《じゅんとく》天皇の孫)の王子である前権中納言源忠房(元応元年〈一三一九〉)や久明親王の王子である従三位源久良(元徳二年〈一三三〇〉)の親王宣下は、このケースである(この二例を嚆矢として、孫王以下の王子が親王宣下される場合には天皇の猶子とされることが条件となっていった〈【参考文献】拙稿参照〉)。こうした現象は、応永二年(一三九五)、左大臣四辻《よつつじ》(源)善成《よしなり》(順徳の曽孫、尊雅王の王子)が親王宣下を希望し室町幕府に拒絶され断念したのを最後に、姿を消した(『大日本史料』所収『荒暦』同年八月二十八日条)。時すでに南北両朝が合一した後のことである。宮家の成立と、親王返りの可能性。朝廷内部において惟康の親王宣下は、このように二つの事象の契機となったのである。

惟康の一族について

惟康の妻については未詳であるが、息子が複数、娘が一人いたことが知られている。息子たちは僧侶となった。彼らが惟康の将軍在職中の子供であったかどうかは、わかっていない。そのうちの一人である仁澄は、日光山別当を経て正和五年(一三一六)、天台座主《てんだいざす》となっている(『天台座主記』)。娘は父の追放後も鎌倉に残り、新将軍久明親王と婚姻した。最後の将軍守邦親王の生母にあたる。徳治元年（一三〇六）、流産により没した（『武家年代記裏書』）が、その二年後の夫久明の更迭・帰洛や息子守邦の代での幕府崩壊を見ずに済んだという意味では、むしろ幸いであったかもしれない。

惟康の妹は後年瑜子女王と名乗り、亀山天皇の後宮に入った。後、その皇子後宇多《ごうだ》天皇の後宮に入り、崇明門院禖子《ばいし》内親王をもうけた。異母の兄弟姉妹としては、真覚と永嘉《えいか》門院瑞子女王が知られる。真覚は出家して円満院《えんまんいん》に入り、早田宮と称した（『本朝皇胤紹運録《ほんちょうこういんじょううんろく》』）。瑞子女王は後宇多の信任厚く、その嫡孫である邦良《くによし》親王（後二条天皇皇子、立太子するが早世）を託されていた。瑞子女王は姪に当る禖子内親王を引き取って育て、邦良に娶せている（『増鏡』第十四「春の別れ」）。惟康の晩年に当る時期、瑞子女王は持明院統を相手に、天皇家ゆかりの大規模荘園群である室町院領の相続争いを演じたことで知られている。あるいは若い邦良夫妻を、そしてもしかすると落魄《らくはく》した兄惟康をも守るため、孤軍奮闘していたのかもしれない。結局、鎌倉幕府第七代将軍であった惟康の一族は、都を活動の場とする純然たる京都貴族だったのである。

参考文献

青山幹哉「鎌倉将軍の三つの姓」（『年報中世史研究』一三号、一九八八年）、菊地大樹「宗尊親王の王孫と大覚寺統の諸段階」（『歴史学研究』七四七号、二〇〇一年）、北村拓「鎌倉幕府征夷大将軍の補任について」（今江廣道編『中世の史料と制度』、続群書類従完成会、二〇〇五年）、細川重男「右近衛大将源惟康―得宗専制政治の論理―」（『鎌倉北条氏の神話と歴史―権威と権力―』、日本史史料研究会、二〇〇七年）、同上「飯沼大夫判官資宗―「平頼綱政権」の再検討―」（同上）、久保木圭一「王朝貴族としての惟康親王―鎌倉期における皇族の処遇について―」（阿部猛編『中世政治史の研究』、日本史史料研究会、二〇一〇年）、桃崎有一郎「鎌倉

後嵯峨皇統　親王将軍の時代　116

幕府の秩序形成における拝賀儀礼の活用と廃絶―鎌倉殿・御家人・御内人と拝賀―」（同上）

（久保木圭一）

六代連署

塩田義政

しおだ よしまさ

極楽寺流塩田氏

義政は仁治三年（一二四二）に、北条《ほうじょう》重時《しげとき》の子として生まれた。兄弟には長時《ながとき》、時茂《ときもち》、業時《なりとき》などがいる。父重時に始まる北条氏の門流を「極楽寺《ごくらくじ》流」といい、得宗《とくそう》家を支え幕府の要職に就いた。このうち義政に始まる家系を「塩田氏」と称するのは義政が隠棲した信濃国塩田荘に由来するが、このことについては後述する。

義政は文永二年（一二六五）に二十四歳で引付衆《ひきつけしゅう》となり、二年後には評定衆《ひょうじょうしゅう》に加えられた。文永五年（一二六八）に時宗が執権となり、政村が連署に退いてこれを支える新体制が成立したが、その翌年に義政は三番引付頭人《ひきつけとうにん》となった。引付頭人は他の評定衆や引付衆を率いて裁判の指揮を執る役職で、執権・連署に次ぐ要職といえ、北条氏一門の有力者を配置していた。「極楽寺流」では執権を務めた兄長時がすでに死去し、次兄時茂も六波羅探題《ろくはらたんだい》在任中（文永七年には死去）ということもあり、義政は門流枠からの就任であったといえる。

二月騒動・政村の死と連署就任

文永九年（一二七二）には「二月騒動」が起き、鎌倉で名越時章《なごえときあき》と弟教時《のりとき》が討たれ、京都で六波羅探題南方を務めていた時宗《ときむね》庶兄の北条時輔《ときすけ》が討たれた。さらに、その翌年には時宗を支えて来た連署の政村《まさむら》が死去した。蒙古襲来を間近に控え、鎌倉政界が大きく揺らぐ中で新体制が発足した。

政村の後任に抜擢されたのが三番引付頭人を務めていた義政である。この時、同じく二番引付頭人であった金沢実時《かねさわさねとき》も連署の候補といえたが、時宗の母が義政の異母姉葛西殿《かさいどの》であることや兄長時が執権を務めたという極楽寺流の家格を優先したのであろう。引付頭人は、名越時章の跡を埋める一番に金沢実時、二番に政村の子北条時村、三番に時宗の同母弟北条宗政《むねまさ》が新たに加えられた。四番北条時広（時房流）・五番安達泰盛は留任した。

なお、好学を知られ政治的にも有能であった金沢実時は、時頼に続き時宗の信頼も厚く、得宗を囲む最高意志決定機関ともいえる「寄合《よりあい》」への出席を許されていた。幕府職制上は上席であった義政は「寄合」への出席が確認できない。

蒙古襲来の重圧

未曽有の国難ともいわれる蒙古襲来であるが、その予兆は文永五年（一二六八）に高麗使がもたらした蒙古国書を受け取った時に始まっていた。「兵を用うるに至りては、夫《そ》れ孰《たれ》か好むところならん」という恫喝《どうかつ》に対し、幕府は、鎮西（九州）に所領をもつ御家人を下向させ、筑前・肥前の要害警固にあたらせるなどの臨戦態勢をとった。義政が連署となった文永十年（一二七三）には、御家人が質入れした所領の無償返却などを定めているが、これは実際に戦闘を担う御家人たちへの経済支援という側面が強い。

そして、ついに文永十一年（一二七四）十月に文永の役が起こる。よく知られているように、朝鮮半島の合浦《がっぽ》を出発した元・高麗軍は、対馬・壱岐を侵して筑前博多に上陸。防戦にあたった鎮西御家人たちは元軍の集団戦法や新兵器に苦戦して大宰府に退くが、折からの風雨のため元軍もまた撤退するという展開であった。幕府は、蒙古襲来の報を受けるとすぐに西国守護に御家人以外の武士たちの動員を命じており、翌建治元年（一二七五）二月には鎮西御家人に異国警固番役を課して警備にあたらせた。なお、元使杜《と》世忠《せいちゅう》らを鎌倉竜口《たつのくち》で斬首するのも九月のことである。実現はしなかったものの、逆に日本から軍船を出して高麗を攻撃するという「異国征伐」の計画なども持ち上がっていた。

突然の出家遁世

この時期には、連署義政の署判を欠いている幕府発給文書が散見する。そこから推定すると、義政は、文永の役の翌年、建治元年（一二七五）十月頃から幕府に出仕していないようである。翌年閏三月にはいったん復帰したが、七月か八月頃からは再び出仕していない。そして、建治三年（一二七七）四月四日に出家し、五月二十八日には鎌倉から出奔して信濃善光寺《ぜんこうじ》に詣でた後、所領の塩田荘に籠居した（『建治三年記』）。この突然の出家遁世は、「内外仰天」させたという。執権時宗も寝耳に水で、早速慰留に努めた（『建治三年記』）が、義政の決意は変わらず連署と武蔵守は解任された。

この出家遁世事件に関しては、①得宗権力確立のための粛正説、②時宗と義政の確執説、③安達泰盛《あだちやすもり》・平頼綱《たいらのよりつな》対立の影響説などが論じられているが、実際に蒙古襲来に直面した幕府首脳としての過労とストレスは相当なものであったろう。記録の伝える「所労《しょろう》」（『北条時政以来後見次第』）による「病」（『関東評定衆伝』）は事実と考えた方が良いのではないだろうか。同じく時宗を支えた金沢実時も建治元年（一二七五）五月に「所労」のため所領六浦に籠居し、翌年十月に亡くなっている。なお、義政の解任後、時宗は弘安六年（一二八三）まで連署を置かず、単独の執権として政務を執っている。

信濃国塩田荘

さて、義政の籠居した塩田荘は現在の長野県上田市別所《べっしょ》温泉の辺りである。義政はここに居所を構え、弘安四年（一二八一）十一月二十七日に四十歳で亡くなった。その後は国時《くにとき》・俊時《としとき》と伝領し、塩田氏は幕府滅亡まで三代六十年続いた。現地には、東西百六十メートル・南北二百六十メートルの館跡も残る。『関東評定衆伝』は所帯を収公されたとするが、以上のことから、塩田庄はその対象ではなかったといえる。また、義政の子国時・時治《ときはる》、孫の俊時も幕府の評定衆や引付頭人を務め、国時が諏訪社の頭役を務めていることなどから、義政以後の塩田氏が政治的影響力を有していたことは十分窺え、そのことからも義政の出家遁世が排除・追放や政治的失脚という事態であったとは考えにくいのではないだろうか。

安楽寺と樵谷惟僊

塩田荘は守護所も置かれたともされる枢要な地であるとともに、義政籠居以前から「信州の学海」（『仏心禅師大明国師無関大和尚塔銘』）とも称される仏教文化の拠点でもあった。特に後者からは義政の塩田入りとの関連が深いと考えられる。

塩田荘内には安楽寺《あんらくじ》という名刹がある。現在も国宝八角三重塔でよく知られている。安楽寺を禅宗寺院として再興したのが、信濃出身の臨済僧樵谷惟僊《しょうこくいせん》である。惟僊は入宋して禅を学び、帰国した文永末年頃から安楽寺の再興に着手した。建治三年（一二七七）夏頃に完成したというが、この時期はまさに義政が塩田荘に入った直後のことであり、両者の結び付きを想起させる。また、惟僊は親交のあった建長寺《けんちょうじ》の蘭渓道隆《らんけいどうりゅう》を安楽寺に招請しようとしたが、蘭渓道隆が周囲から反対されて実現しなかったという。反対の理由は明らかではないが、蘭渓道隆が得宗家と近いことを考えれば、義政の一件との関係も十分推測できる。

義政の歌風

若い頃から将軍に近侍した義政は文武に秀でた武士であり、父重時・兄長時と同様に歌をよくし、勅撰集にも九首採録される歌人でもあった。しかし、その歌風は繊細で屈折しており、隠遁的方向を志向している。詠歌のもつ虚構性を考慮しても、困難をしぶとく切り抜けていく人物像は浮かんでこないのである。

いつまでとこころをとめてありはてぬ　命まつまの月をみるらん（『続古今和歌集』雑一五八七）

夢ならでまたはまこともなきものを　たがなづけけるうつつなるらん（『玉葉集』雑上二四六二）

参考文献
伊藤一美校注『建治三年記注釈』（文献出版、一九九九年）、上田市誌編さん委員会編『上田の荘園と武士』（上田市誌・歴史編四、上田市・上田市誌刊行会、二〇〇一年）、下山忍「極楽寺流における北条義政の政治的立場と出家遁世事件」（北条氏研究会編『北条時宗の時代』、八木書店、二〇〇八年）、鈴木宏美「北条氏と和歌」（同上）

（下山　忍）

七代連署

普恩寺業時

ふおんじ　なりとき

極楽寺流普恩寺氏

業時は、北条《ほうじょう》重時《しげとき》の子として仁治二年（一二四一）に生まれた。兄弟には長時《ながとき》、時茂《ときもち》、義政《よしまさ》などがいる。母は筑前局《ちくぜんのつぼね》である（業時の母を備後局《びんごのつぼね》とする系図もあり、これに従えば時茂の同母弟ということになるが、『鎌倉年代記』等からは時茂と業時は同年齢と考えられるので、同母兄弟の可能性は低いと思われる）。一歳年下の義政が四男とされ、業時が五男とされるのは、母の身分差による兄弟の序列であろうか。因みに義政の母は少納言局《しょうなごんのつぼね》と呼ばれる女性である。父重時に始まる北条氏の門流を「極楽寺《ごくらくじ》流」といい、得宗《とくそう》家を支え幕府の要職に就いた。このうち業時に始まる家系を「普恩寺《ふおんじ》氏」と称するのは、孫の基時《もととき》が創建した普恩寺という寺院名に由来する。その基時は執権となるが、得宗家以外で執権を出している北条氏一門は、赤橋《あかはし》氏、普恩寺氏、政村流、金沢氏、大仏《おさらぎ》氏に過ぎない。

兄義政の出家遁世

業時は文永二年（一二六五）に引付衆《ひきつけしゅう》となった。同時に引付衆に就任した兄義政はその後評定衆《ひょうじょうしゅう》・三番引付頭人《ひきつけとうにん》を経て文永十年（一二七三）には連署となるなど順調に昇進したが、建治元年（一二七五）の途中から幕府への出仕が怠りがちになり、建治三年（一二七七）に突然出家遁世を遂げて信濃国塩田荘に籠居してしまった（本書「塩田義政」参照）。業時が評定衆、そして三番引付頭人になるのはこの時期のことであった。得宗家からの信頼が厚かった赤橋長時《ながとき》はすでに亡く、跡を継いだ義宗《よしむね》も建治三年に急逝し、その子久時はまだ六歳であった。六波羅探題を務めた常葉《ときわ》時茂もすでに亡くなっている中での塩田《しおだ》義政《よしまさ》の突然の出家遁世であり、極楽寺流（門流枠）からこれに代わられるのは業時しかいないという状況があった。

六年間空席の連署への就任

義政解任後、時宗は、弘安六年（一二八三）まで六年間、連署を置かずに単独の執権として政務を執った。この時の引付頭人は一番北条宗政《むねまさ》、二番大仏宣時《のぶとき》、三番普恩寺業時、四番名越公時《なごえきみとき》、五番安達泰盛《あだちやすもり》という面々であった。時宗が連署を置かなかった理由は判然としないが、当初は赤橋義宗の急逝によってその連署就任が頓挫したためと考えられる。その後は信頼する同母弟の宗政が候補といえたが、さすがに執権・連署を得宗家が独占することが憚られたのではないだろうか。想像をたくましくすれば、得宗家に権力を集中させようとする平頼綱《たいらのよりつな》とそれを阻止しようとする安達泰盛の対立の図式の中で読み取ることも可能であろう。しかし、その宗政も弘安四年（一二八一）八月に二十九歳で死去してしまう。後任の一番引付頭人には業時が就いた。業時が長らく空席だった連署に就任するのは、その二年後であった。

時宗と貞時を支えて

業時が連署を務めたのは弘安六年（一二八三）四月から弘安十年（一二八七）六月までの四年少々である。

弘安の役は連署就任の二年前であるが、蒙古襲来が文永・弘安の二回しかなかったことを知っているのは後世の人間のみで、当時の人々、ことに幕府首脳は三度目の来寇を想定した緊張の中にあった。弘安六年（一二八三）にも北条兼時《かねとき》（時宗《ときむね》の甥）を播磨国に下向させ、瀬戸内海の警固にあたらせている。こうした中、弘安七年（一二八四）四月に執権北条時宗が三十四歳で死去し、十四歳の嫡男貞時《さだとき》が執権を継いだ。四十四歳の業時は、引き続き連署として貞時を支える立場になった。時宗の死去によって、貞時母（堀内殿《ほりうちどの》）の兄（養父）であった安達泰盛と貞時の乳母夫であった内管領（得宗の家宰）平頼綱の対立が顕在化してくる時期である。

弘安徳政と霜月騒動

時宗の死の直後である弘安七年（一二八四）五月に『新御式目』三十八ヶ条が出されたのを皮切りに、同八年十一月の霜月《しもつき》騒動までに百ヶ条余りの追加法が発布された。その内容は、御家人の保護、鎮西《ちんぜい》名主職《みょうしゅしき》の安堵、鎮西寺社領の回復、訴訟制度の整備、悪党の禁圧、大田《おおた》文《ぶみ》の作成（全国耕地の掌握）などであり、この一連の政治改革は「弘安徳政」と呼ばれている。蒙古襲来という対外危機に直面した鎌倉幕府が政治的基盤の強化を目指したものであり、これを主導したのは安達泰盛であった。しかし、「弘安徳政」は既得権益を侵害する面もあることから、根強い反発もあった。

そうした中で、弘安八年（一二八五）十一月、平頼綱により安達泰盛一族が滅ぼされた。十一月に起こったことから「霜月騒動」という。この時に泰盛・宗景《むねかげ》父子をはじめ、弟長景《ながかげ》・時景《ときかげ》、大曾《おおぞ》禰《ね》氏らの安達一族はもとより、二《に》階堂《かいどう》、武《む》藤《とう》、小《お》笠原《がさわら》、小《こ》早川《ばやかわ》など多くの有力御家人、さらに武蔵・上野の御家人を加えて五百人が自害したと伝えられている。いずれも安達泰盛派の面々であった。

この結果、幕府首脳にも大きな影響があった。前述のように五番引付頭人安達宗景はこの時に討たれたが、四番引付頭人金沢顕時《かねさわあきとき》も泰盛の女婿であることから配流となった。さらに、問注所《もんちゅうじょ》執事太田時連《ときつら》、評定衆宇都宮景綱《うつのみやかげつな》、引付衆長井宗秀《ながいむねひで》も失脚した。この時の業時の動静については判然としないが、執権貞時を擁した平頼綱は幕府軍として安達泰盛を討伐していることから、連署としてこれに協力したものであろう。乱後、不在となった四番引付頭人に業時の子時兼《ときかね》が就任していることからもそれは窺える。

業時の死とその後の普恩寺氏

安達泰盛没後の幕政は当然ながら平頼綱が主導した。「弘安徳政」で設置されたいわゆる「鎮西特殊合議訴訟機関」（引付奉行人を鎮西に派遣し有力守護と合議して訴訟処理にあたらせた訴訟処理機関）は、少弐《しょうに》・大《おお》友《とも》・宇都宮・渋谷《しぶや》四氏に訴訟を裁許させる「鎮西談議所」に代えられ、さらに鎮西名主職安堵と寺社領興行も撤廃された。こうした政策の揺り戻しの中で業時は二年弱ほど連署を務め、弘安十年（一二八七）六月二十六日に四十七歳で死去した。後任の連署には一番引付頭人の大仏宣時《おさらぎのぶとき》が就いた。成長した貞時が専横著しい平頼綱を滅ぼす「平禅門の乱」の六年前のことである。業時の子時兼は、引付頭人や評定衆を務めるものの執権や連署に就任することはなく、永仁四年（一二九六）に三十一歳で死去したが、その子基時《もととき》は正和四年（一三一五）に執権となっている。

なお、業時の父重時、長時・時茂・義政という兄弟はみな歌を詠んだ。この中で業時ひとり歌を詠んでおらず、そのため普恩寺氏から歌人は出ていない。

多宝寺創建と忍性の庇護

僧侶との関係でいえば、業時は、兄長時同様に真言律宗（西大寺派律宗）との関係が深かった。叡尊《えいそん》の弟子忍性《にんしょう》は建長四年（一二五二）に関東に下向し、常陸国三村寺《みむらじ》を拠点に東国布教を開始するが、やがて鎌倉への進出を企図する。現存しないが、忍性の鎌倉における最初の拠点となる多宝寺《たほうじ》を建立したのも業時であった。文永十年（一二七三）には忍性を導師として父重時の十三回忌供養を執り行っている。業時の亡くなった弘安六年（一二八三）には鎌倉で悪疫（流行病）が蔓延したが、このとき忍性は療養にもあたっていたという。

（下山　忍）

参考文献

貫達人・川副武胤『鎌倉廃寺辞典』（有隣堂、一九八〇年）、松尾剛次『忍性―慈悲ニ過ギタ―』（ミネルヴァ日本評伝選、ミネルヴァ書房、二〇〇四年）、下山忍「極楽寺流における北条義政の政治的立場と出家遁世事件」（北条氏研究会編『北条時宗の時代』、八木書店、二〇〇八年）、熊谷隆之「モンゴル襲来と鎌倉幕府」（『岩波講座　日本歴史　第七巻（中世二）』、岩波書店、二〇一四年）

九代執権

北条貞時

ほうじょう　さだとき

執権就任と霜月騒動

北条貞時は文永八年（一二七一）十二月十二日、北条時宗《ときむね》の子として生まれた。母は安達義景《あだちよしかげ》の娘（兄泰盛の養女となる）堀内殿《ほりうちどの》である。幼名は幸寿《こうじゅ》。得宗《とくそう》家の内管領《うちかんれい》（執事）平頼綱《たいらのよりつな》が乳父《めのと》として養育にあたった。時宗に他に男子はおらず、まさに得宗家の御曹子であった。建治三年（一二七七）十二月、父の例に倣い七歳で元服する。将軍御所において、父の執権時宗をはじめとする北条氏一門や、外戚安達氏、さらに長井・佐々木・宇都宮《うつのみや》・二階堂《にかいどう》ら幕府重臣が見守るなか、将軍源惟康《これやす》が加冠した（『建治三年記』）。得宗家嫡にふさわしい、盛大な元服式であった。

弘安七年（一二八四）四月、父時宗が三十四歳の若さで死去する。七月貞時は十四歳で執権職に就任する。しかしこの間四ヶ月（この年は閏四月がある）を経過しており、三度目の蒙古襲来も予想される状況下で、若年の貞時の執権継承には反対意見もあったように思われる。当時の連署普恩寺《ふおんじ》業時《なりとき》が執権に昇任し、貞時が連署に就くというのが、最も順当な人事と考えられるからである。得宗家嫡とはいえ、貞時は全く幕府の役職を経験していなかった。このようななかで貞時の執権就任を実現させたのは、内管領で貞時の養育者でもあった平頼綱と考えられる。また安達泰盛もこの人事に特に反対はしなかったとみられる。それは貞時の外祖父として、さらに幕府内での地位を高めることができるからである。貞時を擁し、泰盛の幕政改革（弘《こう》安徳政《あんとくせい》）が行われることとなる。

安達泰盛は幕府訴訟制度の改革（鎌倉幕府追加法五四八〜五五八条）や九州の名主《みょうしゅ》に安堵《あんど》下文《くだしぶみ》を給い新御家人の創出をはかる（同五一四・五六二・五六九条）など、矢継ぎ早に幕政改革を実行しようとしたが、その政策は将軍権力を高める側面を持っており、平頼綱らに警戒された。弘安八年十一月、頼綱は兵を動かし、泰盛が執権貞時館に参ずるところを急襲しこれを滅ぼした。事件の余波は諸国に広がり、足利・三浦・小笠原氏ら有力御家人の一族も討たれた。これを霜月騒動という。この内乱により、平頼綱を中心とする得宗被官勢力が大きく力を伸ばしていく。

平禅門の乱と貞時の政治

安達泰盛を滅ぼした平頼綱は若年の貞時を擁し、幕政の実権を握った。「城入道誅せらるるの後、彼の仁一向執政し、諸人恐懼《きょうく》の外、他事なし」（『実躬卿記《さねみきょうき》』永仁元年四月二十六日条）と、その恐怖政治ぶりが伝えられている。頼綱政権の下で、京都では大覚寺統《だいかくじとう》から持明院統《じみょういんとう》へと治世が交替するが、頼綱は律僧禅《りつそう》（善）空を通じ、後深草《ごふかくさ》上皇の院政や伏見《ふしみ》天皇の親政に介入した。正応二年（一二八九）の後深草皇子久明《ひさあきら》親王の将軍下向もその主導によるものである。また頼綱の子飯沼助宗《いいぬますけむね》も検非違使《けびいし》や安房守に任じ権勢を誇っていた。だが永仁元年（一二九三）四月、貞時は頼綱を攻め滅ぼす（平禅門《へいぜんもん》の乱）。この月鎌倉は大地震に襲われ、その混乱のなかで遂に討伐されたのである。

実権を掌握した貞時は、まず引付《ひきつけ》制度の改革を行う。永仁元年六月、訴訟の迅速化のため五番引付を三番引付に改編する。しかし効果が上がらなかったため、十月には引付を廃止して引付頭人《ひきつけとうにん》の代わりに執奏《しっそう》を置き、貞時が「直聴断《じきちょうだん》」することとなった（『鎌倉年代記』他）。しかし翌年十月には引付は復活することとなる。貞時は訴人救済のため、訴訟制度を改革し、それは「徳政」として諸人から歓迎されたのである（〈永仁元年〉十二月十六日付定厳書状〈「東寺百合文書」ル〉）が、審理案件が膨大で、貞時個人では処理不能となったのであろう。また引付頭人は当時政治的地位とも化しており、その復活を望む北条一門ら幕府有力者の意向も無視しえなかったものと思われる。貞時の訴訟制度改革はわずかの期間で挫折したのであるが、その政治意欲は評価できる。

北条貞時期は地方統治機関が整備され、幕府の支配体制が確立した時代でもある。六波羅探題《ろくはらたんだい》は洛中《らくちゅう》警固に加えて、裁判機関としても確立するのが南方探題大仏宗宣《おさらぎむねのぶ》期の十四世紀初頭頃である。鎮西探題《ちんぜいたんだい》も同じ頃の金沢実政《かねさわさねまさ》期に、軍事指揮権に加え裁判権が整う。幕府の全国的支配・統治体制は貞時期に完成したのである。

いうまでもないが、皇族将軍を推戴し、支配層の中核に位置したのが得宗を中心とする北条氏一門である。貞時の時代以降、彼らは他の御家人たちとは異なる、別格的存在として所見するようになる。北条氏は「〈関東〉御一門」と敬称され（追加法六八四条）、将軍が出向する際の行列においては他の御家人とは異なる「御一門」衆として、独立した隊列を成す（「最勝園寺《さいしょうおんじ》殿《どの》供養《くよう》供奉《ぐぶ》人交名《にんきょうみょう》」）。また執権が任じる相模守任官に際して朝廷では臨時の除目が行われる（『実躬《さねみ》卿記《きょうき》』正安三年九月二十七日条）。さらに北条一族は無位無官であっても四位殿上人に准じるよう公家側で定めたという（『今川了俊《いまがわりょうしゅん》書札礼《しょさつれい》』）。得宗を中心とする北条氏一門は国政の一翼を担う存在として、幕府のみでなく朝廷からも、公的に位置付けられたといえよう。鎌倉末期には源氏の名門足利氏でさえ、「(北条)一門に非ず」との理由で、公家からは北条氏と同等に処遇されることはなかった(『花園天皇宸記《はなぞのてんのうしんき》』元弘元年十一月五日条)。このように朝廷は北条氏を優遇し、特別扱いするようになった。かような北条氏に対する特別待遇はもちろん、承久の乱(一二二一年)以降、北条氏が権力者として揺るぎない政治的実力を蓄積してきたことに由来するが、貞時期にそのような様相が明瞭となってくるのである。「一門」といえば北条氏を示し、国政に与る一族として、幕府のみならず朝廷からも別格的存在と位置付けられたのである。要するに、北条氏、つまり将軍ではなく、得宗(貞時)を核とする北条一族による政治体制が、国制上においても正式に位置付けられたとみてよい。ここで詳しく述べる余裕はないが、このような貞時ら北条一門の身分上昇をもたらした契機としては、伏見《ふしみ》天皇がその政治介入から解放される、貞時による平頼綱誅滅が関わっている可能性のあることを指摘しておきたい。

出家とその晩年

貞時の時代、元来伊豆国の在庁官人に過ぎなかった北条氏は、殿上人《てんじょうびと》に准ずる身分となったとみられる。しかしその地位が上昇すればするだけ、政治的責任も重みを増してくる。永仁五年(一二九七)には御家人の質券売買地《しちけんばいばいち》を本主に返還させる、いわゆる永仁の徳政令を発し(追加法六五七〜六六四条)、また公家側の要請を受け、畿内近国の悪党鎮圧にも力を注がねばならなくなった。

正安三年(一三〇一)八月、貞時は女婿の北条師時《もろとき》(貞時従弟)に執権職を譲り出家する。三十一歳。法名は崇暁《すうぎょう》、のち崇演《すうえん》と改める。祖父時頼と同様、得宗として出家後も幕政の実権を掌握していたが、嘉元三年(一三〇五)の嘉元の乱を境に政治から離れていく。この乱は連署北条時村が侍所所司北条宗方《むねかた》(貞時従弟）に殺され、のち宗方も討たれたという事件である。宗方は無実の時村を暗殺した首謀者として誅殺されたようである。しかし宗方は内管領に任じていたのであり、時村暗殺には貞時の「下知」があったとする史料（「春日若宮神主祐春記」嘉元三年四月二十八日条）がある。貞時は宗方に命じ、抵抗勢力ともいえる宿老の連署時村を暗殺させたのであるが、その行為に対する批判が高まり、自己の片腕であった宗方を討伐せざるを得なくなったと考えられるのである。宗方は不運な犠牲者であり、貞時も自己の権力の限界を悟ったようである。

嘉元の乱後、貞時は政治に関わるのが嫌になった。延慶元年（一三〇八）幕府奉行人から「毎日の酒宴を自重すべきこと」など五ヶ条につき諫言されている（『平《たいらの》政連《まさつら》諫草《かんそう》』）。平頼綱を討ち、訴訟制度改革を断行した、政治意欲に燃えた貞時の面影はここには全く見出せない。このような状況下で、貞時嫡子高時を擁し、長崎氏ら得宗被官勢力が再び力を伸ばしていく。応長元年（一三一一）十月二十六日、貞時は四十一歳で死去する。

参考文献

森幸夫「平頼綱と公家政権」（『三浦古文化』五四号、一九九四年）、細川重男「嘉元の乱と北条貞時政権」（『鎌倉政権得宗専制論』、吉川弘文館、二〇〇〇年）、保永真則「鎌倉幕府の官僚制化」（『日本史研究』五〇六号、二〇〇四年）、鈴木由美「「最勝園寺殿供養供奉人交名」にみる「大名」」（阿部猛編『中世政治史の研究』、日本史史料研究会、二〇一〇年）

（森　幸夫）

八代連署

大仏宣時

おさらぎ　のぶとき

『徒然草』第二百十五段

大仏宣時は、暦仁元年（一二三八）に生まれた。父は北条時房《ほうじようときふさ》の子朝直《ともなお》、母は足立遠光《あだちとおみつ》の娘である。初名は時忠《ときただ》（『将軍執権次第』）。『吾妻鏡』弘長三年（一二六三）八月十五日条に「武蔵五郎宣時」とみえ、この頃までには宣時と改名している。

宣時の最も著名なエピソードは、『徒然草』第二百十五段であろう。「平宣時朝臣、老の後、昔語りに」とはじまる内容は以下の通りである。

ある日の夜、「西明寺《さいみようじ》の入道」（北条時頼《ときより》）に突然呼び出され、普段着であわてて時頼邸に駆けつけた宣時は、時頼に命じられ、台所で酒の肴を探す。そして宣時は小土器《こかわらけ》についた少しの味噌を見つけ、時頼と宣時はこのわずかな味噌だけを肴に酒を酌み交わした。

鎌倉時代の味噌は貴重なものであったというが、それでも味噌を酒の肴にするのは、幕府のトップである北条時頼としては質素だという指摘もある。宣時も質素と捉えたであろう。

この出来事のあった時期は不明である。時頼は康元元年（一二五六）十一月、宣時が十九歳の時に出家し、弘長三年十一月、宣時が二十六歳の時に三十七歳で没している。宣時は時頼を「西明寺の入道」と呼んでいるが、これは老いた宣時が昔を思い出して語った際の呼称で、この話の当時に必ずしも時頼が出家している必要はない。

時頼と宣時は、同じ北条一族であっても、それほど近い親戚ではない。比較的近い親戚関係をあげると、宣時の父朝直の妻のうち、一人は時頼のおば（北条泰時《やすとき》の娘。野辺本『北条氏系図』）で、もう一人は時頼の従姉妹（安達義景《あだちよしかげ》の娘。『安達氏系図』〈白河結城家文書〉）にあたる。そして宣時が時頼生前に幕府の役職に就いていた形跡もない。親戚関係や幕府内での立場とは関係なく、時頼にとって十一歳下の宣時は気軽に呼び出せ一緒に酒を飲める相手であったのだ。

幕府の内乱と宣時

宣時は文永二年（一二六五）六月、二十八歳で引付衆《ひきつけしゅう》となる。以後幕府の役職を歴任し、弘安六年（一二八三）四月に一番引付頭人《ひきつけとうにん》に就任する。同七年四月には執権北条時宗《ときむね》（三十四歳）が死去、七月に時宗の嫡子貞時《さだとき》（十四歳）が執権となる。そして同八年十一月、時宗の義兄安達泰盛《やすもり》（養女にした妹が時宗の妻で貞時の母）らが滅ぼされる霜月《しもつき》騒動が勃発した。

宣時は霜月騒動後の弘安十年八月、五十歳で連署に就任し、以降、貞時政権下で十四年間連署を務めた。正安三年（一三〇一）八月に貞時が執権を辞し出家すると、宣時も連署を辞し、九月四日に出家した。法名を忍昭という。

山川智応氏は、証拠はないとしながらも、貞時政権下に起こった鎌倉幕府の重大事件、霜月騒動・平禅門《へいぜんもん》の乱（永仁元年〈一二九三〉）・嘉元の乱（嘉元三年〈一三〇五〉）への宣時の関与を推測している。どの事件も、確かに宣時が直接関わったという史料はなく（嘉元の乱では、子宗宣《むねのぶ》が北条宗方《むねかた》への討手となっている）、これらの事件が宣時の幕府内での地位に影響を与えた様子はない。裏で関与していたからこそ、宣時は何の影響も受けずに、各事件を乗り切ることができたのではないだろうか。山川氏の見解は首肯すべきであると考える。

大仏家の家格上昇

宣時の祖父北条時房には多くの子がおり、そのうち時盛《ときもり》から佐介《さすけ》家が、宣時の父朝直から大仏家が分かれた。時房流の嫡家は当初佐介家であったが、嫡流をめぐる確執の結果、嫡流が大仏家に移行したという。大仏家の家祖朝直は、執権・連署にはならなかったものの一番引付頭人にまで至り、幕府で重きを成した。大仏家は本来、北条氏の中では最も傍流の時房流であった。宣時の子には宗宣・貞房《さだふさ》・宗泰《むねやす》・貞宣《さだのぶ》らがおり、彼らとその子孫は執権・連署や引付頭人に至る家格を形成した。これは朝直や宣時が高位の幕府役職に就任したことにより、大仏家の家格が上昇したためと考えられる。

得宗北条時頼期以降、北条氏の子弟から畿内の有力寺院のトップに就任する人物が現れる。東寺《とうじ》二長者《にのちょうじゃ》を務めた後に東大寺《とうだいじ》別当《べっとう》となった執権北条経時《つねとき》の子頼助《らいじょ》（『東寺長者補任』正応元年〈一二八八〉・同五年条）、園城寺《おんじょうじ》長吏となった執権金沢貞顕《さだあき》の兄顕弁《けんべん》（「百十六　顕弁前大僧正授三人」『伝法灌頂血脈譜《でんぽうかんじょうけちみゃくふ》』）、北条（極楽寺）重時《しげとき》の子時継《ときつぐ》（為時《ためとき》）の子で、宣時の猶子《ゆうし》（相続権のない養子）となった宣覚《せんかく》もその一人である。宣覚は延慶二年（一三〇九）、北条氏としては唯一醍醐寺座主《だいごじざす》に就任する（「座主次第篇」『醍醐寺新要録』）。宣覚は「武蔵」と呼ばれているが（『血脈類集記《けちみゃくるいしゅうき》』第十三）、これは宣時の官途「武蔵守」に由来すると考えられる。また法名の「宣」も宣時の一字から付けたものであろう。宣覚は宣時の実子ではないが、宣時の子として待遇されていたことは間違いない。宣覚が醍醐寺座主となった延慶二年には、宣時の子宗宣が連署であった。宣覚が醍醐寺座主にまで至ったのも、宣時や宗宣の地位を背景としたことが一因であろう。

再び『徒然草』第二百十五段

ここで、冒頭で触れた『徒然草』第二百十五段に話を戻したい。この話は、宣時が「と申されき（……といわれた）」と結ばれている。助動詞「き」を使うことから、『徒然草』の作者兼好《けんこう》が直接宣時から話を聞いたのではないかとされている。兼好は、宣時の孫大仏貞直《さだなお》の家で行われた歌会にも参加している（『兼好法師集』）。宣時も和歌をよくし、『続拾遺和歌集』などの勅撰和歌集にも入集している。宣時と兼好とは和歌を介してつながりがあったと考えられる。また兼好は関東に二度下向しており（徳治二年〈一三〇七〉頃と文保二年〈一三一八〉頃）、武蔵国金沢（現神奈川県横浜市金沢区）に住んでいたようである。兼好は北条氏の庶流金沢氏の菩提寺称名寺《しょうみょうじ》にもゆかりがあったといわれており、宣時と兼好は金沢氏を通じて関係があった可能性もある。

兼好が宣時からこの話を聞いたのは、兼好が関東にいた時のことであろう。得宗北条貞時・高時の時代にあたる。宣時はこのエピソードを「其世《その》には、かくこそ侍りしか（時頼の時代は、このよう〈に質素〉なものでした）」と述懐している。一方、貞時は「早く連日の酒宴を相止め」「固く過差《かさ》（ぜいたく）を止めらるべき」（『平政連諫草《たいらのまさつらかんそう》』）と諫められ、高時は多額の費用をかけて父貞時の十三回忌を挙行し（北条貞時十三年忌供養記〈円覚寺文書〉）、また『太平記』によれば、田楽に熱中し田楽法師への褒美の品などに多額の浪費をしたという。宣時は、経済的繁栄を謳歌する貞時・高時の時代が、質素であった時頼の時代（それはすなわち宣時自身の若き日々でもある）と比べあまりに奢侈をきわめていたことを快く思っていなかったのではなかろうか。

宣時は、元亨三年（一三二三）六月三十日、八十六歳で没した。朝廷では天皇への奏上などが止められ、花園《はなぞの》上皇より弔意を表す院宣が遣わされた（『花園天皇宸記』同年七月十三日条）。応長元年（一三一一）十月の貞時の卒去に際しては、天下《てんか》触穢《しょくえ》となったものの、綸旨《りんじ》や院宣《いんぜん》の発給は確認できない（『花園天皇宸記』同年十一月三日条）。連署を退いてから二十二年も経つ宣時の死に際し、朝廷がとった対応は何を意味するのか。時代が下るにつれ、朝廷が鎌倉幕府に対して礼を厚くしていることもあるが、朝廷・幕府双方にとって宣時の存在が大きなものであったことは間違いないはずである。

（鈴木由美）

参考文献

山川智応「武蔵守宣時の人物事蹟位地権力と其の信仰―聖人の法敵となりし政治界巨人の研究　其の二―」（『日蓮聖人研究』二巻、新潮社、一九三一年）、細川重男『鎌倉政権得宗専制論』（吉川弘文館、二〇〇〇年）、高橋慎一朗平雅行「鎌倉山門派の成立と展開」（『大阪大学大学院文学研究科紀要』四〇巻、二〇〇〇年）、高橋慎一朗『北条時頼』（人物叢書、吉川弘文館、二〇一三年）

後深草皇統

親王将軍の時代

―滅亡への道―

八代将軍

久明親王

ひさあきらしんのう

久明の将軍任官と持明院統

久明親王は、持明院統《じみょういんとう》初代後深草《ごふかくさ》天皇の皇子として生まれた。『将軍執権次第』は誕生を建治二年（一二七六）九月十一日としている。しかし『保暦間記《ほうりゃくかんき》』『鎌倉年代記』など史書の多くは将軍任官時における久明の年齢を十六歳としており、逆算すると文永十一年（一二七四）の誕生となる。『勘仲記《かんちゅうき》』等の同時代史料に久明の誕生記事が見当らないことから、いずれが正しいとも決めがたいが、ここでは誕生日まで記録された建治二年説を取って記述を進めることとする。

久明が生まれた頃、皇位はその父後深草の手を離れ、叔父である大覚寺統《だいかくじとう》初代亀山《かめやま》天皇を経て、亀山の皇子である後宇多《ごうだ》天皇へと移っていた。後深草は子孫に皇位が受け継がれなくなることを憂え、自身の尊号（院号）の辞退を申し出た。事態に驚いた幕府は、次期天皇として後深草の第一皇子を約束する（『増鏡』第九「草枕」）。煕仁親王（後の伏見《ふしみ》天皇）である（建治元年〈一二七五〉十一月立太子）。久明は煕仁の十一歳年下の異母弟に当る。煕仁は、弘安十年（一二八七）十月践祚した。二年後の正応二年（一二八九）十月、久明に親王宣下・元服・将軍宣下がほぼ同時に下される。将軍宣下の半年前である同年四月には、伏見の皇子（久明の甥）が立太子されていた（後の後伏見天皇）。ここに持明院統は、天皇・皇太子・将軍の三つの地位を独占したことになる。

前将軍惟康親王娘との婚姻

鎌倉に下向した久明は、六年後の永仁三年（一二九五）、前将軍惟康《これやす》親王の娘と婚姻する（『鎌倉年代記裏書』）。中御所という通称以外、生母も生年も本名も不明である彼女は、十四歳で鎌倉入りした久明よりも、さらに若かったようだ。惟康の生年から計算すると、惟康が十五歳の時に彼女をもうけたとしても、婚姻の年には十八歳にしかならない。実際にはもっと若かったことであろう。将軍任官後の六年という歳月は、久明・惟康娘どちらの成長のためにも必要だったと思われる。歌人として名高い久明の妃でありながら、彼女が和歌をたしなんだ形跡は見受けられない。しかし久明との間に嗣子守邦《もりくに》をもうけ、他にも所生子がいた（永仁五年六月に王子が誕生したが四日後に死亡したとある〈『鎌倉年代記裏書』〉）ことから、たとえ政略結婚であったにせよ、夫婦仲はまず円満だったのではなかろうか。彼女は婚姻十一年後の徳治元年（一三〇六）七月、流産により死去した（『武家年代記裏書』）。妃が没した二年後のちょうど同じ月、久明は将軍職を更迭され、鎌倉を去ることになる。

鎌倉歌壇の重鎮として

久明は、鎌倉歌壇を代表する歌人の一人であった。『新後撰和歌集』『玉葉和歌集』『続千載和歌集』『続後拾遺和歌集』『風雅和歌集』『新千載和歌集』『新拾遺和歌集』『新後拾遺和歌集』と、多くの勅撰集に計二十二首の入集を数える。

久明に和歌を伝授したのは、藤原定家《ふじわらのさだいえ》の孫にあたる冷泉為相《れいぜいためすけ》である。為相の生母阿仏尼《あぶつに》は、為相の父為《ため》家《いえ》の晩年の愛妻であった。彼女は夫為家の死後、為家の長子で為相の異母兄である二条為氏《にじょうためうじ》との間に生じた訴訟で鎌倉に下向している。為相が鎌倉に居住したのは、そうした縁によるといわれる。為相は久明の十三歳年上であり、子弟としては釣り合いのよい年齢差でもあったのであろう。為相の娘は久明の妾となり、王子久良を生む（『尊卑分脈《そんぴぶんみゃく》』・『本朝皇胤紹運録《ほんちょうこういんじょううんろく》』）。その誕生は、父久明が将軍を退任した二年後なので、久明と為相娘の婚姻は将軍更迭前後であろうと考えられている。延慶元年（一三〇八）将軍職を去った時、久明は三十三歳であった。為相は嘉暦三年（一三二八）七月、六十六歳で没した。同年十月、久明も為相のあとを追うように都で薨去している。

久明が主催した歌合《うたあわせ》については、和歌の詞書《ことばがき》の中で、その存在が知られる。だが、歌合そのものは現存していない。そのため、久明の歌合にどういう顔ぶれがそろっていたのかをつぶさに知ることはできない。ただし少なくとも、時の執権北条貞時が複数の和歌を久明親王家で詠んでいることが知られる（『続後拾遺和歌集』六一四、『新千載和歌集』二二八八又は二二八七。歌番号は『国歌大観』による。以下同じ）。久明にとって和歌活動はライフワークであったらしく、将軍退任後も兄伏見の死を悼んだ歌が残されている（『続千載和歌集』二〇四四又は二〇六〇）。将軍失職後ほぼ消息を絶つ前将軍惟康親王との大きな違いであろう。

この時期の幕府上層部は富裕化し、都市鎌倉に住み、京都の文化を享受していた。鎌倉歌壇が最も盛んであったのは宗尊《むねたか》親王の時代といわれるが、久明の時期においても、北条貞時《ほうじょうさだとき》・北条時村《ときむら》・北条熈時《ひろとき》・赤橋《あかはし》久時《ひさとき》・大仏宣時《おさらぎのぶとき》・大仏宗宣《むねのぶ》といった幕府要人を含む北条一門の名が勅撰集の中に多く見出される。北条時宗や北条高時の詠歌が見当たらないことから、和歌の嗜好は必ずしも義務的なものではなく、純粋に個人的な関心によるものであったことが窺われる。とはいえ、鎌倉武士が柔弱化したわけではもちろんない。久明の任期中も、永仁元年（一二九三）の平禅門の乱（久明を将軍に据えた平頼綱《たいらのよりつな》が滅亡）、永仁四年（一二九六）の吉見義世の乱、嘉元三年（一三〇五）の嘉元の乱といった内紛が生じ、多くの流血を見ている。政敵を躊躇なく武力で抹殺する武士本来の気風と、京都文化への憧憬。彼らは、相反するその両者を二つながら持ち続けていたのである。

平穏なる将軍職更迭

延慶元年（一三〇八）七月、久明は将軍職を更迭され上洛した。その際の事情については、何も知られていない。この翌月、大覚寺統の後二条《ごにじょう》天皇が崩御し、皇位は再び持明院統に戻って花園《はなぞの》天皇が践祚《せんそ》しているが、将軍交代との関連は不明である。

久明の将軍辞職と上洛とは、ごく平和裏に行われたように思われる。次の将軍は、息子の守邦であった。元亨三年（一三二三）十月の北条貞時十三年忌供養において、久明の夫人が「前御台所」として妙音品《みょうおんほん》を調進《ちょうしん》する予定であったが、神事を控えていたため辞退した旨が見える（北条貞時十三年忌供養記〈円覚寺文書〉）。久良生母と同一人物かどうかは不明）。嘉暦三年（一三二八）十月に久明が都で没した際には早馬の報せがあり、幕府は五十日間沙汰を停止した（『武家年代記裏書』）。また翌年正月には、その百ヶ日法要が鎌倉御所で営まれた（前将軍久明親王百ヶ日仏事布施取人交名案〈佐伯藤之助所蔵文書〉）。このように久明の将軍退任後、あるいは死後においても、幕府と久明との関係は穏やかであったことが窺われる。現天皇の近親として都から地方にくだり、一定年限勤めを果たして再び都へ戻ってゆく。そこには、あたかも斎宮《さいぐう》のごとき平穏ささえ感じられる。惟康親王まで放逐同然の退任が続いた将軍職であるが、結局はこのようなあり方が、親王将軍の理想型として認識されたのであろうか。

子孫のこと

久明の死去する直前の嘉暦三年六月、久明の王子久良王は十九歳で源氏賜姓を受け、無位から従三位に直叙された。死を目前にした久明の、なんらかの配慮であろうか。久良は元徳二年（一三三〇）二月、親王宣下された。源氏賜姓後の親王宣下は、すでに惟康がその先例を作っていた。だが久良の系統もまた、宮家として存続することはなかった。久良の息子宗明王は再び源氏を賜姓されて、従一位権大納言に至っている（『公卿《くぎょう》補任《ぶにん》』暦応四年条他）。

聖恵（『華頂《かちょう》要略《ようりゃく》』によると、初名は性恵）は、久明の王子とも、惟康の王子ともいわれる（『華頂要略』・『尊卑分脈』・『本朝皇胤紹運録』には双方の説を載せている）。『常楽記《じょうらくき》』によれば、聖恵は貞和二年（一三四六）五十二歳で没しているため、生年は永仁三年（一二九五）となる。この年の十二月、久明は惟康娘と婚姻している。もし聖恵が久明の子であるとすると、久明と惟康娘との婚姻以前に別の女性を母として生まれたことになる。正妻の子ではなかったため、嫡流から除外されたものであろうか。惟康の王子、仁澄の弟子となった。前半生は鎌倉で活動しており、幕府滅亡直前の元弘三年二月、北条高時邸において天下静謐《せいひつ》のための修法《すほう》を行っている。聖恵は幕府滅亡後も生き延び、暦応元年（一三三八）十二月、天台座主となっている。晩年は、室町幕府の武家護持僧として重きをなした。

和歌

最後に、久明の詠歌を一つだけ、紹介しておく。

　女の身まかりけるを、とぶらいて四種の供養し侍りける時、枕に書きつけ侍りける

今は我　たれと友にか　ならぶべき　ふるき枕ぞ　みるもかなしき

（『新拾遺和歌集』巻第十　哀傷歌　八九三）

亡き妻を偲ぶ歌と思われるが、この詠歌が誰に捧げられたものであるかは、伝わっていない。残るのは和歌を愛し、とにもかくにも平穏な生を終えることのできた久明の、心優しい想いだけである。

参考文献

澁谷慈鎧編『校訂増補　天台座主記』（第一書房、一九七三年復刻）、「新編国歌大観」編集委員会編『新編国歌大観』（角川書店、一九八三年）、井上宗雄『中世歌壇史の研究　南北朝期』改訂新版（明治書院、一九八七年）、平雅行「鎌倉山門派の成立と展開」（『大阪大学大学院文学研究科紀要』四〇巻、二〇〇〇年）、久保木圭一「王朝貴族としての惟康親王―鎌倉期における皇族の処遇について―」（阿部猛編『中世政治史の研究』、日本史史料研究会、二〇一〇年）

（久保木圭一）

十代執権

北条師時

ほうじょう　もろとき

「相模四郎」師時

北条師時は、建治元年（一二七五）に生まれた。父は得宗《とくそう》北条時宗《ときむね》の弟宗政《むねまさ》、母は北条政村《まさむら》の娘である。伯父時宗は師時を猶子《ゆうし》（相続権のない養子）とし、もう一人の弟宗頼《むねより》の子、兼時《かねとき》と宗方《むねかた》も猶子とした（『六波《ろくは》羅《ら》守護《しゅご》次《し》第《だい》』兼時の項には時宗の子北条貞時の猶子とあるが、年齢などから時宗の猶子と考えられている。宗方は『帝王編年記《ていおうへんねんき》』巻二十七による）。早世した弟たちの遺児の面倒をみるためもあるだろうが、兄弟の存在が確認できない子息貞時のために、時宗は最も血縁が近く信頼できる弟たちの子を貞時の義兄弟として配したのであろう。また貞時の妻は、師時の姉妹（宗政の娘）であった（野津本『北条系図』）。二人は幼少の頃に結婚したと推測され、時宗が我が子貞時の妻に弟宗政の娘を選んだと考えられる。そして師時は、貞時の娘と結婚している（『桓武平氏系図』〈『群書系図部集』所収〉）。師時と貞時娘の婚姻は、貞時の意志によるものであろう。時宗も貞時も、宗政やその子師時との結びつきを求めたのである。

師時は「相模四郎」（『関東開闢《かんとうかいびゃく》　皇代并《こうだいならびに》　年代記《ねんだいき》』）を通称とした。相模守であった時宗の猶子となったため、父宗政の武蔵守に由来する「武蔵」ではなく時宗の「相模」を通称としたと考えられる。北条時頼以降、得宗家では「相模太郎」という仮名《けみょう》（通称）を名乗る人物が家嫡（家の跡取り）となり、家嫡の次位に擬せられた人物が「相模四郎」という仮名を名乗るという。師時は、得宗家家嫡である「相模太郎」貞時（『関東開闢皇代并年代記』）に実の兄弟がいないため、次位の家嫡として「相模四郎」師時と名付けられたとみられる。よって師時は、時宗の後継候補第二位という、得宗家の中でもきわめて重要な地位にあったのである。

幼少期よりの活動

師時の幕府役職就任は、確認できる限り弘安七年（一二八四）七月の小侍《こさむらい》所《どころ》別当《べっとう》（十歳）が最初である。だが小侍所別当就任以前にも、師時の活動は確認できる。父宗政は、弘安四年閏七月に長門《ながと》守護となった。その名代《みょうだい》を務めたのがわずか七歳の師時であった。だが宗政は同年八月に没しているので、守護在任は一ヶ月ほどであった（『長門国守護職次第』）。また、弘安七年六月には、師時は蒲神明社《かばしんめいしゃ》（現静岡県浜松市）の造営を命じる文書を発給している（同月二十八日付沙弥性如奉書〈蒲神明宮文書〉）。

師時・宗方の登用と師時の執権就任

北条貞時政権下では貞時の従弟である師時と北条宗方が登用され、貞時と師時・宗方への権力集中が企図されたという。以下、その状況を見てみたい。

師時は、永仁元年（一二九三）四月の平禅門の乱の翌月、評定衆《ひょうじょうしゅう》に就任した。それから三番引付頭人《ひきつけとうにん》、執《しっ》奏《そう》、二番引付頭人と幕府役職を歴任し、正安三年（一三〇一）八月には貞時の後任として執権に就任する。執権就任時、師時は二十七歳であった。

一方、師時と同じく貞時の従弟で義弟にあたる宗方は、永仁五年二十歳での六波羅探題《たんだい》北方就任を最初として、正安二年十二月評定衆、翌年正月四番引付頭人に就任し、その後越訴《おっそ》頭人、得宗家執事・侍所所司に就任している（『鎌倉年代記』永仁五年条、『保暦間記《ほうりやくかんき》』）。得宗家執事・侍所所司などを務めた宗方の経歴は、得宗家出身の人物としては異例である。

また師時・宗方ともに寄合衆《よりあいしゅう》に就任していたと推測され、鎌倉幕府の最高議決機関である寄合には得宗貞時も参加していたので、寄合における得宗家の発言権が大きくなったと考えられる。

嘉元の乱

嘉元三年（一三〇五）四月二十三日、連署北条時村が、屋敷を襲撃され殺された。討ち死にした時村の家臣は約六十人に及んだが、時村の孫で四番引付頭人であった凞時《ひろとき》以下の親類は難を逃れた（『実躬《さねみ》卿記《きょうき》』同月二十七日・五月八日条、『嘉元三年雑記』四月二十三日・五月三日・十一日・十八日条）。時村邸を襲撃させたのは、北条宗方であった。

『保暦間記』『鎌倉年代記裏書』によって事件の経過を見ると、討手は「仰ト号シテ」時村邸を襲撃したが、時村襲撃は「ヒカコト（僻事《ひがごと》〈間違い〉）」とされ、五月二日に時村邸襲撃の討手十二人中十一人が処刑された（一人は逃亡）。宗方は自分と同じく貞時の従弟で、しかも貞時の婿である師時が先に昇進したことを無念に思い、師時を滅ぼそうとしたが、まず師時と同じく貞時の女婿凞時の祖父時村を殺した後、師時・凞時を滅ぼそうと計画したものであるという（『保暦間記』）。五月四日、貞時の滞在する師時邸で、宗方の討手となった大仏宗宣《おさらぎむねのぶ》と宇《う》都宮《つのみや》貞綱《さだつな》が準備をしていたところ、騒動を聞きつけた宗方が師時邸に現れ、そこで討たれた。

この一連の事件を嘉元の乱という。右記のごとく、『保暦間記』の記す嘉元の乱の原因は、貞時の婿となった師時に嫉妬した宗方が、師時と同じく貞時の婿であった凞時の祖父時村を殺害したというもので、きわめて不自然である。そのため、嘉元の乱は得宗家一門と北条氏庶家の対立の中で、貞時が宗方に命じて北条氏庶家の代表といえる連署時村を殺害させ、北条氏庶家の打倒を目指したものという推定がなされている。この計画が失敗したため、貞時は宗方を切り捨てて事態の収拾を図ったというのである。

時村が殺される前日に貞時の館が火事に遭い、貞時は師時の館に移っていた。貞時と師時の近しい関係を表すものといえよう。また、貞時の計画通りに宗方が動いたのであれば、宗方と同じく貞時に登用された師時も、貞時の計画を知っていたであろう。永仁元年（一二九三）の平禅門《へいぜんもん》の乱で得宗家執事平頼綱《たいらのよりつな》を滅ぼして以降の貞時は、引付方の改編などの幕政改革を行ってきた。師時は貞時の片腕として、貞時に寄り添いその意に従って動いてきた印象を受ける。宗方もまた師時と同様であった。貞時の「義弟」、そして最も忠実な補佐役としてともに歩んで来た宗方が、貞時の命令通りに行動したにも関わらず滅ぼされたのを見て、師時は何を思ったであろうか。彼の心情を語る史料は残されていない。

師時の死と家族

師時は執権を十年間務め、応長元年（一三一一）九月に没した。三十七歳であった。師時の死去を記した史料を見ると、『鎌倉年代記』正安三年（一三〇一）条には、九月二十二日に出家、同日に没したとある。『将軍執権次第』応長元年条には、九月二十日に評定の座で頓死し（この後出家したとあるので病で倒れたという意味か）、二十一日出家、二十六日没とある。『武家年代記』正安三年条は、九月二十日に評定の座で病となり、二十二日に没したとする。『桓武平氏系図』には、九月二十二日に評定の座で頓死したとある。いずれにせよ、急病により死に至ったものであろう。師時の後を追うかのように、貞時もその翌月に没している。

師時の子息には、貞規《さだのり》と時茂《ときもち》がいる。貞規は一番引付頭人に就任したが、元応元年（一三一九）六月に二十二歳で早世した（『鎌倉年代記』文保元年〈一三一七〉条、『武家年代記裏書』元応元年条、正宗寺本『北条系図』）。時茂も一番引付頭人まで務めている（『尊卑分脈』）。

また、師時の妻である貞時の娘は、元徳二年（一三三〇）十月までは生存が確認できる（同月二十一日付西殿書下案〈「東寺百合文書」を〉）。生涯を父貞時の影に徹した「相模四郎」師時を夫に持った彼女が、この三年後になる鎌倉幕府滅亡を目の当たりにしたのかは、不明である。

参考文献

細川重男「嘉元の乱と北条貞時政権」（『鎌倉政権得宗専制論』、吉川弘文館、二〇〇〇年、初出一九九一年）、秋山哲雄「長門国守護職をめぐって」（『北条氏権力と都市鎌倉』、吉川弘文館、二〇〇六年、初出二〇〇五年）、前田治幸「弘安七・八年の「相模四郎」について」（『ぶい&ぶい』三号、二〇〇八年）、森幸夫「得宗家嫡の仮名をめぐる小考察—四郎と太郎—」（阿部猛編『中世政治史の研究』、日本史史料研究会、二〇一〇年）

（鈴木由美）

九代連署

北条時村

ほうじょう　ときむら

引付頭人に就くまで

北条時村は仁治三年（一二四二）に北条政村《まさむら》の子として生まれた。母は三浦重澄《みうらしげずみ》（三浦胤義《たねよし》とも）の娘（大津尼）。『吾妻鏡』には十五歳の康元元年（一二五六）六月から活動がみえる。翌正嘉元年（一二五七）十二月、将軍宗尊《むねたか》親王の廂番《ひさしばん》衆に加えられ、文応元年（一二六〇）正月には昼番衆《ひるばんしゅう》の四番番頭に任じられた。弘長三年（一二六三）正月には御《お》鞠《まり》奉行《ぶぎょう》となっている（『吾妻鏡』）。時村は勅撰《ちょくせん》歌人ともなっているから、諸芸に秀でた存在として将軍に仕えていたことがわかる。

さて時村が活動を始めた頃、父政村は連署に就任し、次いで執権となるが、時村も政村嫡男として幕府要職に就くようになる。文永六年（一二六九）四月には引付衆《ひきつけしゅう》、翌七年十月に二十九歳で評定衆《ひょうじょうしゅう》に加えられる。祖父北条義時《よしとき》や父政村が任じた陸奥守にも任官する。文永十年五月、政村が死去するが、時村は翌月には二番引付頭人《ひきつけとうにん》に任じられた。政村の後継者として順調に幕府内で昇進していることがわかる。

六波羅探題としての活動

建治三年（一二七七）十二月、北条時村は六波羅《ろくはら》探題《たんだい》北方に任命された。三十六歳である。前年十二月に単独で職務を担っていた北方探題北条義宗《よしむね》が退任し、また義宗の外祖父で、その後見的立場にあった北条時《とき》盛《もり》入道（探題経験者）も建治三年五月に京都で死去していた。当時、南北ともに六波羅探題は不在であり、このような状況下で時村が北方探題に任命されたのである。時村は執権探題（南北両探題のリーダー）として活動する。なお南方探題には在京していた時盛の孫時国《ときくに》が就任し、これ以後南北両探題が揃って在任するようになる。

時村が探題に就任したのはモンゴル軍が博多湾に襲来（文永の役）して三年後のことであり、当時の日本国内は緊張状態にあった。幕府はモンゴルの再襲来に備えるため、防衛体制を万全にする必要があった。まず九州など西国守護の大幅な交代を行い、次いで北条時村を上洛させ、九州と鎌倉との中継地点ともなる京都六波羅探題の体制強化を図ったのである。これより以前四十数年にわたり、極楽寺《ごくらくじ》流北条氏（重時《しげとき》・長《なが》時《とき》・時茂《ときもち》・義宗）が北方探題に任じていたが、若年の探題義宗では対応困難と判断し、引付頭人・評定衆を務める、政治経験豊富な時村へと探題を交替させたと考えられる。また極楽寺流北条氏と親密な関係にあった後嵯峨上皇が文永九年に死去していたことも、義宗が京都を離れる理由の一つともなったであろう。

北条時村の探題時代は六波羅探題の歴史においても画期的な意味を持っていた。まず極楽寺流北条氏による探題世襲が終了したことにより、極楽寺流北条氏被官を主力とした六波羅の職務請負状況が解消され、長井・町野・伊賀氏ら吏僚系在京人《ざいきょうにん》（六波羅探題に出仕する御家人）や奉行人といった探題職員を中心に職務が担われるようになったこと。次いで探題職務遂行上における極楽寺流北条氏と朝廷との密接な関係が消滅したことにより、朝廷→関東申次《かんとうもうしつぎ》→執権探題という制度的な、個別的人間関係に依拠しない、公武交渉文書システムが成立したことである。要するに、六波羅探題の官僚や制度が整えられ、誰が探題になっても機能する組織となっていったのである。

さて弘安四年（一二八一）モンゴルが再び襲来する（弘安の役）。これにより、幕府は本所一円地《ほんじょいちえんち》荘官《しょうかん》（非御家人）らの出陣を朝廷に申し入れ、閏七月、「武家（六波羅探題）下知に随い、戦場に向かうべき」との勅許を得た（「壬生《みぶ》官務《かんむ》日記抄」）。この勅許はモンゴル軍敗亡の報が届いた後に出されたため、実施されることはなかったが、幕府は北条時村が非御家人の動員を行い、彼らを軍勢として九州方面に派遣することを企図していたのである。探題時村が重要な役割を担っていたことがわかる。

この他時村の探題在任期には、弘安七年の北条時宗の死、翌年の霜月《しもつき》騒動、興福寺《こうふくじ》や延暦寺《えんりやくじ》の強訴事件などがあり、政治が大きく動いていた。時村はこのような困難な時代状況のなかで、約十年にわたり探題としての職務を全うした。しかも、僧兵防御で罪に問われた在京人に替え、自己の家人の配流を幕府に申し入れたり、朝廷からの紛争処理の依頼を拒否したり（『勘仲記《かんちゆうき》』弘安五年二月一日・同七年九月十日条）と、自身の政治意思を表明・実行することがあり、時村はかなり骨のある人物であったことが窺える。

鎌倉帰還と連署就任

弘安十年八月、時村は六波羅探題を辞し鎌倉に下向した。四十六歳。連署に就くはずであったが、鎌倉帰還が遅れたため、連署には大仏《おさらぎ》宣時が就任してしまったという（『新抄』弘安十年八月二十八日条）。時村の京都出発が八月十四日、宣時の連署就任が同十九日であるから（『新抄』『執権将軍次第』）、数日遅れで時村は連署に就けなかったらしい。しかし数日の遅れで連署就任が成らなかったというのも不可解であり、恐らく時村は体よく探題を離任させられたのであろう。時村の鎌倉下向後は六波羅の執権探題に得宗《とくそう》家の庶子北条兼時《かねとき》が就き、当時幕政の実権を握っていた得宗家の内管領《うちかんれい》（執事）平頼綱《たいらのよりつな》による朝廷政治への介入が始まる。時村は頼綱によって京都から遠ざけられたと考えられる。

時村は連署には就けなかったものの、さすがに有能な人物であり、十二月には一番引付頭人となった。正応二年（一二八九）五月には寄合衆《よりあいしゅう》に任命される。驕りを極めたとされる平頼綱も北条一門の宿老時村を自己の側に取り込まねばならなかったのである。永仁元年（一二九三）四月、頼綱が滅ぼされ（平禅門の乱）、執権北条貞時が政治の実権を掌握すると、時村は宿老としてこれを支えた。そして正安三年（一三〇一）八月、出家した執権貞時・連署宣時に替わり、北条師時が執権、時村が連署となった。当時六十歳であり、名実ともに北条一門の長老であった。嘉元二年（一三〇四）十一月には父政村や伯父の泰時が任じた左京権《さきょうごんの》大夫《だいぶ》となる。しかし翌年四月二十三日夜、時村は暗殺される。時に六十四歳。これを嘉元の乱という。

嘉元の乱は北条宗方が時村を討ち、次いで五月四日、宗方《むねかた》が滅ぼされる事件である。この事件後、得宗北条貞時は政治意欲を失い、遊興にふけるようになる。このため、長崎円喜《ながさきえんき》らの得宗被官勢力が再び力を伸ばすようになっていく。幕府政治が低調へと向かう契機となった事件であった。この事件は不明な部分が多いが、宗方は当時内管領兼侍所所司（頭人）の役職にあり、主君ともいえる貞時の「下知」を受け、時村を襲撃したらしい（「春日若宮神主祐春記」嘉元三年四月二十八日条）。しかし無罪の時村を殺害したことに対する批判の声が高まり、時村暗殺の討手十二人が処罰され、ついに宗方自身も誅殺されたのである。先にみたように、時村は有能な政治家であり、筋の通った硬骨漢であった。幕府の重鎮として御家人たちからも衆望を集めていただろう。このような時村は、得宗貞時にとって時折、疎ましい存在となっていたのかもしれない。時村暗殺＝嘉元の乱によって、幕府政治は末期的状況を迎えることとなるのである。

参考文献

高橋慎一朗「北条時村と嘉元の乱」(『日本歴史』五五三号、一九九四年)、細川重男「嘉元の乱と北条貞時政権」(『鎌倉政権得宗専制論』、吉川弘文館、二〇〇〇年)、森幸夫『六波羅探題の研究』(続群書類従完成会、二〇〇五年)、菊池紳一「嘉元の乱に関する新史料について」(北条氏研究会編『北条時宗の時代』、八木書店、二〇〇八年)

(森　幸夫)

十代連署
十一代執権

大仏宗宣

おさらぎ　むねのぶ

誕生と烏帽子親

大仏宗宣は、正元元年（一二五九）に生まれた。父は大仏宣時《のぶとき》、母は北条時広《ほうじょうときひろ》（北条時房《ときふさ》の孫で宣時の従兄）の娘である。後に鎌倉幕府の連署となる父宣時は二十二歳で、当時未だ幕府の役職には就任していなかった。

宗宣の元服の時期は不明であるが、弘安五年（一二八二）二月、二十四歳での雅楽允《うたのじょう》任官以前である。元服に際し、宗宣は烏帽子親《えぼしおや》の得宗北条時宗《ときむね》より「宗」の字を賜ったとされている。

南方探題初の執権探題として

宗宣は弘安九年（一二八六）六月、二十八歳で引付衆《ひきつけしゅう》となる。翌弘安十年十月には評定衆《ひょうじょうしゅう》に就任した。この年の八月には父宣時が連署に就任していて、以降宗宣は永仁元年（一二九三）五月に越訴頭人《おつそとうにん》、同年七月に小侍奉行《こさむらいぶぎょう》、同年十月に執奏《しっそう》、同四年正月に四番引付頭人《ひきつけとうにん》、同年十月寄合衆《よりあいしゅう》・京下奉行と、幕府の役職を歴任する。そして永仁五年七月、宗宣は三十九歳で六波羅探題《ろくはらたんだい》南方に就任する。前月に六波羅探題北方も北条宗方に交代していた。南北両探題がほぼ同時に交代した例はなく、永仁五年三月に制定された永仁の徳政令がその原因であるという。

永仁の徳政令は、越訴（再審）の停止、御家人所領の質入れ・売買の禁止とすでに質流れ・売却された所領の元の持ち主への返却、債権・債務に関する訴訟を受理しないという内容である（鎌倉幕府追加法六五七〜六六四条）。本来は御家人の所領のみ対象のはずが、御家人が関与していない質券や売買地にも法の効力が及ぶなど、社会的・経済的にも大きな影響を与えた。その永仁の徳政令を西国に公布する際の混乱に対処するため、当時の幕府連署宣時の子である宗宣と、執権貞時《さだとき》の従弟で貞時の父北条時宗の猶子《ゆうし》（相続権のない養子）でもある宗方《むねかた》（『帝王編年記《ていおうへんねんき》』巻二十七）という、幕府の執権・連署の近親を南北両探題に就任させたといわれている。永仁の徳政令は、着任直後の六波羅両探題宗宣・宗方に宛てて伝達された。

六波羅南北両探題のリーダーを執権探題という。宗宣の就任までは北方探題が執権探題を務めていたが、宗宣は南方探題で初の執権探題となった（『六波羅守護次第』宗宣の項）。なぜ宗宣は南方探題として最初の執権探題となったのだろうか。

最初の六波羅探題南方は、宗宣の属する大仏家の家祖朝直《ともなお》の父、北条時房であった。それ以来、得宗家庶流の北条時輔《ときすけ》・北条兼時《かねとき》が就任した以外は、時房の子孫大仏家・佐介《さすけ》家出身の人物が南方探題を務めてきた。宗宣以前に、大仏家の人間が北方探題を務めた例はない（佐介家も同様）。

南方探題宗宣と北方探題宗方では、得宗家庶流出身である宗方の方が家格が高い。しかし、探題就任までにいくつもの幕府役職を歴任してきた三十九歳の宗宣と、探題就任まで幕府役職への就任が確認できない二十歳の宗方では、実務経験の差は明らかである。永仁の徳政令の西国への施行という重大任務を遂行するため、経験豊富な宗宣が両探題のリーダーたる執権探題になったといわれている。ただ、大仏家出身者が北方探題になった先例がないために、宗宣はそれまで執権探題を務めてきた北方探題ではなく、南方探題に就任したと考えられる。南方探題で初の執権探題となった宗宣は、実務経験を積んだ有能な人材であったのだろう。

宗宣は乾元元年（一三〇二）正月までの五年近く、六波羅探題南方を務めた。その間の永仁六年九月に起きた延暦寺《えんりやくじ》の僧性算による延暦寺講堂などへの放火に際しては、対応が消極的であるとして、宗宣を批判する落書《らくしよ》が五《ご》条橋《じようのはし》に建てられた。結局事件は幕府へ訴えられ、性算は投獄されている（『元徳二年三月日吉社並叡山行幸記』）。

嘉元の乱

鎌倉に戻った宗宣は、その翌月の乾元元年（一三〇二）二月に一番引付頭人に就任する。同年八月には官途奉行、翌嘉元元年（一三〇三）八月には越訴頭人となる。越訴頭人には、宗宣とともに六波羅探題を務めた北条宗方も正安三年（一三〇一）に就任していた。

嘉元三年四月二十三日、連署であった北条時村が、宗方によって殺された（以下、事件の経過は『実躬《さねみ》卿《きよう》記《き》』『嘉元三年雑記』『鎌倉年代記裏書』『保暦間記《ほうりやくかんき》』による）。時村が討たれたのは誤りであったとされ、五月二日には、所々に預けられていた時村の討手十二人中十一人が処刑された（一人は逃亡）。宗宣もそのうち二人を預かっていた（『鎌倉年代記裏書』同日条）。同月四日、得宗北条貞時の命により、宗宣は宇都宮貞綱《うつのみやさだつな》とともに宗方討伐の討手となる。宇都宮貞綱は宗宣の妻の従兄弟にあたり（『尊卑分脈《そんぴぶんみやく》』）、この時引付衆であった可能性がある。宗宣と貞綱が宗方討伐の準備をしていたところ、貞時が滞在していた執権北条師時《もろとき》邸での騒擾《そうじよう》を聞きつけた宗方が師時邸へ向かい、そこで佐々木時清《ときききよ》と相討ちになった。その後、宗宣・貞綱を大将とする討伐軍が宗方邸を襲い、宗方の与党は討たれた。この騒動を嘉元の乱という。

嘉元の乱は、貞時・師時・宗方の得宗家一門と、時村に代表される北条氏庶家の対立の中で、貞時が宗方に命じて時村を討たせ、北条氏庶家の打倒を目指したものとされている。宗宣と宗方は、六波羅探題と越訴頭人をともに務めていた。宗方が得宗家一門として貞時の意を受け、それらの職を務めたのであれば、宗宣もまた北条氏庶家（時村や宗宣の父大仏宣時がその代表であろう）が得宗家一門に対抗するために、宗方の相方を務めたのではないだろうか。貞時の連署宣時の嫡子という地位もさることながら、宗宣自身が培ってきた実務能力によるものであろう。嘉元の乱において宗宣が宗方討伐の討手となったのも、北条氏庶家の代表として、得宗家一門の宗方を討ったという側面があるだろう。

嘉元の乱の一ヶ月後に書かれた書状には、連署時村の後任も決まらず、貞時の居所山内殿《やまのうちでん》で行われた評定には得宗貞時も一番引付頭人である宗宣も参加しておらず、合戦が起こるという噂が流れていたとある（〈嘉元三年〉六月十日付禅海書状〈高野山文書〉『大日本古文書　高野山文書』一四二五号）。嘉元の乱は終息したものの、得宗家（貞時）と北条氏庶家（宗宣）の緊張状態が継続していて、宗宣が警戒して山内殿へ行くのを控えたためではないかといわれている。

連署・執権に就任する

嘉元三年（一三〇五）七月、宗宣は北条時村の後任として、時村殺害から三ヶ月近く置かれていなかった連署に就任した。一番引付頭人が連署に就任するのは順当な人事であるが、北条氏庶家打倒を目論んだ北条貞時の計画の頓挫が明確になったといえる。

徳治二年（一三〇七）七月に行われた、貞時の嫡子高時の矢開《やびらき》（武士の子弟がはじめて獲物を射たことを祝う儀礼）に際し、宗宣は役人を務めた（「鳥ノ餅ノ日記」『小笠原礼書』第十七冊、〈元徳元年五月五日付〉崇顕〈金沢貞顕〉書状〈金沢文庫文書〉『鎌倉遺文』三〇八五四号）。貞時の子息には早世した者が多く、待望の嫡子高時の矢開の役人を宗宣に担当させたのであるから、この頃には貞時と宗宣の関係は表面的には修復されていたのであろう。

応長元年（一三一一）十月三日、宗宣は前月に没した北条師時の後任として執権となった。連署には北条時村の孫、一番引付頭人北条熈時《ひろとき》が就任した。順当な昇進であったといえる。同月二十六日には、得宗北条貞時も没している。宗宣もまた、執権就任から一年もたたない正和元年（一三一二）五月二十九日に病のため出家（法名順昭）し、翌六月十二日に五十四歳で没した。後任は連署熈時であった。これもまた順当な家格人事であった。

宗宣の生涯には、父宣時の影が感じられる。しかし先例重視のこの時代において、六波羅探題南方で初の執権探題となったことなどは、彼自身の能力を示すものであるといえよう。

参考文献
紺戸淳「武家社会における加冠と一字付与の政治性について―鎌倉幕府御家人の場合―」（『中央史学』二号、一九七九年）、笠松宏至『徳政令』（岩波書店、一九八三年）、細川重男「嘉元の乱と北条貞時政権」（『鎌倉政権得宗専制論』、吉川弘文館、二〇〇〇年、初出一九九一年）、森幸夫『六波羅探題の研究』（続群書類従完成会、二〇〇五年）、中澤克昭「武家の狩猟と矢開の変化」（井原今朝男・牛山佳幸編『論集　東国信濃の古代中世史』、岩田書院、二〇〇八年）

（鈴木由美）

十一代連署
十二代執権

北条煕時

ほうじょう　ひろとき

煕時の出自と生年

　北条煕時は、北条為時《ためとき》の子（時村《ときむら》の孫）として生まれた。煕時の属する政村《まさむら》流北条家は、北条氏庶家のなかでも家格が高い。北条義時《よしとき》の子である家祖政村は連署・執権を務め、政村の子で煕時の祖父にあたる時村は連署にまで至っている。父為時は幕府要職への就任は確認できないが、弘安九年（一二八六）十月、二十二歳で没しているので（『尊卑《そんぴ》分脈《ぶんみゃく》』）、夭折が原因であろう。

　煕時の生年を記した史料は管見に入らない。煕時が死去したのは正和四年（一三一五）で、没した年齢には諸説がある。①三十二歳（弘安七年生。『関東開闢皇代并年代記《かんとうかいびゃくこうだいならびにねんだいき》』）、②三十七歳（弘安二年生。『鎌倉年代記』・『武家年代記』応長元年条、『鎌倉大日記』・『将軍執権次第』正和四年条）、③三十八歳（弘安元年生。『北条時政以来後見次第』煕時の項）、④七十八歳（暦仁元年〈一二三八〉生。『尊卑分脈』）である。①〜④のどれが妥当かを検討すると、まず煕時の父為時の生年が文永二年（一二六五）なので、④の可能性はない。①とすると、永仁三年（一二九五）の引付衆就任時に十二歳となり、あまりにも若すぎる。引付衆就任時に②であれば十七歳、③であれば十八歳となる。②・③いずれも妥当であるが、複数の史料に記される②をとり、煕時の生年を弘安二年と推定する。

幕府内での活動

弘安九年（一二八六）に父為時が没した時、凞時は八歳であった。凞時には、時仲《ときなか》と仁和寺《にんなじ》の僧となった時助《じじょ》の兄弟がいた（前田本『平氏系図』）。時仲と時助の生年は不明であるが、為時が二十二歳で没しているので、父が没した折は二人ともまだ幼かったであろう。

凞時の最初の幕府役職就任は、永仁三年（一二九五）、十七歳での引付衆《ひきつけしゅう》就任である。正安三年（一三〇一）八月二十二日に二十三歳で評定衆《ひょうじょうしゅう》となる。翌日に祖父時村が六十歳で連署に就任した。時村の連署就任の二日後には、凞時は四番引付頭人に就任した。実に評定衆就任の三日後である。以降、六番（この時引付は八番制）、五番、四番と引付頭人を歴任。政村流の嫡流として、かなり若年で出世している。

また、凞時は貞時《さだとき》の女婿であった。凞時と貞時娘の子息茂時《もちとき》の誕生が嘉元元年（一三〇三）前後と推定される（本書「北条茂時」参照）ことから、凞時と貞時娘の婚姻時期はこの頃と考えられる。

嘉元の乱の勃発

凞時二十七歳の嘉元三年（一三〇五）四月二十三日、連署であった祖父時村が、六十四歳で貞時の従弟北条宗方《むねかた》によって討たれた。この事件の様子を、『実躬卿記《さねみきょうき》』『嘉元三年雑記』『鎌倉年代記裏書』『武家年代記裏書』によって述べると以下の通りである。

時村が討たれた際、凞時はじめ親類は助かったが、時村の家臣約六十人が討ち死にした。同月二十八日には、貞時の計らいで凞時に類は及ばないとの御教書《みぎょうしょ》が発給された（『嘉元三年雑記』五月十八日条）。時村の討手十二人中十一人は五月二日に処刑され（一人は逃亡）、宗方も同月四日、貞時が滞在していた執権北条師時邸での騒擾を聞きつけて師時邸に向かい、そこで佐々木時清《ときぎよ》に討たれた。この一連の事件を嘉元の乱という。

嘉元の乱は、貞時・師時《もろとき》・宗方の得宗家《とくそう》一門と、時村に代表される北条氏庶家の対立の中で、貞時が宗方に命じて時村を討たせ、北条氏庶家の打倒を目指したものであるという。貞時と宗方が手を組んでいたからこそ、宗方は時村の討手が処刑されている状況下でも貞時がいる師時邸へ向かったのであろう。しかし貞時は北条氏庶家を押さえることができず、最終的には宗方を切り捨てて事態の収拾を図ったとされる。

前述のごとく、凞時は嘉元元年前後頃に北条貞時の娘を妻としている。凞時は時村の嫡孫であるから、この婚姻も貞時による時村対策、つまり北条氏庶家懐柔策の一環ではなかったか。

嘉元の乱における凞時の立場

それでは、嘉元の乱における凞時の立場は、いかなるものであったのだろうか。事件の経過を整理してみると、時村が宗方によって討たれたのは四月二十三日。凞時に類は及ばないとの御教書が出たのは、その五日後の四月二十八日。五月二日には時村討伐は誤りであったとされて時村の討手が処刑され、同月四日には宗方が討たれている。

まず、凞時が時村殺害に関与していた可能性があるかを検討したい。

①凞時が自身の祖父であり、父為時が早世しているため事実上父のごとき存在であった時村の殺害に関与していたとは考えがたい。

②凞時が貞時・宗方と通じていたのであれば、わざわざ凞時の身の安全を保証する御教書を発給する必要はない。

③煕時が時村の殺害に関与していて、そのように思われないために、あえて御教書を発給したのであれば、時村が討たれた直後に発給すべきであり、五日おいての発給は不自然である。

以上のことから、煕時は時村殺害に関与していなかったものと思われる。おそらく、煕時は貞時・宗方の時村殺害計画について何も知らされていなかったのであろう。宗方による時村討伐を受けて、煕時は自らの岳父貞時に抗議したであろうし、北条氏庶家の反発も収まらなかったと考えられる。煕時や北条氏庶家を宥めるために、貞時は時村の孫である煕時の身の安全を保証する御教書を発給させたものであろう。それでも貞時は事態を収拾することができず、自身の片腕ともいえる宗方を討たざるを得なくなったのではないだろうか。

執権就任とその死

時村没後、煕時は時村が就任していた長門守護《ながと》になっている。時村の名代として長門に在国し活動していたのは、煕時の兄弟時仲であった。時仲は、引き続き鎌倉にあった煕時の名代を務め、後には自身が長門守護となった。時仲は鎌倉に戻ることなく、長門で没したと考えられている。

応長元年（一三一一）九月、執権北条師時が没する。同年十月三日、連署大仏宗宣《おさらぎむねのぶ》が執権となり、煕時は一番引付頭人から連署に就任した。三十三歳であった。同月二十六日には得宗北条貞時が死去する。貞時が没する直前の二十四日、煕時は連署のまま相模守に任官している。翌正和元年（一三一二）五月には宗宣が出家し（翌六月十二日に没）、六月二日に煕時が後任の執権に就任する。殺害された連署時村の嫡孫煕時は、連署を経てついに執権となったのであるが、宗宣も煕時も、貞時の嫡子高時が成長するまでのつなぎとしての執権就任に過ぎなかった。

執権となった凞時は、連署を置かなかった。連署をはじめて置いた北条泰時以降、執権在任の全期間にわたって連署を置かなかったのは、北条経時と凞時の二名のみである。また、応長元年十月には二番引付頭人を務めていた普恩寺《ふおんじ》基時《もととき》が、正和二年七月までの間に引付頭人から姿を消している。ところが、凞時の後任として執権に就任したのは基時であった。このことから、執権在任中の凞時と基時の間に確執があり、基時が引付頭人を降ろされたとする見解もある。だが、貞時が没するにあたって後事を託されたのは、当時の執権大仏宗宣や連署凞時ではなく、得宗家執事長崎円喜《ながさきえんき》と嫡子高時の岳父となる安達時顕《あだちときあき》であった（『保暦間記《ほうりゃくかんき》』）。円喜・時顕は貞時が没した後の得宗高時政権下に至っても実権を握り続けた。このような状況下で、執権在任中の凞時が独裁的な権力を振るうことは難しかったであろう。よって、凞時が独断で基時を排除できたとは考えがたい。凞時執権期に連署が置かれなかった理由、基時が引付頭人を辞した理由は不明といわざるを得ない。だが少なくとも、祖父時村が殺害されたにも関わらず、積極的な行動を示した様子がない凞時は、幕府をリードするような執権ではなかったであろう。

執権就任から三年後の正和四年七月十二日、凞時は病により執権職を普恩寺基時に譲って出家し、十九日に没した（『鎌倉大日記』正和四年条、『北条時政以来後見次第』凞時の項）。三十七歳であった。彼が中継ぎを務めた高時の執権就任は、その一年後である。

参考文献

佐藤進一「鎌倉幕府職員表復原の試み」（『鎌倉幕府訴訟制度の研究』、岩波書店、一九九三年、初出一九八三〜一九八七年）、細川重男「嘉元の乱と北条貞時政権」（『鎌倉政権得宗専制論』、吉川弘文館、二〇〇〇年、初

出一九九一年）、秋山哲雄「長門国守護職をめぐって」（『北条氏権力と都市鎌倉』、吉川弘文館、二〇〇六年、初出二〇〇五年）、菊池紳一「嘉元の乱に関する新史料について―嘉元三年雑記の紹介―」（北条氏研究会編『北条時宗の時代』、八木書店、二〇〇八年）

（鈴木由美）

十三代執権

普恩寺基時

ふおんじ　もととき

極楽寺流普恩寺氏

北条《ほうじょう》泰時《やすとき》の弟重時《しげとき》に始まる北条氏の門流を「極楽寺流《ごくらくじ》」といい、重時の子、長時《ながとき》（赤橋《あかはし》氏）、時茂《ときもち》（常葉《ときわ》氏）、義政《よしまさ》（塩田《しおだ》氏）、業時（普恩寺氏）の諸家があった。基時はこの業時の孫にあたる。「普恩寺氏」と称するのは、孫の基時が創建した普恩寺という寺院名に由来する（『鎌倉廃寺辞典』）。

基時の祖父業時は連署を務めたが、父時兼《ときかね》は三十一歳で死去したこともあり、執権や連署への就任は果たせなかった。父の亡くなった永仁四年（一二九六）には十一歳であった基時は、後述のように執権となる。鎌倉時代を通じ、得宗家以外で執権を出している北条氏一門は、赤橋氏、普恩寺氏、政村《まさむら》流、金沢《かねさわ》氏、大仏《おさらぎ》氏に過ぎない。

両統迭立の中での六波羅探題就任

正安三年（一三〇一）六月、基時は六波羅《ろくはら》探題《たんだい》北方となって上洛した。このとき十六歳の若年であったが、極楽寺流は時房《ときふさ》流（佐介《さすけ》氏・大仏氏）とともに六波羅探題を輩出している家系であり、重代の職としてのノウハウの蓄積が期待されたのであろう。以来、嘉元元年（一三〇三）十月に常葉時範《ときのり》（極楽寺流）と交替するまでの二年少々を務めた。

この時期の朝廷では、持明院《じみょういん》統と大覚寺《だいかくじ》統が交互に皇位に就く両統迭立《りょうとうてつりつ》が行われており、皇位継承に関与する存在であった鎌倉幕府はその調整に腐心していた。基時が着任する直前の正安三年正月には、後伏見《ごふしみ》天皇（持明院統）の譲位を受けた後二条《ごにじょう》天皇（大覚寺統）の践祚《せんそ》があり、大覚寺統の治世となったが、基時着任後の同年八月には持明院統の富仁《とみひと》親王（後の花園《はなぞの》天皇）が皇太子となっている。また、嘉元元年（一三〇三）閏四月には持明院統側の策士として知られる京極為兼《きょうごくためかね》が配流先の佐渡から召還されるなど持明院統の巻き返しも見られた。

得宗貞時の執権辞任

基時が鎌倉に戻る直前の幕府では大きな変革が見られた。正安三年（一三〇一）八月に執権北条貞時《さだとき》、次いで連署大仏宣時《のぶとき》が辞任し、執権北条師時《もろとき》（得宗家・宗政子）、連署北条時村《ときむら》（政村流）に代わった。同時期に執権・連署が交代する事態は、鎌倉時代を通じてもこの時しかない。引付の編成も乾元元年（一三〇二）九月には五方から八方に変わり、翌年九月には七方に、さらに同年十二月にはまた五方に戻るというように目まぐるしく変転した。さらに引付編成の改変に加えて、改変以外の引付頭人の罷免・任命も続いた。こうした幕府首脳の頻繁な交代劇はこの時期の政治的混乱を示していたといえよう。

「嘉元の乱」の謎

そして、鎌倉を揺るがす大きな事件が起こった。嘉元三年（一三〇五）四月二十三日、北条宗方《むねかた》が突然討手を差し向けて連署北条時村を殺害し、五月四日には宗方もまた大仏宗宣《むねのぶ》によって討たれたのである。この時の年号から「嘉元《かげん》の乱」と呼ばれている。宗方は貞時の従弟にあたり、得宗家執事・侍所所司などの要職を務める得宗家の有力者であった。『保暦間記《ほうりやくかんき》』によれば、宗方は貞時の女婿となることで執権となった北条師時に嫉妬し、師時及び同じく貞時の女婿であった煕時《ひろとき》（政村流）打倒を企て、その手始めとして煕時の祖父である時村を襲撃したとされている。この通りであれば、余りにも愚かな権力闘争といわねばならない。

嘉元の乱には謎が多いが、その真相は自らのもとに権力を集中させようとした得宗貞時による計画とその失敗という見方がある。すなわち、貞時は北条氏庶流の最長老となった時村を殺害することで反対派を一気に打倒しようとした。これは十二年前に専横著しい内管領平頼綱《たいらのよりつな》を打倒した平禅門《へいぜんもん》の乱と同様のシナリオであったが、時村殺害への反発が予想以上に激しく、貞時は討手の斬首によって事態の収拾を図ったが収まらず、やむを得ず自らの指示通りに実行した片腕の宗方を切り捨てて決着をつけたというのが真相であり、その背景には得宗家と北条氏庶流等との確執があったとされる。嘉元元年（一三〇三）十月に鎌倉に戻った基時はこの渦中にいたが、幕府役職に就任することもなく、動きは確認できない。

嘉元の乱後の幕府首脳

嘉元の乱が終息した嘉元三年（一三〇五）八月に、基時は三番引付頭人となった。この時の新体制は執権師時のもと、時村横死後の連署には、宗方を討った大仏宗宣が就任した。その六年後、応長元年（一三一一）に執権師時、得宗貞時が相次いで亡くなった。執権には連署の大仏宗宣が昇任したが、その宗宣も翌年に死去したので、嘉元の乱の主役たちは相次いでこの世を去ったことになる。宗宣の跡を受けて正和元年

（一三一二）に執権となったのが北条凞時であった。この時の引付頭人は、一番塩田国時《くにとき》、二番普恩寺基時、三番伊具《いぐ》斉時《なりとき》（時高）、四番大仏維貞《これさだ》、五番金沢顕実《あきざね》であり、基時や維貞らは家格から連署の候補ともいえたが、凞時は在任中連署を置かなかった。また、理由は定かでないが、基時はそれまで八年間務めていた引付頭人を凞時の執権就任後の正和二年（一三一三）七月に解任されている。これを凞時と基時の確執とする見方もある。

わずか一年間の執権

凞時は執権を三年間務めるが、正和四年（一三一五）七月、病により出家し、その六日後に死去した。後任の執権となったのは三十歳の基時。祖父業時が連署を務めた先例もあるが、普恩寺氏としては初めての執権就任であった。この時期は持明院統と大覚寺統の関係悪化など困難な政局が続いていた。自らの六波羅時代に佐渡から召還した京極為兼を今度は土佐に配流することになったが、基時はこのことに因縁を感じたかもしれない。

その後、基時は、早くも翌正和五年（一三一六）七月に執権の座を北条高時に譲って出家した。執権在任期間はわずか一年間であった。辞任の理由は何らかの政局の影響や体調不良等によるものではなく、得宗高時が十四歳になったことによる。時宗・貞時の先例を踏襲して高時も十四歳で執権に就任することが求められていたのである。基時だけでなく、宗宣や凞時という貞時没後の三代の執権はそのためのつなぎ役で、ちょうど時頼と時宗の間に執権を務めた赤橋長時のような「眼代」（代理）であったと考えられている。

最後の戦いに臨んで

元弘三年（一三三三）五月に鎌倉は新田義貞《にったよしさだ》らによる攻撃にさらされた。幕府は、三方を山に囲まれ、南を相模湾に面した「要害の地」鎌倉で最後の戦いに臨んだ。討幕軍は、洲崎《すざき》、化粧坂《けわいざか》、巨福呂坂《こぶくろざか》、極楽寺坂から攻め込んで、各地で激戦が展開された。『太平記』によれば、基時は、化粧坂を五日間にわたって死守したが、稲村ヶ崎から新田軍が鎌倉に侵入するのを知って退き、わずか二十騎ばかりになった郎等とともに自らの建立した普恩寺に赴いて自害したという。享年四十八。この時に六波羅探題を務めていた子息仲時《なかとき》が近江番場で自害したという知らせを聞き、普恩寺御堂の柱に「待てしばし死出の山辺の旅の道同じく越えて浮世語らん」と書き付けたという。普恩寺氏は歌をたしなむ極楽寺流の中にあって珍しく歌を詠まない家であった。そのためか基時の辞世も決して名歌とはいえないが、親子の情愛に心洗われるような逸話である。

（下山　忍）

参考文献

佐藤進一『鎌倉幕府訴訟制度の研究』（岩波書店、一九九三年）、細川重男「嘉元の乱と北条貞時政権」（『鎌倉政権得宗専制論』、吉川弘文館、二〇〇〇年）、熊谷隆之「モンゴル襲来と鎌倉幕府」（『岩波講座　日本歴史第七巻（中世二）』、岩波書店、二〇一四年）、下山忍「鎌倉の古戦場を歩く」（福田豊彦・上横手雅敬・関幸彦編『「鎌倉」の時代』、山川出版社、二〇一五年）

十二代連署
十五代執権

金沢貞顕

かねさわ　さだあき

金沢北条氏家督となるまで

金沢貞顕は弘安元年（一二七八）に金沢顕時《あきとき》の子として生まれた。母は遠藤為俊娘とされる。金沢北条《ほうじょう》氏は北条義時《よしとき》の六男実泰《さねやす》を祖とする庶流であるが、実泰の子実時《さねとき》が北条泰時《やすとき》に登用されて活躍し、北条時《とき》頼《より》・時宗《ときむね》政権下で評定衆《ひょうじょうしゅう》や引付頭人《ひきつけとうにん》などの要職に就いた。実時は武蔵国六浦《むつら》荘金沢郷に別宅を設け、金沢文庫を創設したことでもよく知られている。その子顕時も北条時宗・貞時政権で評定衆や引付頭人に任命されている。金沢北条氏は政権中枢にあって嫡流たる北条得宗《とくそう》家を支えた一族であった。なお貞顕の母方の祖父にあたる遠藤為俊は摂津国渡辺党の一族で、鎌倉と京都双方において活動していた人物である。貞顕が生まれた頃、遠藤氏は在京人《ざいきょうにん》（六波羅探題《ろくはらたんだい》に出仕する御家人）であったが、金沢北条氏がこのような武士と婚姻関係を結んだことは興味深い。

さて金沢貞顕が八歳の時の弘安八年十一月、霜月《しもつき》騒動と呼ばれる動乱があり、父顕時が失脚する。執権貞時の外戚で御家人の雄安達泰盛が得宗家内管領《うちかんれい》（執事）平頼綱《たいらのよりつな》に討たれ、事件は諸国に波及し、多くの御家人が滅ぼされたのである。顕時は泰盛女婿であったため、下総国埴生《はぶ》荘に流された。このため貞顕は父親不在の少年期を過ごした。永仁元年（一二九三）四月、執権貞時により平頼綱は滅ぼされ（平禅門《へいぜんもん》の乱）、ようやく顕時は鎌倉政界に復帰することができた。貞顕十六歳の時である。正安三年（一三〇一）三月に顕時は五十四歳で死去し、貞顕は金沢北条氏の家督となる。二十四歳。同母兄の顕実《あきざね》らを越えて家督を継承した。前年すでに従五位上に叙されているから、顕時は生前から貞顕を後継者に定めていたとみられる。子どもたちのなかで最も有能であったのだろうか。

二度の六波羅探題時代

乾元元年（一三〇二）七月、貞顕は六波羅探題南方に任命された。二十五歳。金沢流北条氏では最初の就任である。前任の大仏宗宣《おさらぎむねのぶ》は南方探題として初めて執権探題（南北両探題のリーダー）となり、いわゆる永仁の徳政令（一二九七年）の西国施行などを実行していた。貞顕も序列が低い南方探題でありながら、序列上位の北方探題常葉時範《ときわときのり》と並んだ時期（一三〇三年十二月～一三〇七年八月）には執権探題として政務を主導する地位にあった。貞顕は鎌倉幕府首脳部にも有能な人材として評価されていたことがわかる。ただし貞顕が探題に就任した頃、六波羅評定衆や奉行人などの六波羅官僚組織が完成しており、西国裁判をはじめ六波羅の職務そのものは実質的に彼ら官僚たちが担っていた。貞顕に求められた能力は、官僚たちをスムーズに動かすための統率力や指導力であった。特に六波羅評定衆筆頭の長井貞重《ながいさだしげ》との関係が重要であったが、金沢北条氏は貞重の本家にあたる関東評定衆家長井氏と姻戚であり、良好な関係を保つことができたと思われる。

貞顕は南方探題時代、公家たちから借用した『たまきはる』『百錬抄《ひゃくれんしょう》』『法曹類林《ほっそうるいりん》』など朝廷の歴史や法律などに関する様々な本を書写・収集している。このような活発な文化活動は、官僚組織も未熟で、探題本人が六波羅の政務を強力に主導せねばならなかった、北条重時時代（一二三〇～一二四七年）には思いもよらぬことである。これらの書写・収集活動は政務の参考書を獲得するための貞顕の努力とも評価できるが、六波羅の政務は官僚たちが担っており、当時の探題が重時時代のような激務ではなかったことを逆に物語っている。徳治二年（一三〇七）から翌延慶元年（一三〇八）にかけて、興福寺《こうふくじ》衆徒の強訴事件が起きるが、幕府の裁定を踏まえ、興福寺と直接交渉し事態を収拾させたのは奉行人斎藤基任・松田秀頼の両名であった（「徳治《とくじ》三年《さんねん》神木入洛記《しんぼくじゅらくき》」）。貞顕は六波羅の職務を官僚たちに任せておけばよかったのである。

延慶元年十二月貞顕は探題の任を終え、鎌倉に下る。しかし同三年六月には北方探題として再度六波羅に赴任することとなった。貞顕は書状の中で「愚身面目をうしなう（失）のみに候はす、在京人以下あさけり（嘲）申す計りなく候、その上は成敗すへて（全）かなう（叶）ましく候」（「金沢文庫古文書」三六四）と忌避したが、再任された。当時京都や西国では、大覚寺・持明院両統の対立や寺社・悪党らの蜂起が顕著となっており、職務は官僚任せであったとはいえ、貞顕は六波羅探題の任務の困難さを自覚していたはずである。しかも「在京人」――ここでは職務を担う六波羅官僚たちであろう――が、先例もない再任の探題となった自分に従わない事態を恐れているのである。だが幸い貞顕は、正和三年（一三一四）に新日吉《いまひえ》社神人《しゃじにん》との武力衝突を起こすものの、同年十一月まで無難に探題職を務め上げた。

わずか十日で執権職を辞す

正和四年七月貞顕は連署に就任した。三十八歳。翌年七月には十四歳の北条高時が執権となり、貞顕は約十年間もこれを補佐した。得宗を支える「御一族宿老」（北条貞時十三年忌供養記〈円覚寺文書〉）とみなされ、官位も従四位上・修理《しゅり》権大夫《ごんのだいぶ》に至った。ところが、十年にも及ぶ高時・貞顕政権にもかかわらず、悪党対策が若干実行された（『華頂要略《かちょうようりゃく》』など）程度で、他にみるべき政策はほとんどないといってよい。これは内管領（執事）長崎円喜《ながさきえんき》・高資《たかすけ》父子や高時の岳父安達時顕《あだちときあき》らが幕政の実権を握っていたことにもよろうが、当時の政権中枢に有能な政治家が不在であったことをも物語っている。正中の変（一三二四年）を起こした後醍醐天皇を処分できなかったのも当然である。嘉暦元年（一三二六）三月貞顕は、長崎氏に推され、出家した高時に替わり執権職に任じられるが、この人事は高時の弟泰家やその外戚安達氏の反感を買うことになり、泰家派の襲撃を恐れ貞顕はわずか十日で執権を辞し、出家した。法名崇顕《すうけん》。四十九歳であった。これを嘉暦の騒動という。貞顕は当時の幕府においては、六波羅探題を二度も務めたように、有能な存在とも思えるが、金沢流の血を承けた文人肌の人物であり、政治家に必要な行動力や胆力はあまり持ち合わせていなかったようである。出る杭は打たれる時代であったから、仕方ないといえばそれまでであるが……。

　出家後の貞顕は嫡男貞将《さだゆき》の将来に期待を寄せた。貞将は貞顕と同様、六波羅探題南方の要職に就任していた。しかも正中元年（一三二四）十一月という、正中の変直後の上洛であった。五千騎もの大軍を率いて入京しており（『花園天皇宸記《はなぞのてんのうしんき》』正中元年十一月十六日条）、貞将の任務の中心が後醍醐天皇の監視にあったことは疑いない。幸い貞将の任期中後醍醐が挙兵することはなかった。貞顕は貞将の探題在任中、鎌倉から手紙を送り、様々なアドバイスを与えている。その主要な指示は官僚を中心とする在京人の動きをつかみ、彼らを懐柔しておくことであった。貞顕は経験上から、官僚系在京人が六波羅の職務を担っていることを熟知しており、彼らが六波羅から離反することを恐れていたのである。

　正慶二年（元弘三・一三三三）五月二十二日、鎌倉幕府は滅亡する。貞顕は北条高時ら一門とともに東勝《とうしょう》寺《じ》で自刃した。五十六歳であった。

参考文献

永井晋『金沢貞顕』（人物叢書、吉川弘文館、二〇〇三年）、同上『金沢北条氏の研究』（八木書店、二〇〇六年）、森幸夫「六波羅評定衆長井氏の考察」（『ヒストリア』一三七号、二〇一三年）、同上「鎌倉末期の六波羅探題」（『年報三田中世史研究』二一号、二〇一四年）

（森　幸夫）

十四代執権

北条高時

ほうじょう　たかとき

田楽・犬・踊る得宗

「頗《すこぶ》る亡気《ぼうけ》の体《てい》にて、将軍家の執権も叶い難かりけり（まったく愚かで、将軍の執権などとても務められない）」・「正体無き（正気ではない）」。『保暦間記《ほうりやくかんき》』の北条高時評である。『太平記』（西源院本）巻五「相模入《さがみのにゅう》道好田楽事《どうでんがくをこのむのこと》并犬事《ならびにいぬのこと》」は高時が田楽と闘犬に熱中し追従した幕府有力者たちが田楽法師《ほっし》や犬に巨万の富を投じた様子や、ある夜一人泥酔して踊っていた高時の前に田楽法師の集団が出現し舞い歌ったが、田楽法師と見えたのは異類異形《いるいいぎょう》の妖怪たちであったというエピソードを記している。誇張・虚構はあろうが、金沢貞顕書状に「田楽の外《ほか》、他事無く候」（『金沢文庫古文書』三六七）、『二条河原落書《にじょうがわらくしょ》』に「犬・田楽ハ関東ノホ（滅）ロフル物ト云ナカラ」とあり、高時の田楽・闘犬愛好は史実である。

執政なき代表

父貞時が没した応長元年（一三一一）十月、高時は九歳で得宗となったが、高時は政治に意欲的ではなかった。正中二年（一三二五）に金沢貞顕が子貞将の六波羅探題就任の見返りに所領給付を長崎円喜《ながさきえんき》（得宗家執事《しつじ》〈いわゆる内管領《ないかんれい》《うちのかんれい》〉）を通じて願い出た際、高時は「急いで安達時顕《あだちときあき》（高時の妻の父）に言うように」

と指示している（『金沢文庫古文書』三五五「金沢貞顕書状」）。政務を周囲に委ねた「良きに計らえ」的な姿勢であったといいうる。要因はまず成育歴であろう。貞時は父時宗が没した時十四歳で、幕政に取り組む父を記憶していたはずである。だからこそ貞時は平禅門《へいぜんもん》の乱により二十三歳で権力を握ると猛然と政務に邁進した。だが、高時は得宗就任時たった九歳。しかも貞時は高時三歳の嘉元三年（一三〇五）嘉元の乱で政治意欲を失い酒浸りとなった。高時の記憶の中の父は自暴自棄の人であった。

いま一つ、そもそも高時期幕府では得宗に執政を求めてはいなかったことがある。『保暦間記』には貞時が長崎円喜と安達時顕に「世事（政務）」を託し、ゆえに高時政権は円喜・時顕両人の談合により「形の如く子細なく」（先例に従い形式通りに）運営されたとある。高時政権が円喜・時顕の主導する寄合での合議で運営されていたことは事実である。

だが、幕府の代表者はあくまでも高時であった。元弘の変の戦乱が進行中であった元弘元年（一三三一）十一月十日、六波羅探題より朝廷に幕府からの書状が届けられた。その文箱《ふばこ》には「越後守殿沙弥《えちごのかみどのしゃみ》崇鑑《すうかん》」とあった。宛名の越後守は六波羅北方探題普恩寺《ふおんじ》仲時《なかとき》、差出者沙弥崇鑑は高時。しかも仲時を宛先としながら、この書状は六波羅探題も関東申次《かんとうもうしつぎ》（朝幕交渉の朝廷側窓口）西園寺《さいおんじ》公宗《きんむね》も開いてはならず、そのまま後伏見《ごふしみ》上皇の御所に届けるよう指示されていた。幕府は上皇との直接交渉を望んだのである。しかし、ではなぜ差出者が当時の執権赤橋守時《あかはしもりとき》ではなく、すでに執権を退き、まさに一沙弥に過ぎない高時とされたのか。幕府の代表は得宗高時であることが周知の事実であったからであろう。また元弘三年、幕府軍と交戦中であった護良《もりよし》親王（後醍醐《ごだいご》天皇の皇子）は倒幕を命じる令旨《りょうじ》（親王などの命令書）の中で討伐対象を「伊豆国在庁《いずのくにざいちょう》時政子孫高時法師（伊豆国の地方役人に過ぎなかった北条時政の子孫である高時坊主）」（同年四月一日付「護良親王令旨」、熊谷家文書）としている。執政の有無に関わりなく、内外ともに幕府を代表するのは、将軍守邦親王ではなく得宗高時と認識されていたのである。

繁栄する都市鎌倉

高時期幕府の権力は圧倒的で、朝廷は統治能力を衰退させ、持明院統《じみょういんとう》・大覚寺統《だいかくじとう》に分裂した天皇家、貴族・大寺社などは皆、幕府に依存していた。繰り返されて来た幕府の内戦・政争も、高時期には嘉暦元年（一三二六）嘉暦の騒動と元弘元年元弘の騒動の二件以外にない。嘉暦の騒動では高時の後継として金沢貞顕が執権に昇進したのを、高時の同母弟泰家《やすいえ》と母大方殿《おおかたどの》が怒り貞顕殺害を企図したため、貞顕は十日で執権を辞職した。元弘の騒動は得宗家執事長崎高資《たかすけ》（円喜子）の専横を憎んだ高時が高資討伐を企図したとされるが詳細は不明（共に、『保暦間記』）。概略を見ただけで、事件の矮小さが理解される。畿内で活発化した悪党は討伐を繰り返しても鎮圧ならず、文保二年（一三一八）以前から起こっていた津軽安藤氏の乱は長期化し、これらは幕府にとって危機的な状況が深く進行していたことを示す。だが、悪党は畿内に限定された現象であり、津軽は辺境である。高時期の都市鎌倉は表面上平和であった。

高時期の都市鎌倉は経済的繁栄の極みにあった。一例として、高時が元亨三年（一三二三）十月に挙行した父貞時の十三年忌供養に贈られた進物《しんもつ》（献上品）を示す（北条貞時十三年忌供養記〈円覚寺文書〉）と、百八十二人から銭《ぜに》四千四百五十貫《かん》・砂金二千五百六十両《りょう》・太刀百四腰《こし》・馬九十疋《ぴき》・鞍《くら》五十八などである。銭一枚が一文《もん》、千文が一貫である。仮に銭三貫が砂金一両、銭一文を現代の百円とすると、銭は四億四千五百万円、砂金は七億六千八百万円となる。百八十二人は幕府支配層の人々だけではないが、注目すべきは支配層の者の拠出額である。たとえば銭と砂金だけ記すと、長崎円喜が銭三百貫、安達時顕が砂金百両（ともに三千万円）。北条氏では赤橋守時が銭二百貫など、文士では長井《ながい》宗秀《むねひで》が銭二百貫など、外様御家人では佐々木清高《きよたか》が砂金百両など、御内人（得宗被官）では諏訪《すわ》直性《じきしょう》が銭百貫など。一人の都市鎌倉滞在費は一年で六十貫九百文（六百九万円）との記録があり（正応五年十二月十八日付加治木《かじき》頼平《よりひら》在鎌倉用途《ざいかまくらようと》結解《けちげ》注文《ちゅうもん》〈東寺百合文書〉）、都市鎌倉の住人である幕府支配層の富裕ぶりがわかる。

突然の滅亡

後醍醐天皇の第一回倒幕計画、正中の変発覚は正中元年（一三二四）九月。さすがに幕府は危機感を抱き、新六波羅南方探題金沢貞将に五千騎を与えて上洛させた。だが事件は呆気なく終わり、幕府は長崎円喜の主導により側近に罪を被せ天皇の責任は不問に伏した（『花園天皇宸記《はなぞのてんのうしんき》』正中二年閏正月七日条裏書）。また元弘元年四月に発覚した二度目の倒幕計画、元弘の変は戦乱に発展したものの、後醍醐は九月二十八日に逮捕され、翌二年三月七日隠岐に流された。幕府はこれで事件は終結したと判断したようである。幕府は敵を侮っており、深刻さに気付かなかった。長期にわたる優勢から当然であったかもしれない。だが、元弘二年十一月、大和国吉野《よしの》に挙兵した護良らは幕府軍に対し山岳ゲリラ戦を展開。畿内は騒乱状態となった。かくて翌元弘三年五月九日六波羅探題は滅亡。その前日、上野国で新田《にった》義貞《よしさだ》が挙兵し、五月二十二日、高時は幕府首脳らとともに北条氏代々の墓所、東勝寺《とうしょうじ》に自刃した。主な者だけで二百八十三人、関係者八百七十三人、鎌倉全体での幕府方犠牲者は六千余人（『太平記』〈西源院本〉巻十「鎌倉中合戦事同相模入道自害事」）。鎌倉幕府の変質は数十年の単位で進行したのであり、この間に鬱積した御家人たちの不満を高時を含めた幕府首脳部は理解できなかった。そして鎌倉幕府は東国御家人をはじめとする全国武士のほとんど総攻撃によって滅亡するが、高時たちは自らがなぜ今、滅びるのかを最後まで理解できなかったであろう。そして高時の自刃こそが、すなわち鎌倉幕府の滅亡とされたのである。

都市鎌倉の文化

鎌倉後期に生まれ戦国時代に廃れた歌謡に早歌《そうが》がある。この作者の中に甘縄顕実《あまなわあきざね》・金沢貞顕兄弟のような幕府支配層やその周辺者の名が見える。また早歌の歌詞を見ると、これを愛好するためには和漢の古典への造詣など高い教養を必要としたことは明らかである。早歌は東国武家社会に生まれたとされるが、むしろ幕府支配層を中心とした都市鎌倉の上層民の中で生まれたと考えるべきであろう。経済的繁栄とこれに裏打ちされた教養を身に付けた幕府支配層は自ら新たな文化を生み出していたのである。冒頭に見たように『太平記』が記す高時や幕府支配層の田楽・闘犬への浪費は、史実であれば確かに常軌を逸している。だが、これはすなわち当時の幕府支配層・都市鎌倉の経済的繁栄を示している。高時の田楽・闘犬愛好は批難の的となったが、それは鎌倉幕府が滅びてしまったが故である。鎌倉幕府が命脈を保っていれば、田楽が猿楽に代わられることもなく、闘犬も徳之島はじめ日本各地に残る闘牛、それこそ土佐の闘犬のように日本文化として存続した可能性はあろう。

高時が愛した田楽も闘犬も文化として残ることはなく、徒花《あだばな》で終わった。いや、北条高時その人が繁栄の頂点で滅びた鎌倉幕府の最後に咲いた徒花であるかのようですらある。だが、高時は鎌倉幕府の「主《あるじ》」として、その終焉と運命をともにした。そして鎌倉幕府再興運動は高時の子時行・弟泰家をはじめ生き残った北条余党の人々に委ねられるのである。

参考文献

筧雅博「道蘊・浄仙・城入道」(『三浦古文化』三八号、一九八五年)、外村久江・外村南都子校注『早歌全詞集』(三弥井書店、一九九三年)、細川重男『鎌倉政権得宗専制論』(吉川弘文館、二〇〇〇年)、岡田清一「元弘・建武の津軽大乱と曾我氏」(『鎌倉幕府と東国』、続群書類従完成会、二〇〇六年、初出一九九〇年)、細川重男『鎌倉幕府の滅亡』(歴史文化ライブラリー、吉川弘文館、二〇一一年)

(細川重男)

十六代執権

赤橋守時

あかはし　もりとき

極楽寺流赤橋氏の嫡流

守時は永仁三年（一二九五）に北条《ほうじょう》久時《ひさとき》の子として生まれた。北条泰時《やすとき》の弟重時《しげとき》に始まる北条氏の門流を「極楽寺《ごくらくじ》流」といい、重時の子、長時《ながとき》（赤橋氏）、時茂《ときもち》（常葉氏）、義政《よしまさ》（塩田《しおだ》氏）、業時《なりとき》（普恩寺《ふおんじ》氏）の諸家があった。極楽寺流の諸氏は、鎌倉時代を通して幕府の要職に就いた者が多いが、中でも赤橋氏は家祖長時が執権を務めたことにもより、得宗家に次ぐ高い家格を有した（本書「赤橋長時」参照）。ちなみに、「赤橋氏」と称するのは、鎌倉鶴岡八幡宮《つるがおかはちまんぐう》の源平池《げんぺいいけ》に架けられていた赤橋付近に邸宅を構えていたことに由来する。父久時や祖父義宗は執権や連署への就任はなかったが、守時は後述のように執権を務めることになる。

赤橋氏嫡流は将軍を烏帽子親として元服しその一字を与えられており、守時の「守」も将軍守邦《もりくに》親王から賜ったものである。母は北条時宗の弟である北条宗頼《むねより》の娘であり、得宗家との血縁もあった。嘉元《かげん》の乱で有名な北条宗方《むねかた》は伯（叔）父にあたる。兄弟には鎮西探題を務めた英時らがおり、妹の登子《とうこ》は足利高氏《あしかがたかうじ》（尊氏）に嫁しているが、このことについてはまた後述したい。

「嘉暦の騒動」後の執権就任

守時が執権となるのは嘉暦元年（一三二六）四月である。その一ヶ月前には、得宗北条高時の出家を受けて執権に就任したばかりの金沢貞顕《かねさわさだあき》が突然これを辞した。自らが執権になれなかったことに不服を持った高時の同母弟北条泰家による襲撃等を恐れたためという。「嘉暦《かりやく》の騒動」（本書「金沢貞顕」参照）と呼ばれる緊急事態を受けての執権就任であった。鎌倉時代を通して、得宗家以外で執権を出している北条氏一門は赤橋氏、普恩寺氏、政村《まさむら》流、金沢氏、大仏《おさらぎ》氏のみであり、家格も高く、一番引付頭人《ひきつけとうにん》を務めていた三十二歳の守時に白羽の矢が立ったのであろう。このときの幕府首脳は、連署に大仏維貞《これさだ》、引付頭人は一番北条茂時《もちとき》（政村流・熈時《ひろとき》子）二番金沢顕実《あきざね》、三番北条時春《ときはる》、四番大仏貞直《さだなお》、五番安達時顕《あだちときあき》であったが、この時期の幕政は「寄合《よりあい》」での合議を中心に運営されており、その権力の中心は得宗被官を代表する長崎高綱《ながさきたかつな》（円喜《えんき》）と高時の岳父（妻の父）であった安達時顕にあった。守時は執権として「寄合」に出席していたものの、それを主導する立場ではなかったと思われる。

滅亡への序曲—蝦夷と悪党—

鎌倉幕府は、蒙古襲来を契機として起こった対外的危機と国内における矛盾の激化を権力の集中によって切り抜けようとしていたが、次第にあらゆるところから矛盾が吹き出していた。守時が執権を務めたのは、嘉暦元年（一三二六）から幕府の滅亡する元弘三年（一三三三）までの七年間であったが、まさにそうした問題への対応に奔走し、ついに幕府の滅亡に至った時期であった。

守時が執権に就任した翌年の嘉暦二年（一三二七）には、宇都宮高貞《うつのみやたかさだ》らを蝦夷追討使とし、下野・常陸の御家人からなる軍勢を奥州に派遣している。この騒擾《そうじょう》は、蝦夷管領職安藤氏の内紛に蝦夷が加わった大規模な反乱であり、五年前より続いていた。結局、宇都宮らは和談で収めて、翌嘉暦三年（一三二八）に鎌倉に帰還しているが、完全に制圧できなかったところに幕府の弱体化が示されている。同様に、幕府は諸国悪党の蜂起にも苦しんだ。「悪党」とは幕府体制や荘園制的秩序に反抗した武装集団のことで、年貢未進、荘園乱入、住宅焼却、住人追捕などの非法行為を行っていた。貨幣経済の発達している畿内から瀬戸内海沿岸地域に多く、守時執権時代では、嘉暦二年（一三二七）には伊賀国黒田《くろだ》荘の悪党蜂起、嘉暦三年（一三二八）には播磨国福泊《ふくどまり》の悪党による摂津兵庫島乱入などがあった。

後醍醐天皇の討幕運動

そうした中で後醍醐《ごだいご》天皇による討幕への動きが始まった。元亨元年（一三二一）に親政を開始した後醍醐天皇は人材を登用して政治の改革に努めていたが、皇位継承への幕府の干渉を断つために討幕を決意した。その計画は、正中元年（一三二四）に事前に幕府の知るところとなって鎮圧され、日野資朝《ひのすけとも》が責任を一身に背負って佐渡に配流された。これを「正中の変」という。しかし、その失敗後も後醍醐天皇の討幕運動はやむことなく、元弘元年（一三三一）に再度の発覚を察知して笠置寺《かさぎでら》で挙兵した。幕府は、大仏貞直、金沢貞冬、足利高氏らを主将とする大軍を派遣して落城させ、捕縛した後醍醐天皇を翌年隠岐に配流した。これを「元弘の変」という。中心人物とされた日野資朝、俊基らも処刑し、討幕運動を鎮圧したかに見えたが、燎原の火のごとく燃え広がった反幕府の動きが止まることはなかった。元弘二年（一三三二）暮れには楠木正成《くすのきまさしげ》、護良《もりよし》親王らが挙兵し、元弘三年（一三三三）には後醍醐天皇は配流先の隠岐から脱出した。そして、足利高氏の六波羅攻め、新田《にった》義貞《よしさだ》の鎌倉攻めを迎えるのである。

最後の戦いに臨んで

元弘三年（一三三三）五月八日に上野国新田荘《にったのしょう》（現群馬県太田市）で挙兵した新田義貞が鎌倉街道上道《かみのみち》を南下した。『太平記』によれば、挙兵当初百五十騎に過ぎなかった新田勢は、幕府に不満を持つ各地の武士を糾合し、やがて二十万騎にふくれあがったという。この兵力には誇張もあろうが、大軍となったことは間違いないだろう。新田軍は、五月十一日には小手指原《こてさしはら》（現埼玉県所沢市）、十二日には久米川《くめがわ》（現東京都東村山市）、十五・十六日には分倍河原《ぶばいがわら》（現東京都府中市）で迎撃する幕府軍を破り、十七日には関戸《せきど》（現東京都多摩市）で陣を整え、村岡（現神奈川県藤沢市）からの鎌倉突入を図った。挙兵から十日ほどで鎌倉付近まで迫る破竹の勢いであった。

これをくい止めるために、洲崎《すざき》（現神奈川県鎌倉市）で迎撃したのが守時であった。洲崎は化粧坂《けわいざか》にも巨《こ》福呂《ぶくろ》坂《ざか》にもつながる要地であり、小高い地で村岡方面への見通しもよいため、この辺りに布陣したのであろう。現在、湘南《しょうなん》モノレールに沿った道路の湘南町屋《まちや》駅と湘南深沢《ふかさわ》駅のちょうど中程に「洲崎古戦場」の碑が残る。五月十八日に、一日に六十五度まで切り結ぶという激戦を展開するが、ついに敗れて山ノ内まで退き、侍大将南条高直《なんじょうたかなお》ら九十余人とともに自害して果てた。妹の登子が足利高氏に嫁いでいたことから幕府内では守時の討幕軍への内応を疑う向きもあり、それを払拭《ふっしょく》するための激しい戦いであったと『太平記』は記している。付近の深沢多目的スポーツ広場内に「陣出《じんで》の泣塔《なきとう》」と呼ばれる宝篋印塔《ほうきょういんとう》があり、このときの戦死者の供養のために建てられたという伝承も残している。勇敢に戦って散った悲運の武将に対するこの地の人々の思いを感じ取ることができる。

一通の安堵状

鎌倉幕府滅亡後に、建武政権より故守時の後家尼《ごけのあま》に伊豆国三浦荘内の一万疋《ひき》の田地を知行させるという一通の綸旨《りんじ》（安堵状）が残っている（元弘三年〈一三三三〉十一月二十二日付後醍醐天皇綸旨〈相州文書所収相承院文書〉）。敵将の未亡人への厚遇には首をかしげるが、討幕の功労者である足利尊氏が義兄守時を思い、かかる措置をとらせたのかもしれない。また、幕府滅亡時に尊氏の妻登子と嫡子千寿王《せんじゅおう》（義詮《よしあきら》）は無事に鎌倉を脱出できたが、これには登子の兄守時の計らいがあったという見方もでき、『太平記』が記す守時内応の噂とも符合する。いずれにしても、鎌倉幕府滅亡後、北条氏の血脈は赤橋氏出身の登子が生んだ室町幕府二代将軍足利義詮に伝えられていくことになったのである。

（下山　忍）

参考文献

佐藤進一『鎌倉幕府訴訟制度の研究』（岩波書店、一九九三年）、細川重男「北条高時政権の研究」（『鎌倉政権得宗専制論』、吉川弘文館、二〇〇〇年）、熊谷隆之「モンゴル襲来と鎌倉幕府」（『岩波講座　日本歴史　第七巻（中世二）』、岩波書店、二〇一四年）、下山忍「鎌倉の古戦場を歩く」（福田豊彦・上横手雅敬・関幸彦編『「鎌倉」の時代』、山川出版社、二〇一五年）

十三代連署

大仏維貞

おさらき これさだ

大仏家嫡子として

大仏維貞は弘安八年（一二八五）に大仏宗宣《むねのぶ》の子として生まれた。母は極楽寺流の常葉《ときわ》時茂《ときもち》娘。初名は貞《さだ》宗《むね》。大仏家は時房《ときふさ》流北条氏の嫡流で、維貞が生まれた当時、祖父宣時は一番引付頭人《ひきつけとうにん》の地位にあり、父宗宣も翌年には引付衆《ひきつけしゅう》、翌々年には評定衆《ひょうじょうしゅう》となっている。鎌倉後期以降、幕府内で重きをなした一門である。維貞は大仏家の嫡子として祖父や父と同様に、仮名《けみょう》五郎を名乗った（『関東開闢《かんとうかいびゃく》皇代并《こうだいならびに》年代記《ねんだいき》』）。維貞は後年六波羅探題《ろくはらたんだい》となるが、探題として上洛した時に詠んだ和歌が『続千載《しょくせんざい》和歌集《わかしゅう》』（巻十九、哀傷歌）に採られている。その詞書《ことばがき》に「都へのぼりて侍りける時、平宗宣朝臣にあいともなひて都に侍りし事を思ひいでてよみ侍りける」とあり、探題就任以前に、父宗宣に従い在京していたことがわかる。宗宣は永仁五年（一二九七）七月から乾元元年（一三〇二）正月まで六波羅探題南方であった。維貞は父の職務の関係から、十三歳から十八歳までの青年期を京都で過ごしたと考えられる。京都で元服した可能性もあろう。

鎌倉に帰った後の嘉元二年（一三〇四）七月、引付衆に就任する。二十歳である。翌年五月六日、小侍《こさむらい》所《どころ》奉行に補任された。実はこの前々日、嘉元の乱で北条宗方が討たれている。父宗宣は宗方討伐の大将であったから、その勲功賞を譲られたものであろう。宗方は侍所所司（頭人）であったが、御家人の宿直・供奉などを掌った小侍所をも握っていたようである。なお小侍所奉行とは小侍所別当のことであろう。

さて維貞は徳治元年（一三〇六）八月、評定衆となり、十二月には引付頭人（五番）に任命された。二十二歳の若さである。当時父宗宣は連署の重職にあり、祖父宣時も法体ながら元連署として健在であった。大仏家は家格を上昇させ、幕府内で枢要な地位を占めるようになったのである。正和三年（一三一四）十月には陸奥守に任官する。

六波羅探題としての活動

維貞は正和四年九月、六波羅探題南方に就任した。かつて宗宣が経験した役職であり、維貞は青年期、父に従い在京していたのであった。十三年ぶりの上洛であった。六波羅北方には政村《まさむら》流の北条時敦《ときあつ》が任じていた。維貞は約九年にわたり、南北両探題のリーダーたる執権探題として六波羅の政務を主導することとなる。

維貞の六波羅探題時代には、伏見上皇の寵臣京極為兼《きょうごくためかね》の配流（一三一五年）や文保の和談（一三一七年）、東大寺八幡宮神輿《しんよ》の入京（一三一九年）などの事件があったが、なかでも維貞が力を注がねばならなかったのが悪党や海賊の鎮圧である。

十三世紀後半頃から、畿内近国では「悪党」と呼ばれる、朝廷や幕府の追捕の対象となる存在が多くみられるようになる。彼らは荘園年貢を納めなかったり、荘内で狼藉事件を起こしたりし、やがて「城郭」を築き、荘園を実力占拠するようにもなる。悪党には元荘官や延暦寺の僧（山僧《さんそう》）、そして御家人など様々な身分の者がみられた。十四世紀になるとその活動規模は大きくなり、例えば、維貞が探題として赴任した正和四年の十一月には、山僧や摂津・山城国の住人九十二人の悪党らが摂津国兵庫関で守護使を襲撃する事件が発生している（正和四年十一月日付兵庫関合戦悪行輩交名注進状案〈内閣文庫所蔵摂津国古文書〉）。これは山僧らが兵庫関から東大寺の支配を排除しようとしたために起きた事件であった。

このような時代に維貞は幕府の方針に基づき、悪党鎮圧にあたった。文保二年（一三一八）から元応元年（一三一九）にかけて、幕府は使節を山陽道・南海道の十二ヶ国に派遣し、悪党の鎮圧をはかった。守護・守護代と協力し、地頭・御家人から起請《きしょうもん》文をとり、悪党や海賊の追捕《ついぶ》にあたったのである。播磨国ではそれなりの成果をあげ、維貞が六波羅探題を辞し鎌倉に帰った後に再び悪党が蜂起したというから、彼が執権探題として悪党鎮圧に力を注ぎ、成功したことがわかる（『峰相記《みねあいき》』、元応二年八月日付金剛峯寺衆徒等解状〈勧学院文書〉）。また元応（一三一九～二一）頃には、海賊追捕のための「海上警固」も行っている。

元亨元年（一三二一）には近江国鯰《なまずえ》江荘神人殺害の犯科人道西法師を安芸国に配流している。道西は御家人であったようだが、荘園領主興福寺《こうふくじ》の「大訴」もあり、六波羅探題は流罪を行った。本来幕府にしか御家人を処罰する権限はなかったが、六波羅は「評定」を経て道西を流罪に処したのである（〈元亨元年ヵ〉八月二十五日付権専当慶円書状〈春日大社文書〉など）。ここにも六波羅を主導した執権探題維貞の、犯罪人取り締まりへの強力なリーダーシップを垣間見ることができる。

さてこのように大仏維貞は、畿内近国の秩序維持のため、六波羅探題として尽力したのであった。その仕事ぶりと実績とは、鎌倉末期の探題のなかでは際立っている。正中元年（一三二四）八月、維貞は鎌倉に帰還する。

連署時代と大仏家の内部事情

鎌倉下向後、維貞は評定衆に復帰し、嘉暦元年（一三二六）四月には連署に就任する。前月、金沢貞顕がわずか十日で執権辞退に追い込まれた嘉暦の騒動があり、その後任人事として執権赤橋守時とともに任じられたのである。祖父宣時は連署、父宗宣は連署・執権を経歴していたから、大仏家後継者たる地位と、六波羅探題としての活動実績に基づく人事とみてよい。十月には修理大夫《しゅりのだいぶ》に任官する。同職は「参議・散三位《さんさんみ》・殿上四位等」が任じられる官職であり（『官職秘抄《かんしょくひしょう》』）、しかも北条一族では初任で、任官に際しかなりの反発があったらしい（〈興国二年〉二月十八日付北畠親房書状写〈松平本結城文書〉）。維貞は嘉暦二年九月七日死去する。享年四十三。連署在職は約一年半に過ぎず、六波羅探題時代のような目立った活躍は見出せない。

さて維貞は連署に就任し、大仏家嫡流として活動したのであったが、当時、大仏家内部では庶流の大仏貞《さだ》直《なお》（宗宣の弟宗泰の子）が引付頭人に就くなど台頭しつつあった。最後に鎌倉末期の大仏家の内部事情をみておこう。

大仏維貞と貞直の所領を比較すると、幕府滅亡に伴い没収された地は維貞よりも貞直の方が多くみられ、しかも貞直が相模国懐島《ふところじま》や同田村郷など要地を保有していたことが知られる（年月日欠足利尊氏・同直義所領目録〈比志島文書〉など）。また大仏家が相伝した遠江・佐渡守護職も貞直が伝領しており、維貞やその子家時の両国守護在職は認められない。大仏家内では維貞よりも貞直が優勢であった感すらある。このような貞直の台頭の背景には、維貞の父宗宣の早世と、祖父宣時の長命とが関わっているように思われる。宗宣は維貞の六波羅探題就任以前の正和元年（一三一二）六月に死去し、宣時は宗宣死去から十二年後の元亨三年（一三二三）六月まで生存していた（八十六歳で死去）。つまり維貞が探題として在京中は、鎌倉の祖父宣時が大仏家家長として活動していたのである。しかし宣時は七十歳を過ぎた高齢であり、鎌倉や東国での活動は次第に親族に委ねることとなったであろう。このような宣時に替わり活動したのが、孫の貞直であったと考えられる。維貞は嫡孫であるが京都六波羅におり、鎌倉や東国で活動することはできなかった。その結果、遠江・佐渡両国守護職等を貞直が伝領していったと思われる。元亨元年七月、維貞は急遽鎌倉に下向したが、それはこのような大仏家内部の状況変化に不安を感じたためではあるまいか。しかし彼は探題として悪党鎮圧などの職責を果たさねばならず、「御気色《みけしき》不快」により再上洛せざるを得なかった（『将軍執権次第』）。維貞が鎌倉不在の間、貞直が家督の地位を脅かしつつあったのである。維貞は六波羅探題の任を終え鎌倉に帰ると、やがて修理大夫に任官した。これは大仏流の先祖北条時房が修理《しゆり》権《ごんの》大夫《だいぶ》に任じており、その正統なる後継者たる地位を誇示する目的もあったように思われる。維貞は大仏家嫡流として連署に就任したものの、当時大仏家内では維貞と貞直が並立する状況にあったのである。嘉暦二年維貞が死去すると、貞直が大仏家家長として活動していくこととなる。

参考文献
佐藤進一『増訂鎌倉幕府守護制度の研究』（東京大学出版会、一九七一年）、森幸夫『六波羅探題の研究』（続群書類従完成会、二〇〇五年）、網野善彦「鎌倉幕府の海賊禁圧について」（網野善彦著作集六『転換期としての鎌倉末・南北朝期』、岩波書店、二〇〇七年）、小泉宜右『悪党』（吉川弘文館、二〇一四年）

（森　幸夫）

十四代連署

北条茂時

ほうじょう　もちとき

父祖と両親

北条茂時は、北条義時《よしとき》の子政村《まさむら》の子孫（政村流北条家）で、政村から時村《ときむら》—為時《ためとき》—煕時《ひろとき》—茂時と続く。家祖政村は連署と執権を務め、死去の報が京都に伝わると「東方の遺老なり、惜しむべし惜しむべし（鎌倉将軍に古くから仕えている家臣であった。惜しむべき人である）」（『吉続記《きちぞくき》』文永十年〈一二七三〉閏五月四日条）といわれたほどの人物であった。曽祖父時村は連署となったが、嘉元三年（一三〇五）四月の嘉元の乱で討たれた。祖父為時は二十二歳で没したため（『尊卑《そんぴ》分脈《ぶんみやく》』）幕府要職への就任は確認できないが、父煕時も連署と執権を務めている。政村流北条家の嫡流である時村系は、北条氏庶家のなかでも高い家格を保持していた。

茂時は、煕時と北条貞時《さだとき》の娘の間に生まれた。母方から見ると北条貞時の孫で高時《たかとき》の甥にあたる。得宗家と近い血筋の持ち主であった。元亨三年（一三二三）の貞時の十三回忌供養に際し、一品経《いっぽんきょう》を調進し、仏事を営んだ「煕時御後室」の「南殿」（北条貞時十三年忌供養記〈円覚寺文書〉）が、茂時の母であろう。

茂時の生年は不明であるが、茂時が文保元年（一三一七）に左《さ》近将監《こんのしょうげん》に任官し叙爵した際、父煕時の左近将監任官・叙爵の年齢と同じ十五歳（煕時の年齢については本書「北条煕時」参照）であったと仮定すると、嘉元元年（一三〇三）の生まれとなる。また、茂時は嘉暦元年（一三二六）九月に右《う》馬権頭《まのごんのかみ》に任官している。

これも父凞時が乾元元年（一三〇二）十一月に二十四歳で右馬権頭に任官したのを先例としたものであろう。茂時が嘉暦元年に右馬権頭任官時の父凞時と同じ二十四歳であったと仮定しても、やはり生年は嘉元元年となる。おそらく茂時は嘉元元年前後の誕生であったろう。叔父高時（嘉元元年生）とほぼ同年齢であったことになる。

茂時の人柄がわかるような史料は残っていない。私的なことでわかるのは、建築途中だった茂時の屋敷が火事になったことくらいであるが（年月日欠崇顕〈金沢貞顕〉書状〈金沢文庫文書〉『鎌倉遺文』三〇九八七号）、これも人となりを知る手がかりにはならない。

名前の読み方

茂時の名は「しげとき」ではなく「もちとき」と読む。「茂」を「もち」と読む例として、有名なものでは江戸幕府十四代将軍徳川家茂《いえもち》があるが、同時代の史料で「もち」の読みが正しいことを確認したい。

筑後国小家荘《おえのしょう》（現福岡県うきは市）の地頭であった志田三郎左衛門尉は、「関東当国司右馬権頭持時」の「重代の祇候人（代々仕える家臣）」であった（建武二年〈一三三五〉二月日付島津道恵代道慶目安状写〈薩藩旧記十七所収山田文書〉）。「関東」は鎌倉幕府を指す。また幕府の執権・連署は相模守・武蔵守に任官していることが多いため「両国司」と称された（『沙汰未練書』）。したがって、「関東当国司右馬権頭持時」の「関東当国司」は幕府の執権・連署を指すと判断される。連署就任時の茂時の官途は右馬権頭であったから、「関東当国司右馬権頭持時」は鎌倉幕府連署の茂時を指し、「茂」と同音の言い換えで「持」の字を使ったものと考えられる。「持」と「茂」の共通する読みに「もち」があるから、茂時の名は「持時」と同音の「もちとき」と読むのである。

連署となる

嘉暦元年（一三二六）三月、北条高時の後継の執権となったものの十日で辞職した金沢貞顕《かねさわさだあき》の後を受けて、翌四月に赤橋守時《あかはしもりとき》が執権となった。連署には当初大仏維貞が就任したが、維貞は嘉暦二年九月に病により没する。

赤橋守時が執権に就任した翌月の嘉暦元年五月に茂時は一番引付頭人《ひきつけとうにん》となり、同年九月に右馬権頭に任官した。元徳二年（一三三〇）七月、茂時は維貞没後三年近く空席であった連署に就任する。

連署となった茂時は、鎌倉幕府滅亡までその職にあった。連署から執権に至る事例は多く、政村流北条家の家格からしても、茂時も連署から執権となってもおかしくない。仮に鎌倉幕府が滅びるのがもう少し遅ければ、茂時が執権となる可能性もあったであろう。

幕府滅亡に殉じる

正中元年（一三二四）九月、後醍醐《ごだいご》天皇の倒幕運動が露見した。正中《しょうちゅう》の変である。この時は日野資朝を佐渡へ配流したのみで、後醍醐に処断の手は伸びなかった。

しかし、後醍醐は倒幕を断念してはいなかった。茂時が連署に就任した翌年の元徳三年（元弘元、一三三一）四月、後醍醐の重臣吉田定房《よしださだふさ》が幕府に密告したため、再び後醍醐の討幕運動が発覚する（元弘の変）。

後醍醐は笠置山《かさぎ》（現京都府相楽郡笠置町）に立て籠もり挙兵した。茂時も、執権守時とともに後醍醐方討伐のため軍隊を派遣するなど対応している（元徳三年九月五日付関東御教書案〈伊勢光明寺文書残篇〉）。笠置山から落ち延びた後醍醐は捕らえられ、翌正慶元年（元弘二、一三三二）三月に隠岐へ流罪となる。それでも後醍醐の皇子尊雲《そんうん》法親王（護良《もりよし》親王）や楠木正成《くすのきまさしげ》などの後醍醐方は幕府軍と戦い続けた。後醍醐自身も正慶二年閏二月には隠岐を脱出し、名和長年の助けを得て船上山《せんじょうさん》（現鳥取県東伯《とうはく》郡琴浦《ことうら》町）に入る。鎌倉幕府は後醍醐方を鎮圧することができず、同年五月九日の六波羅探題《ろくはらたんだい》の滅亡を経て、同月二十二日の幕府滅亡を迎えることとなる。

　連署就任から鎌倉幕府滅亡までの三年間に、茂時が執権守時とともに将軍の意を奉じて発給した関東御教書《かんとうみぎょうしょ》や関東下知状《げちじょう》が残っている。そのなかに、新田《にった》氏ゆかりの上野国長楽寺《ちょうらくじ》（現群馬県太田市）に平塚郷《ひらづかごう》（現同県伊勢崎市）を寄進した関東御教書がある（長楽寺文書）。日付は正慶二年五月八日である。『太平記』によれば、新田義貞《よしさだ》が倒幕の兵を挙げた当日であった。

　新田軍は同月十八日には鎌倉に至り、四日後の二十二日に鎌倉幕府は滅びる。茂時も、得宗北条高時以下幕府要人が籠もった東勝寺《とうしょうじ》で自害し（『将軍執権次第』元弘三年条）、幕府と運命をともにした。『太平記』（「相模入道自害之事幷面々腹切事」神田本『太平記』巻十）にみえる、幕府滅亡時に東勝寺で自害した「南部右馬頭茂時」は、「南部」が「北条」の誤りで、右馬権頭である連署北条茂時のことであるという。また、神奈川県藤沢市の清浄光寺《しょうじょうこうじ》にある南部右馬頭茂時の墓が北条茂時の墓であるともいわれているが、北条茂時の家系が南部を称した事実は前出『太平記』の記事以外には確認できず、定かではない。

参考文献

黒田俊雄『蒙古襲来』（日本の歴史八、中央公論新社、二〇〇四年、初版中央公論社、一九七四年）、群馬県史

編さん委員会編『群馬県史　通史編3　中世』（群馬県、一九八九年）、細川重男『鎌倉政権得宗専制論』（吉川弘文館、二〇〇〇年）、山本隆志『新田義貞―関東を落すことは子細なし―』（ミネルヴァ日本評伝選、ミネルヴァ書房、二〇〇五年）

（鈴木由美）

十七代執権ヵ

金沢貞将

かねさわ　さだゆき

基本情報

金沢貞将は十五代執権金沢貞顕の嫡子である。通常、執権は十六代赤橋守時を最後とされる。貞将を十七代執権として本書に収録する理由を記す前に基本情報を整理しておく。

諱《いみな》（実名《じつみょう》）「貞将」は「さだまさ」と読まれてきたが、二十世紀末に「さだゆき」であることが確認された（『金沢文庫資料図録』二五〇頁）。母は未詳。生年も未詳だが、元弘三年（一三三三）の鎌倉幕府滅亡に殉じた父貞顕が同年五十六歳、貞将は文保二年（一三一八）五番引付頭人に就任し、これ以前に評定衆・官途《かんと》奉《ぶ》行《ぎょう》となっている。父の年齢と自身の幕府役職就任時期から、貞将の没年齢は三十代後半と推定される。

正中元年（一三二四）十一月十六日、貞将は六波羅南方探題として五千騎を率いて上洛した。九月十九日に発覚した後醍醐天皇の第一次倒幕計画、正中の変に対応するためであった。北条氏が軍勢を率いて上洛した先例は、戦乱そのものであった承久の乱での泰時・時房を除けば、源　義経《みなもとのよしつね》謀反に対する朝廷の責任を追及するための文治元年（一一八五）十一月二十三日時政上洛（『玉葉』）、源実朝暗殺後に四代将軍候補として後鳥羽上皇皇子の鎌倉下向を迫るための承久元年（一二一九）三月十五日時房上洛（『吾妻鏡』）があるが、ともに軍勢は千騎である。六波羅探題上洛では貞将の父貞顕が南方探題として上洛した際が「及千余騎」

（『実躬《さねみ》卿記《きょうき》』乾元元年〈一三〇二〉七月二十六日条）である。貞将の軍勢は「先例に超過」（『花園天皇宸記』正中元年十一月十六日条）する大軍であった。百年以上前の承久の乱に準ずる天皇の倒幕計画発覚を幕府がいかに重大視したかが理解される。鎌倉後期の幕府人事は先例・家格主義であり、貞将の六波羅探題就任も父の先例による。だが、家格人事の範囲を出はしなかったが、貞将が正中の変という危機に対応する胆力を含めた政治的・軍事的才能を幕府首脳部から期待されていたことは、率いた軍勢数からしても確かなはずである。在京中に武蔵守任官。元徳二年（一三三〇）に帰東し、執権・連署に次ぐ幕府役職第三位の一番引付頭人に就任。武蔵守任官・一番引付頭人就任は、貞将がやがて連署・執権へと進む資格を有したことを示す。

『太平記』の記述

貞将を十七代執権と認めるか否かは、『太平記』が記すエピソードの評価にかかっている。『太平記』の古態を良く伝えるとされる古本系写本の西源院本・神田本『太平記』は巻十に、ほぼ同文で鎌倉幕府滅亡当日のこととして次の記事を載せている。

鎌倉郊外山内での合戦に敗れ郎等八百人を失い自らも七ヶ所の傷を負った貞将は、北条高時らが最期の地として籠もった北条氏代々の墓所東勝寺に向かった。同寺にたどり着いた貞将の姿を見て感激した高時は、すぐさま「両探題職《りょうたんだいしき》」に任ずる御《み》教書《ぎょうしょ》を作り貞将に与えた。貞将は「北条氏の滅亡は今日を過ぎることはない」と思ったものの、「多年ノ望」が達成されたので「今は冥土での思い出にもなるだろう」と喜んで再び戦場に赴き、御教書の裏に「我が百年の命を棄てて、御主君《きみ》（公・君《きみ》）の一日の恩に報いる」と大文字に記し、これを鎧の引合《ひきあわせ》（鎧の胴の前と後を合わせた部分）に入れて、大軍の敵勢に突入して討ち死した。

「両探題職」とは何か。鎌倉末期成立の幕府訴訟解説書『沙汰未練書《さたみれんしょ》』には「探題者《は》、関東者両所、京都ニハ六波羅殿ヲ云《いふ》也」とあり、六波羅探題北方・南方とともに、執権・連署も「探題」と呼んでいたことがわかる。そして貞将は六波羅探題を経験済みなのであるから、再任されたとて「多年ノ望」と思うわけもなく、まして「冥土での思い出」と喜ぶはずもない。また、流布本系『太平記』（慶長八年古活字本を底本とする日本古典文学大系本など）には、高時は貞将を「両探題職」に任じた後、「相模守にぞ移されける（武蔵守から相模守に移した）」とある。この文章は古本にはなく、後の追加であり信憑性は低い。だが、相模守は武蔵守とともに「両国司」などと呼ばれ、執権・連署の別称となっていた（『沙汰未練書』）。しかも、北条時宗以降赤橋守時にいたる鎌倉後期の執権九人では、陸奥守だった大仏宗宣・修理《しゅり》権大夫《ごんのたいう》だった金沢貞顕を除く、時宗・貞時・師時・熈時・基時・高時・守時の七人が執権在職中に相模守に在官しており、相模守は鎌倉後期には執権の代名詞ともいうべき官職であった。流布本系『太平記』の書写者は、古本系『太平記』に記された「両探題職」を執権と解釈したからこそ、高時による貞将の相模守転任というエピソードを書き加えたのであろう。そして元弘三年五月二十二日の鎌倉滅亡時点では、執権赤橋守時はすでに討ち死しており、連署北条茂時は存命であったので、貞将は空席となった執権に任命されたと古本系『太平記』は記していると考えられる。

古本にある以上、『太平記』には初期段階から、貞将の執権就任が記されていたと判断される。『太平記』は軍記物（いわば戦争小説）であり、実際、虚構・誇張が多いことはよく知られている。よって古本にあるからとて、すぐさま史実と認定することはできない。だが、『太平記』オリジナルの記事をすべて虚構と断じることもまたできないはずである。たとえば、北条高時の遺児時行《ときゆき》が鎌倉を一時占領した中先代《なかせんだい》の乱の最中であった建武二年（一三三五）八月三日夜、鎌倉を「大風」が襲い、これを逃れようと時行方軍勢五百余人が避難していた大仏殿が倒壊、軍勢全員が死亡したという『太平記』オリジナルの記事がある（古本から存在）。ところが近年、東京都日野市（旧武蔵国南部）に所在する高幡不動尊《たかはたふどうそん》（金剛寺《こんごうじ》）の本尊火焔背銘《ほんぞんかえんはいめい》が解読され、『太平記』が記す鎌倉大仏殿倒壊の翌八月四日夜、「大風」により「当寺忽ち顛倒《てんとう》」とあることが明らかになった。峰岸純夫は『太平記』の大仏殿倒壊記事を史実と認め、鎌倉大仏殿倒壊と高幡不動尊顛倒を八月三日から四日に掛けて坂東南部を襲った台風の被害と推定している。建武二年の大仏殿倒壊が史実と認められるとしても、貞将の執権就任が認められるわけではない。だが、本書では情報提供という点を重視し、貞将を「十七代執権に就任した可能性のある人物」として収録する。

残された書状

ところで、貞将が在京中であった嘉暦元年（一三二六）三月、北条高時の執権辞職を契機として、嘉暦の騒動という鎌倉幕府の内紛が勃発する。執権には連署であった貞将の父貞顕が昇進したものの、高時の同母弟泰家と高時・泰家の母大方殿がこれを不満として貞顕殺害を計画したため、貞顕はわずか十日で執権を辞職するのである（『保暦間記《ほうりやくかんき》』など）。この事件の最中であった三月二十日付の貞将宛貞顕書状が現存する（『金沢文庫古文書』三七五）。前欠であるが、現存部分では連署人事などについて記した後、「江《え》間越前々司《まのえちぜんのぜんじ》（北条氏一門）が出家したと聞いたので、昨日の書状ではそう記したが、今日俗体で訪ねて来たので対面した。出家は虚報であった。不可思議なこともあるものだ。私の書状などは憚られることばかりである」との記事があり、続けて「やかて〳〵《やかて》火中に入られ候へく候（すぐに燃やすように）、あなかしく」とあって、本文は終わっている。騒動の真っ最中で貞顕が緊張状態にあったことはわかるが、燃やしてまで秘匿しなければならない内容とは到底思えない。そして実際、貞将はこの書状を燃やさなかった。父の指示を無視して、貞将はこの書状を他の書状と一緒くたに鎌倉に持ち帰り、それらは金沢氏の氏寺である称名寺《しょうみょうじ》に寄進《きしん》され、裏の白紙部分に仏典などを書写する料紙《りょうし》として使われて、それゆえ現代まで残ったのである。

この書状を残したことに、剛胆だったらしい「最後の執権」の、慎重を通り越して小心であった父へ向けた視線が、いかなるものであったかが感じられよう。

参考文献

神奈川県立金沢文庫編集・著作『金沢文庫資料図録—書状編一—』（便利堂制作・発行、一九九二年）、細川重男『鎌倉政権得宗専制論』（吉川弘文館、二〇〇〇年）、峰岸純夫「歴史における自然災害—建武二年八月、関東南部を直撃した台風—」（『中世 災害・戦乱の社会史』、吉川弘文館、二〇一一年、初出二〇〇七年）

（細川重男）

九代将軍

守邦親王

もりくにしんのう

知られざる血脈

鎌倉将軍も、第九代守邦《もりくに》親王をもって終焉《しゅうえん》を迎える。守邦親王は、八代将軍久明《ひさあきら》親王の王子、母は七代将軍惟康《これやす》親王の娘である。延慶元年（一三〇八）八月、父が将軍を更迭された後を受けて八歳で将軍に任官した。その直後、親王宣下され、三品《さんぽん》に叙されている。

源頼朝《みなもとのよりとも》から始まる源氏将軍の系統が三代で絶えたことは、よく知られている。しかし偶然の所産とはいえ、最後の将軍守邦は源家の血筋をかすかにではあるが伝えているのである。

頼朝の姉妹は公家の一条能保《いちじょうよしやす》に嫁した。能保と頼朝の姉妹の間に生まれた女子のうち、一人は九条良経室（『尊卑分脈《そんぴぶんみゃく》』）となり道家をもうけ（『尊卑分脈』・『公卿補任《くぎょうぶにん》』元久二年条）、もう一人は西園寺公経《さいおんじきんつね》室（全子。『増鏡』第二「新島守」）となり綸子をもうけた（『吾妻鏡』安貞元年八月十三日条・『民経記《みんけいき》』安貞元年八月七日条）。いとこ同士である道家と綸子の婚姻によって、九条教実《くじょうのりざね》・良実《よしざね》（二条家祖）・頼経《よりつね》（鎌倉四代将軍）・実経《さねつね》（一条家祖）が生まれた（『尊卑分脈』）。頼経は二代将軍源頼家の娘竹御所《たけのごしょ》と婚姻して子孫を望まれたが、竹御所の産褥死により果たせなかった（『吾妻鏡』文暦元年七月二十七日条）。頼経の息子五代将軍頼嗣が更迭された後、六代将軍となった宗尊《むねたか》親王は、関白近衛《このえ》兼経《かねつね》の娘宰子を妃とした（『吾妻鏡』文応元年二月五日条）。

この宰子の母は九条道家の娘仁子である（『尊卑分脈』）が、仁子の母は四代将軍頼経と同じく綸子であった（『葉黄記《ようこうき》』嘉禎三年正月十四日条によると仁子は藻壁《そうへき》門院竴子と同母であり、『女院小伝《にょういんしょうでん》』によると藻壁門院の生母は西園寺公経娘綸子）。つまり仁子は、父母双方を通して源家の血筋を受け継いでいたのである。宗尊の妃となった宰子は七代将軍惟康親王をもうけ（『深心院関白記《じんしんいんかんぱくき》』文永三年七月二十二日条）、惟康の娘が八代将軍久明親王の妃となり、最後（九代）の将軍、守邦親王を生む（『尊卑分脈』）。このように、頼朝に連なる血脈は鎌倉陥落の最後まで、将軍家の中に生き続けたのである。

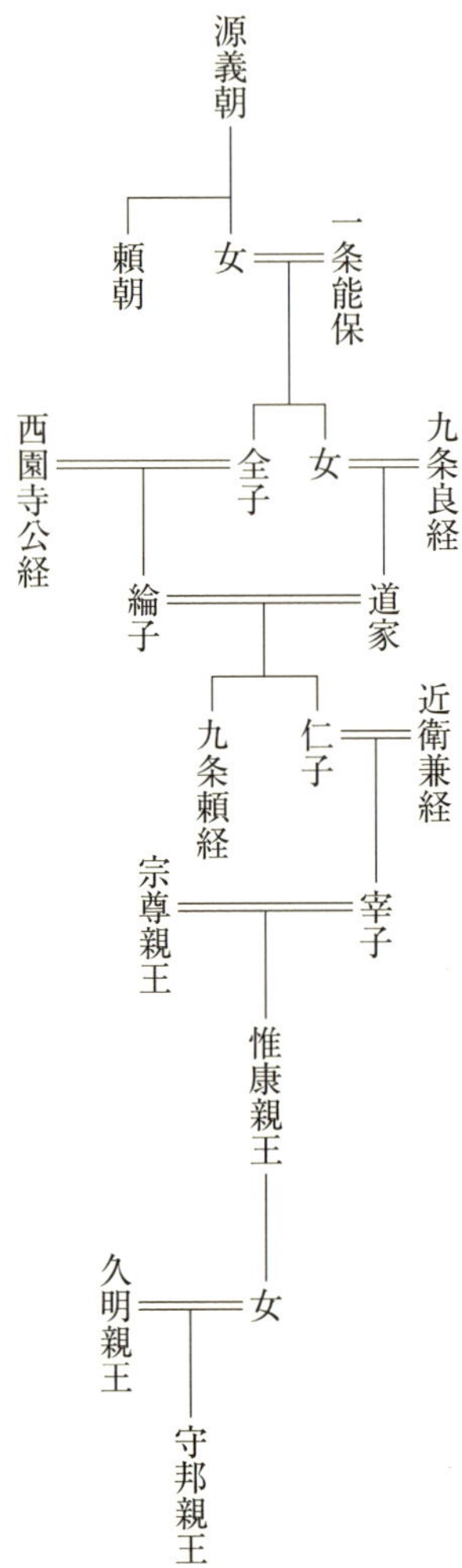

倒すものと倒されるもの

延慶元年（一三〇八）九月十九日付「守邦王立親王並尊治親王立太子次第」（宮内庁書陵部所蔵）という史料がある。内容は、淡々とした儀式の次第にすぎない。主役であるはずの親王二人も、ついにこの儀式には姿を見せないで終わる。だが、この儀式は実に象徴的である。これまた偶然の所産であるが、最後の鎌倉将軍となる王子の親王宣下と、その鎌倉幕府を滅亡に追い込む天皇の立太子とが、同時に行われたのである。時に皇太子尊治《たかはる》親王、すなわち後の後醍醐《ごだいご》天皇、二十一歳。征夷大将軍守邦親王、八歳であった。

守邦の事蹟は、ほとんど伝わっていない。内裏造営の功により、文保元年（一三一七）四月、二品に昇叙されたことがわかるくらいである。冷泉富小路殿と呼ばれたこの内裏で花園《はなぞの》天皇は一年弱を過ごし、翌年二月からは新帝後醍醐の御所となった。

周知のごとく、元弘三年（一三三三）五月二十二日、鎌倉幕府は滅亡した。北条一族の主だった面々をはじめとする幕府有力者二八三人が北条氏の菩提寺である東勝寺で自害するという、すさまじい幕切れであった。首府が戦場となり六千余人という多数の死者を出したという点で、日本史上存在する鎌倉・室町・江戸の三つの幕府のうち、もっとも悲惨な滅び方をしたといえよう。しかし、その日の守邦の行動は全く不明といってよく、単に出家したという事実しかわかっていない。思えば、後醍醐の皇子である大塔宮護良《おおとうのみやもりよし》親王が諸国に下した討幕の令旨において打倒の目標とされたのは、「伊豆国在庁時政子孫高時法師」であった（元弘三年四月一日付護良親王令旨〈熊谷文書〉・同日付護良親王令旨〈忽那文書〉）。北条得宗家は、鎌倉幕府とほぼ等価の関係であったといえる。幕府の長であるはずの将軍守邦は、敵対勢力からも当事者と見なされていない。鎌倉将軍の最後は、幕府とともに滅びるのとは違う意味での悲哀を感じさせる。

幕府滅亡の少し前、六波羅《ろくはら》探題《たんだい》は光厳《こうごん》天皇（持明院統《じみょういんとう》）らを奉じて鎌倉をめざしたが、近江国番場《ばんば》宿で進退窮まり、六波羅北方探題北条仲時《ほうじょうなかとき》をはじめ四三二人が自刃を遂げた（南方探題北条時益《ときます》はすでに戦死）。光厳やその父後伏見《ごふしみ》上皇、叔父花園上皇（ともに守邦の従兄弟）らは、「此死人共之有様ヲ御覧スルニ、御肝心モ御身ニソハス、只アキレテソ御座アリケル（この死者たちのありさまをご覧になって、肝をつぶし、ただあきれていらっしゃるばかりであった)」という体で捕えられ「アサマシケナル網代輿《あじろ》(粗末な網代の輿)」に乗せられて都に戻されている(西源院本『太平記』第九巻)。天皇・上皇といえども、このようになす術もなく混乱の中に身をゆだねるばかりであった。幕府滅亡の際に守邦の置かれた立場も、これに近い状況であったのではなかろうか。守邦は幕府滅亡の三ヶ月後に死去したと伝わるが、その状況もまた、全く伝えられていないのである。

子孫と伝承

守邦の子としては、大僧正守恵が知られる。守恵は幕府滅亡を生き延び、日光山《にっこうざん》別当、勝長寿院《しょうちょうじゅいん》別当となった(『華頂要略《かちょうようりゃく》』、『後深心院関白記《ごじんしんいんかんぱくき》』貞治六年十二月二十九日条)。

ところで、武蔵国比企郡に守邦ゆかりの伝承が残っている。『武蔵国風土記稿』には、後深草天皇の第三皇子、もしくは守邦の庶子と伝わる梅皇子と呼ばれる皇族が大梅寺(現埼玉県比企郡小川町)を建立し、永仁三年(一二九五)九月十九日に薨じたとある。梅皇子は「大梅寺殿二品親王賀慶法師」と諡《おくりな》されて同寺に葬られ、当地の八幡社にも祀《まつ》られているという。正元元年(一二五九)に下向し建治二年(一二七六)に大梅寺を建立したという所伝は、年代的に守邦の庶子であるとは思われない。といって、この記録に符合する後深草の皇子も存在しない。伝承の内容はきわめて曖昧であり、にわかに信じがたい説ではある。ただ、何ゆえことさらに守邦の名前がこの地に伝わるのであろうかという疑問は残る。

そもそも、大梅寺の所在する比企郡とはいかなる土地であろうか。かつて若き日の源頼朝が、伊豆国蛭ヶ《ひるが》小島《こじま》に配流されると、頼朝の乳母比企尼は夫比企掃部允とともに都から比企郡に下向、治承四年(一一八〇）の頼朝挙兵に至るまでの二十年間この地から頼朝を物心両面で支え続けた。

いささか小説的な言辞が許されるのならば、頼朝に連なる血筋をかすかに受け継ぐこの最後の鎌倉将軍の魂は、流人時代の初代将軍頼朝を支えた比企の地に飛来し、伝承というわずかな痕跡をとどめたのではなかろうか。

参考文献

蘆田伊人編集校訂『大日本地誌大系一六　新編武蔵国風土記稿』第十巻（雄山閣、一九九六年）

（久保木圭一）

あとがき

今を去る四十一年前、昭和四十九年（一九七四）、安田元久氏編『鎌倉将軍執権列伝』（秋田書店。以下、安田氏編著）が刊行された。安田氏を含めた十一人の執筆者による鎌倉幕府将軍九人・執権十六人の伝記集である。私（以下、編者）がこの本を手にしたのは昭和五十七年、大学学部一年十九歳の時、神田神保町の古本屋であったが、当時、将軍・執権を含めた鎌倉幕府政治史研究、特に後期のそれは現在とは比較にならないほど低調なものであった。地道な研究は続けられていたものの、たとえば鎌倉北条氏を専門とする世に知られた研究者は奥富敬之氏ただ一人であった。このような状況下で鎌倉幕府政治史研究を志した編者を含めた当時の若手にとって、安田氏編著は道標《みちしるべ》ともいうべき存在であったのである。

月日は流れ、平成二十五年（二〇一三）九月十四日、日本史史料研究会代表生駒哲郎氏から同会研究員である渡邊大門氏と編者に「日本史史料研究会が監修または編者となり、テーマを決めて研究者を集め、一般向け書籍を作って他の出版社から刊行したいのだが、テーマの候補はあるだろうか」と相談があった。この時、渡邊氏が提示した企画は『信長研究の最前線』（洋泉社、二〇一四年）として結実したが、生駒氏の言葉を聞いて編者がすぐさま思い浮かべたのは安田氏編著の後継本であった。安田氏編著は刊行から三十九年が過ぎており、この間の研究成果を盛り込んだ本を作るべきだと思ったのである。

生駒氏から企画を具体化するようにいわれた編者が、安田氏編著の問題点としたのは次の二点である。①執権・連署制は複数執権制であり、連署をも加えるべきである。②安田氏編著は刊行当時の研究状況に制約され、特に鎌倉後期の将軍・執権については各人個人を描くのではなく、各人が将軍・執権に在職していた時期の歴史状況を描くことになってしまっており、伝記としては不十分である。そこで新たな本では①については、執権に進まず連署にとどまった八名を加え、さらに前近代には鎌倉将軍歴代に数えられていた北条政子と十七代執権に就任した可能性のある金沢貞将を加え、将軍十人・執権十七人・連署八人、計三十五人の伝記を収録することにした。②については、安田氏編著に比して収録人数が増えたことで各人に対する記述量が減り、王朝官職・位階・幕府役職への任官・叙位・就任歴の羅列に終わってしまいかねないこともあり、これを解消するために将軍と執権・連署各人の官職・位階・幕府役職への任官・叙位・就任を中心とする履歴の表を作成することにした（将軍表は久保木圭一氏、執権・連署表は編者が作成）。これによって、「人を描く」ことがある程度、可能となったはずである。

こうして企画案ができた平成二十六年四月一日、生駒氏・渡邊氏・編者で吉川弘文館に相談し、同社からの刊行が決まった。執筆者は八人であるが、編者以外は編者が選び依頼した。「時代よりも人を描いて欲しい」と最初に依頼した全員が執筆を承諾し、脱落者は一人もいない。編者としては現時点で可能な限りの精鋭部隊を組んだつもりである。情報量や研究の多い人物についてはトピック的な内容を中心とするなど、内容については執筆者に任せたが、執筆対象当たり三二〇〇字・参考文献四点を基準としながら、読者への情報提供に重点を置き、根拠となる史料や参考文献を極力提示願った。編集実務は日本史史料研究会研究員鈴木由美氏が担った。

かくて本書『鎌倉将軍・執権・連署列伝』は成った。不備はあろうし、異論も出ることであろう。だが、本書によって鎌倉幕府に興味を持つ人が増えてくれれば、幸いである。そして本書が安田氏編著のように長く残り、まだ生まれていない人をも含めた誰かがいつか、本書が安田氏編著から受け継いだバトンを手にしてくれることを願う。

二〇一五年九月八日

細川重男

（1）源氏将軍・摂家将軍系図

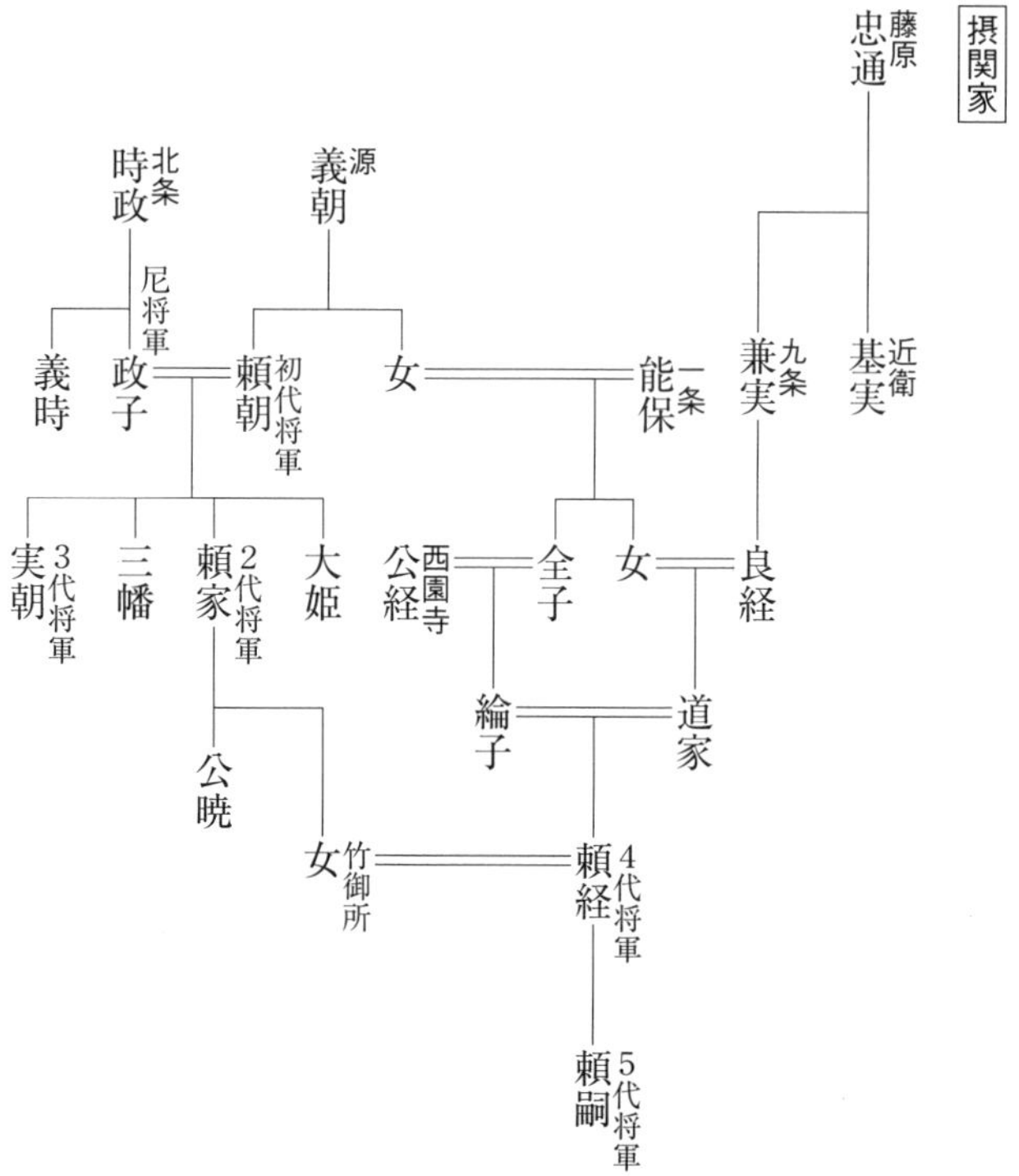

（2）天皇家・親王将軍系図

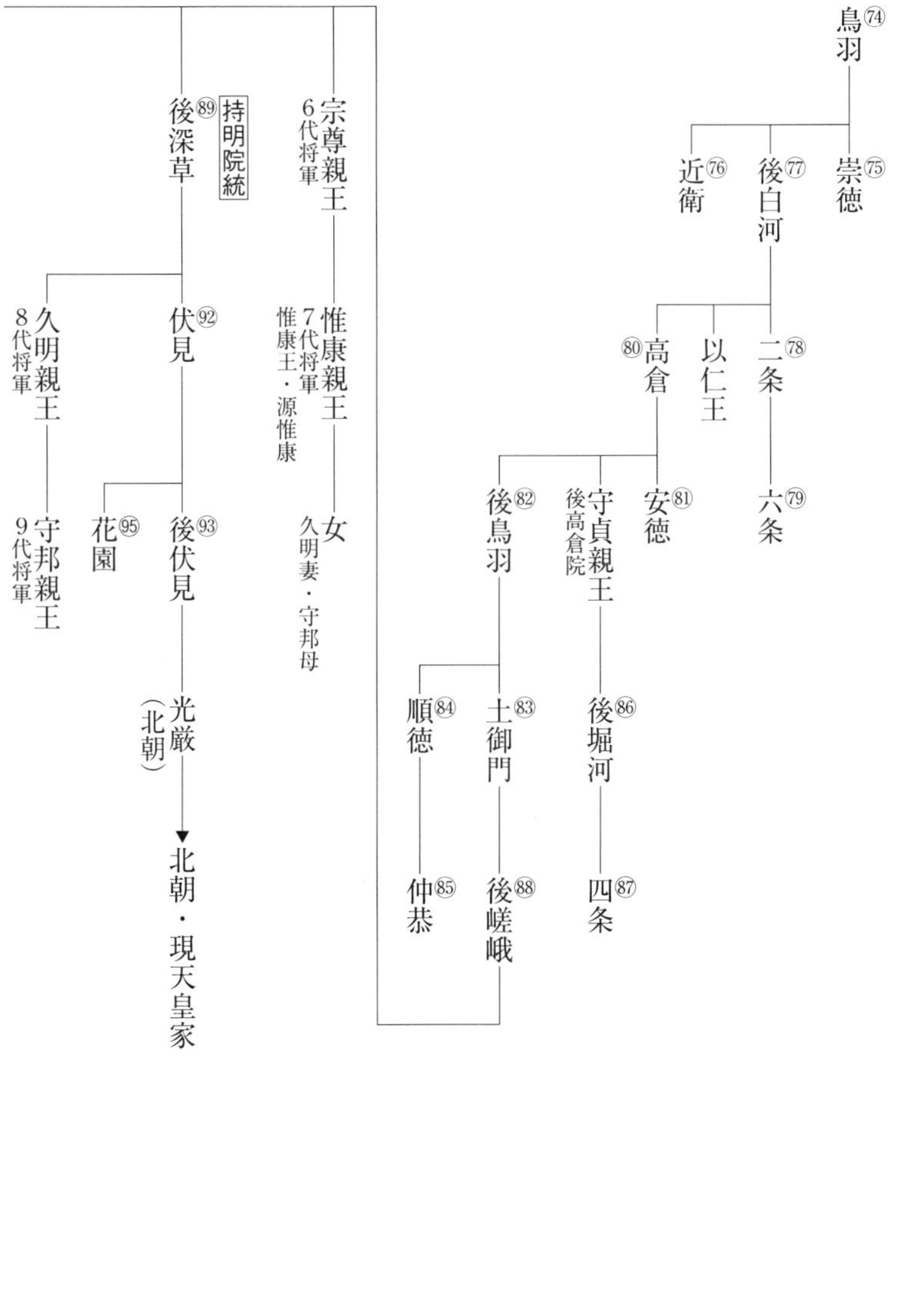
鳥羽㉔
崇徳㉕
後白河㉗
近衛㉖
二条㉘
以仁王
㊵高倉
六条㉙
安徳㉛
守貞親王
後高倉院
後鳥羽㉜
後堀河㊶
四条㊷
土御門㉝
後嵯峨㊳
順徳㉞
仲恭㉟
宗尊親王
6代将軍
惟康親王
7代将軍
惟康王・源惟康
女
久明妻・守邦母
後深草㊴
持明院統
伏見㊷
後伏見㊸
光厳
（北朝）
北朝・現天皇家
花園㊺
久明親王
8代将軍
守邦親王
9代将軍

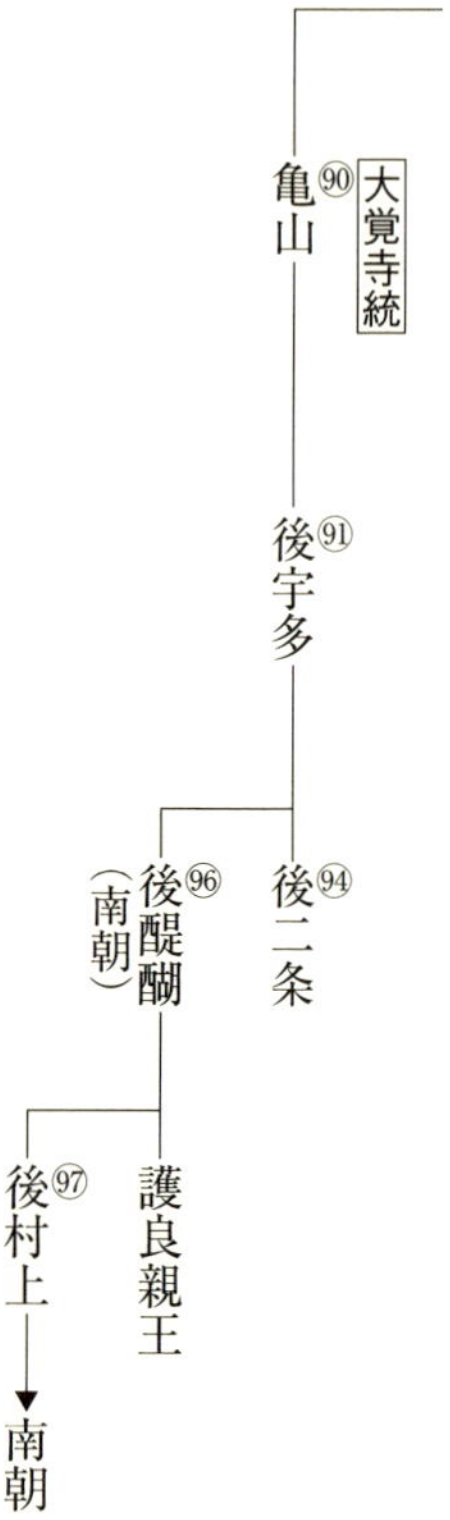

大覚寺統
亀山⑨⓪
後宇多⑨①
後二条⑨④
後醍醐⑨⑥（南朝）
護良親王
後村上⑨⑦
南朝

（3）北条氏系図

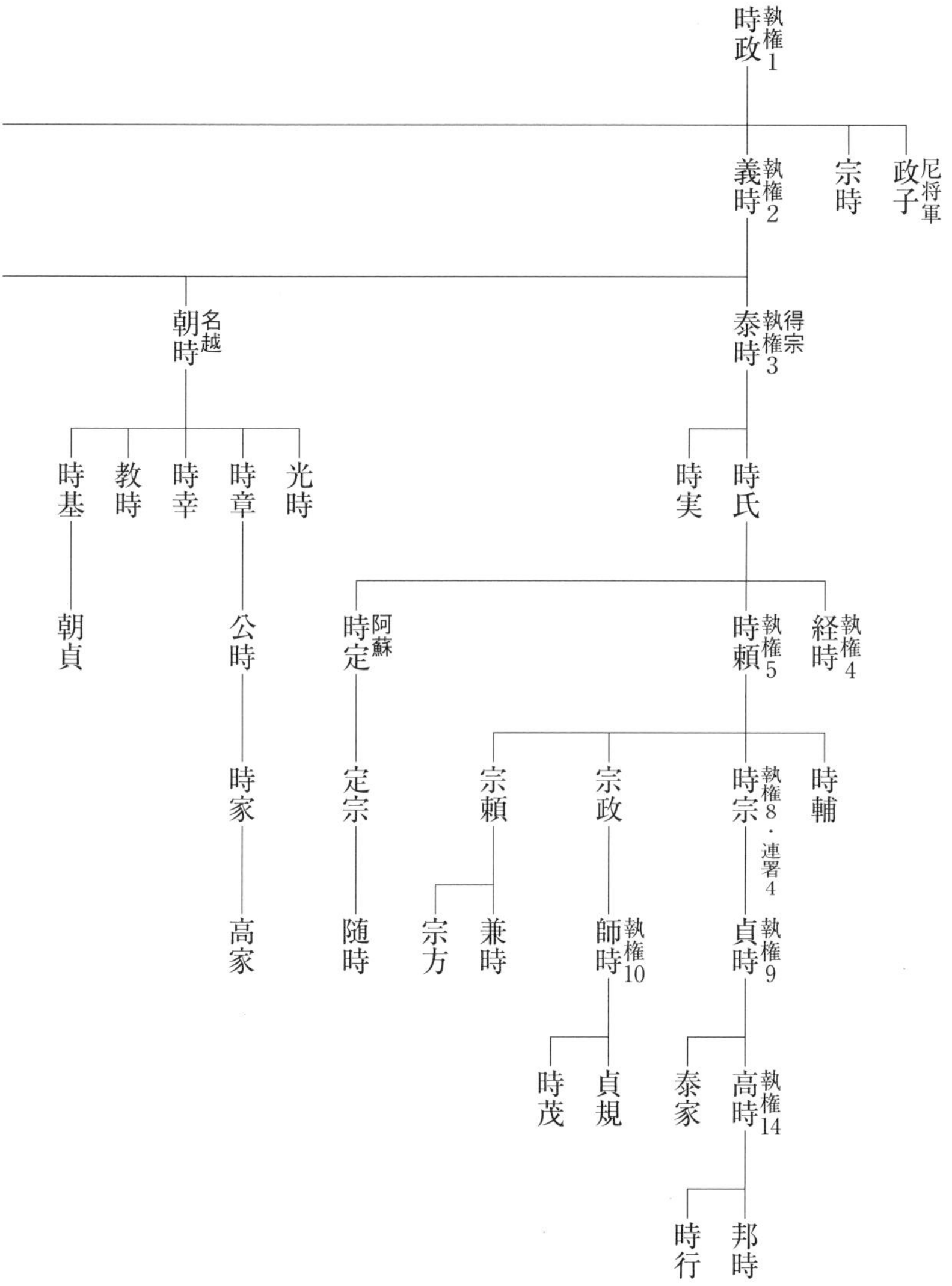
時政 執権1
政子 尼将軍
宗時
義時 執権2
泰時 執権3 得宗
朝時 名越
時氏
時実
光時
時章
時幸
教時
時基
経時 執権4
時頼 執権5
時定 阿蘇
朝貞
公時
時輔
時宗 執権8・連署4
宗政
宗頼
定宗
時家
貞時 執権9
師時 執権10
兼時
宗方
随時
高家
高時 執権14
泰家
貞規
時茂
邦時
時行

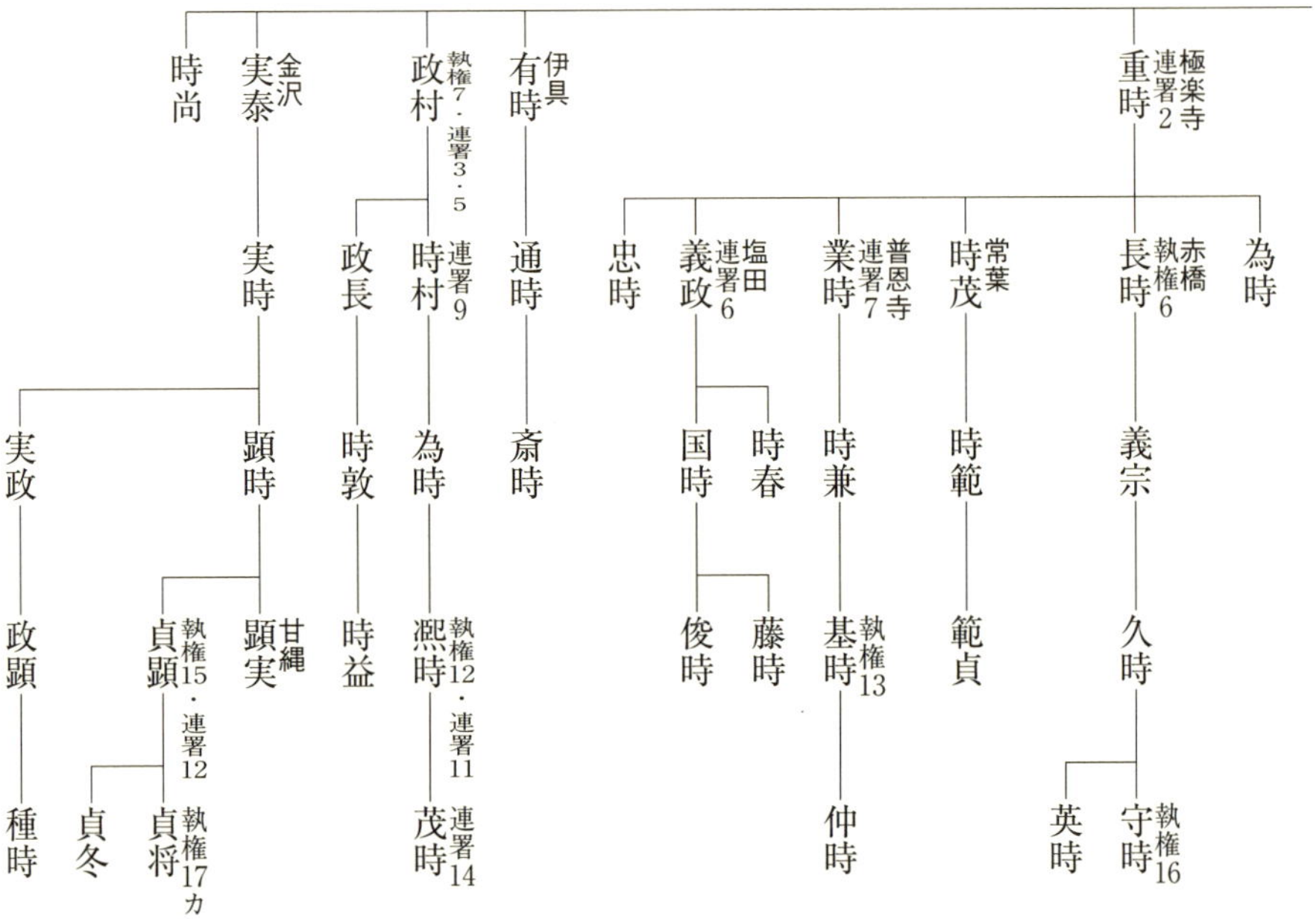
時尚
金沢 実泰
実時
顕時
甘縄 顕実
貞顕 執権15・連署12
貞将 執権17カ
貞冬
実政
政顕
種時
政村 執権7・連署3・5
時村 連署9
為時
凞時 執権12・連署11
茂時 連署14
政長
時敦
時益
伊具 有時
通時
斎時
極楽寺 重時 連署2
為時
赤橋 長時 執権6
義宗
久時
守時 執権16
英時
常葉 時茂
時範
範貞
普恩寺 業時 連署7
時兼
基時 執権13
仲時
塩田 義政 連署6
時春
国時
藤時
俊時
忠時

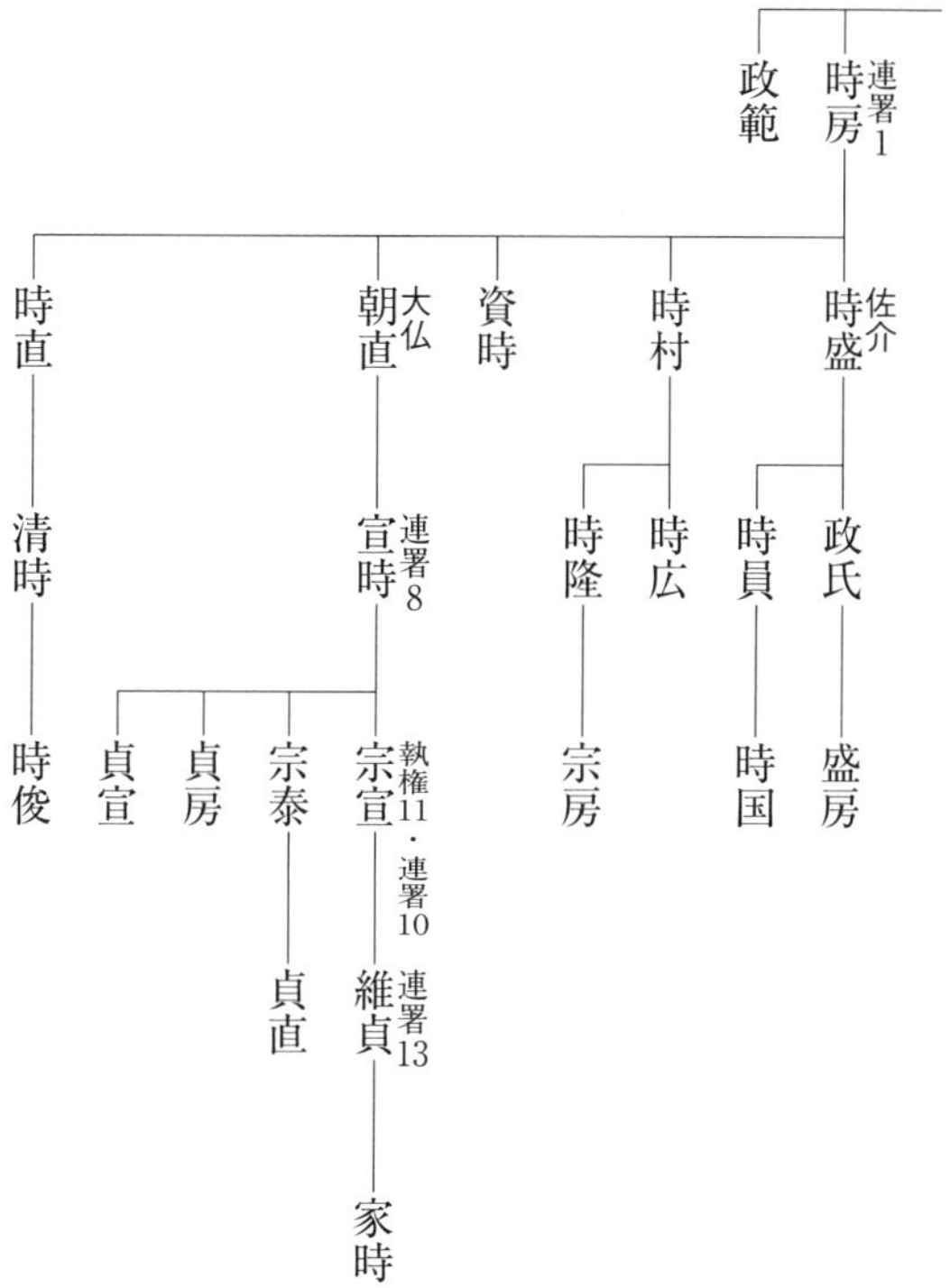
時房 連署1
政範
時盛 佐介
時村
資時
朝直 大仏
時直
政氏
時員
時広
時隆
宣時 連署8
清時
盛房
時国
宗房
宗宣 執権11・連署10
宗泰
貞房
貞宣
時俊
維貞 連署13
貞直
家時

将軍・執権・連署

鎌倉幕府権力を考える

日本史史料研究会編

四六判／二〇〇〇円

源頼朝が創始した鎌倉幕府のしくみは、どう理解すべきか。将軍が唯一の首長であるにもかかわらず、執権・連署を掌る北条氏が権力を握っていく。さまざまな切り口を示し、鎌倉将軍権力の実像を明らかにする道標となる書。一九二頁

日本史を学ぶための 古文書・古記録訓読法

日本史史料研究会監修／苅米一志著

四六判／一七〇〇円

古代・中世の史料は「変体漢文」という独特な文章で綴られるが、これを読解する入門書は存在しなかった。史料の品詞や語法を正確に解釈するためのはじめての手引書。豊富な文例に訓読と現代語訳を配置。演習問題も付す。二〇四頁

鎌倉幕府の滅亡

（歴史文化ライブラリー）

細川重男著

四六判／一七〇〇円

源頼朝の鎌倉入りから一五三年、不敗の歴史を誇った鎌倉幕府はなぜ呆気なく敗れたのか？　政変や戦乱の経過のみならず、幕府政治の根幹を成す御家人制の質的変化に注目。定説にメスを入れ、幕府滅亡の真実に迫る。二〇八頁

北条重時

（人物叢書）

森　幸夫著

四六判／一八〇〇円

鎌倉中期の政治家。六波羅探題として兄泰時の執権政治を支え、鎌倉帰還後は連署として若き執権時頼を補佐し幕政を主導。現存最古の武家家訓にその生活や思想を垣間見、鎌倉幕府政治の安定に大きく寄与した生涯を辿る。二二四頁

（価格は税別）

吉川弘文館

編者略歴

一九六二年、東京都に生まれる
一九八七年、東洋大学文学部史学科卒業
一九九三年、立正大学大学院文学研究科史学専攻博士後期課程満期退学
一九九七年、博士（文学・立正大学）
現在、國學院大學非常勤講師、中世内乱研究会総裁

主要著書

『鎌倉政権得宗専制論』（吉川弘文館、二〇〇〇年）
『鎌倉北条氏の神話と歴史―権威と権力―』（日本史史料研究会、二〇〇七年）
『鎌倉幕府の滅亡』（吉川弘文館、二〇一一年）

鎌倉将軍・執権・連署列伝

二〇一五年（平成二十七）十一月二十日　第一刷発行
二〇二二年（令和　四　）三月二十日　第三刷発行

監修　日本史史料研究会
編者　細《ほそ》川《かわ》重《しげ》男《お》
発行者　吉川道郎
発行所　株式会社　吉川弘文館
郵便番号一一三―〇〇三三
東京都文京区本郷七丁目二番八号
電話〇三―三八一三―九一五一〈代〉
振替口座〇〇一〇〇―五―二四四番
http://www.yoshikawa-k.co.jp/

印刷＝亜細亜印刷株式会社
製本＝株式会社　ブックアート
装幀＝清水良洋・渡邉雄哉

ISBN978-4-642-08286-0

執筆者紹介（生年／現職―執筆順）

細川重男（ほそかわ　しげお）→ 別掲

菊池紳一（きくち　しんいち）一九四八年／元財団法人前田育徳会常務理事

久保田和彦（くぼた　かずひこ）一九五五年／鶴見大学・日本大学・栄光学園中学高等学校非常勤講師

関口崇史（せきぐち　たかし）一九七〇年／大正大学非常勤講師

森　幸夫（もり　ゆきお）一九六一年／國學院大學非常勤講師

下山　忍（しもやま　しのぶ）一九五六年／東北福祉大学教育学部教授

久保木圭一（くぼき　けいいち）一九六二年／中世内乱研究会会員

鈴木由美（すずき　ゆみ）一九七六年／中世内乱研究会会長

鎌倉幕府将軍職　経歴表

［凡　　例］

（1）本表は鎌倉幕府における歴代征夷大将軍9名及び、三代将軍実朝の横死から四代将軍頼経の征夷大将軍任官まで「聴断是非於簾中」（『吾妻鏡』承久元年7月19日条）したとされる北条政子の公的な経歴を記載したものである。

（2）配列は就任順とし、北条政子は三代将軍実朝と四代将軍頼経の間に配置した。

（3）各人の父母・童名等を記載し、生没年・叙位・任官を年代順に記載して、末尾に洋数字を（ ）に入れて年齢を載せた。

（4）各条の頭部の洋数字は典拠と対応している。

（5）典拠は、原則として最も信憑性の高いと思われるもの一、二を掲出した。

（6）官位名・日付等が史料によって相違する場合、原則として官位については同時代の古記録の記述を、鎌倉側における事象については『吾妻鏡』における記述を重視した。

（7）『公卿補任』（以下、公補と略す）は、公卿経歴を有する人物の官歴のほぼすべてを網羅するため、下記の場合を除き掲出しなかった。

　①『公補』が信頼に足る唯一の典拠たる場合。

　②『公補』以上に明らかに信憑性が高い史料を欠く場合。

　③『公補』の内容が誤りと考えられる場合。

（8）所謂「編纂物」以外に典拠がない場合には、管見の史料すべてを掲出した。ただし、記事に混乱のあるもの、事実と明らかに相違するものは省略した。

（9）『公補』、『将軍執権次第』（以下、将次第と略す）等編年順に記載されている史料の場合、当該事象から隔たった年代に記述のあるものについては、たとえば「公補・文治元年条尻付」のように年代を入れた。

（10）改元された年に起きた事象は、すべて新しい年号に表記を統一した。

（11）使用した典拠は、概ね別掲の通りである。一部頻出する典拠については、適宜略号を用いたので、各々の典拠にその旨を附した。

（12）本書が一般書であることに鑑み、各経歴について史料上の特記がある場合、適宜これを附した。ただし、紙幅の関係もあり、あえて現代語訳をつけず、史料原文のみの記載とした。原典の雰囲気が伝われば幸いである。

主な典拠一覧（順不同）

『玉葉』（『九条家本玉葉』、図書寮叢刊）
『経俊卿記』（図書寮叢刊）
『猪隈関白記』（大日本古記録）
『岡屋関白記』（大日本古記録）
『深心院関白記』（大日本古記録）
『民経記』（大日本古記録）
『実躬卿記』（大日本古記録）
『明月記』（冷泉家時雨亭叢書〈自筆原本〉。冷泉家時雨亭叢書別巻・『翻刻明月記』一・二。国書刊行会）
『玉蘂』（今川文雄校訂、思文閣出版）
『葉黄記』（史料纂集）
『勘仲記』（史料纂集。増補史料大成）
『兵範記』（増補史料大成）
『山槐記』（増補史料大成）
『三長記』（増補史料大成）

『平戸記』（増補史料大成）
『吉続記』（増補史料大成）
『鎌倉年代記（略称：鎌記）』（増補続史料大成）
『鎌倉年代記裏書（略称：鎌記裏書）』（増補続史料大成）
『武家年代記（略称：武記）』（増補続史料大成）
『武家年代記裏書（略称：武記裏書）』（増補続史料大成）
『鎌倉大日記（略称：大日記）』（増補続史料大成）
『花園天皇宸記』（藝林舎）
『百錬抄』（新訂増補国史大系）
『帝王編年記（略称：帝王）』（新訂増補国史大系）
『続史愚抄』（新訂増補国史大系）
『吾妻鏡（略称：鏡）』（新訂増補国史大系）
『公卿補任（略称：公補）』（新訂増補国史大系）
『尊卑分脈（略称：分脈）』（新訂増補国史大系）
『関東開闢皇代并年代記（略称：開闢）』（続国史大系）
『五代帝王物語』（『群書類従』「帝王部」）
『将軍執権次第（略称：将次第）』（『群書類従』「補任部」）
『関東評定衆伝　（略称：関評）』（『群書類従』「補任部」）
『清獬眼抄』（『群書類従』「公事部」）
『保暦間記（略称：間記）』（佐伯真一・高木浩明編『校本　保暦間記』、和泉書院、1999年。『群書類従』「雑部」）
『常楽記』（『群書類従』「雑部」）
『仁和寺御日次記』（『続群書類従』「雑部」）
『本朝皇胤紹運録（略称：紹運録）』（『群書系図部集』　1所収）
『清和源氏系図』（『群書系図部集』　2所収）
『北条系図』（『群書系図部集』　4所収）
『愚管抄』（岩波文庫）
『増鏡』（講談社学術文庫）
『一代要記（略称：要記）』（改定史籍集覧）
『歴代皇紀』（改定史籍集覧）

No. 1　源頼朝（父：源義朝、母：藤原季範〈熱田大宮司〉娘、童名：鬼武者、鬼武丸）

1	久安3（1147）.	生（1）
2	保元3（1158）. 2. 3	皇后宮権少進（12）
3	平治1（1159）. 1.29	兼右近衛将監（13）
4	――――――	左兵衛尉
5	平治1（1159）. 2.13	止少進（13）
6	平治1（1159）. 2.19	上西門院蔵人（13）
7	平治1（1159）. 3. 1	服解（母）（13）
8	平治1（1159）. 6.28	蔵人（13）
9	平治1（1159）.12.14	従五位下（13）
10	平治1（1159）.12.14	右兵衛権佐（13）
11	平治1（1159）.12.28	解官（13）
12	永暦1（1160）. 3.11	配流（14）（伊豆国蛭ヶ小島）
13	治承4（1180）. 8.17	挙兵（34）

14：壽永２（1183）.10. 9　復本位（37）
15：元暦１（1184）. 3.27　正四位下（38）
16：文治１（1185）. 4.27　従二位（39）
17：文治５（1189）. 1. 5　正二位（43）
18：建久１（1190）.11. 9　権大納言（44）
19：建久１（1190）.11.24　兼右近衛大将（44）
20：建久１（1190）.12. 3　辞権大納言・右近衛大将（44）
21：建久３（1192）. 7.12　征夷大将軍（46）
22：正治１（1199）. 1.11　出家（53）
23：正治１（1199）. 1.13　薨去（53）

［典拠］

父：分脈。公補・文治元年条。

母：分脈。公補・文治元年条。

童名：帝王・巻23、開闢、「鬼武者」とす。群書系図部集２・清和源氏系図、「鬼武丸」とす。

1：帝王・巻23。武記・治承４年条は同年４月生、将次第・治承４年条は同年10月生とす。

2：兵範記・同日条。任官当時、正六位上とす。分脈、帝王・巻23、武記・治承４年条、皇后宮少進とす。

3：公補・文治元年条尻付。分脈。

4：山槐記・平治元年２月19日条に、「（上西門院）蔵人、　左兵衛尉源頼朝、〈元少進〉」とあり。任左兵衛尉の日は未詳。

5：公補・文治元年条尻付。分脈。

6：山槐記・同日条。蔵人の補任日は公補・元暦２年条尻付、分脈など上西門院院号宣下（13日）と同日とする史料多きも、山槐記に記すごとし。分脈、「将監如元」とす。

7：公補・文治元年条尻付。分脈。

8：公補・文治元年条尻付。分脈。帝王・巻23。

9：分脈。一代要記庚集、６月とも。

10：公補・文治元年条尻付。分脈。帝王・巻23。

11：公補・文治元年条尻付。分脈。帝王・巻23。

12：清解眼抄。愚管抄・第５。

13：鏡・同日条。

14：玉葉・同日条。「凡頼朝為躰、威勢厳粛、其性強烈、成敗分明、理非断決云々」とあり。

15：玉葉・３月28日条。鏡・４月10日条。公補、「元従五下、追討前伊与守源義仲賞、其身不上洛、猶在相模国鎌倉」とす。

16：玉葉・４月28日条。鏡・５月11日条。公補、「召進前内大臣平朝臣賞、其身在相模国」とす。

17：鏡・正月13日条。

18：鏡・同日条、「勲功賞」とす。また、「聴　勅授之由、同被宣下畢者」とす。公補、「同日聴勅授（勲功賞）」とす。帝王・巻23、「勲功賞同日勅授帯剣」とす。玉葉・同日条、「被任大納言」とす。

19：玉葉・同日条。鏡・同日条。

20：鏡・同日条。

21：鏡・７月20日条・26日条。山槐記・同日条（国立公文書館蔵『三槐荒涼抜書要』〈架蔵番号145—253〉）。
山槐記については、櫻井陽子「頼朝の征夷大将軍任官をめぐって—『三槐荒涼抜書要』の翻刻と紹介—」（『明月記研究』９号、2004年12月所収）参照のこと。

22：猪隈関白記・正月18日条。明月記・正月18日・20日条。愚管抄・第６。

23：猪隈関白記・正月20日条。同・２月１日条。明月記・正月20日条。愚管抄・第６。公補、「薨于

相模国鎌倉館（五十三歳）」とす。帝王・巻23、「子刻薨」とす。明月記、「大略頓病歟」とあり。愚管抄・第6、「同十三日ニウセニケリト、十五六日ヨリ聞ヘタチニキ、夢カ現カト人思タリキ、今年必シヅカニノボリテ世ノ事沙汰セント思ヒタリケリ、万ノ事存ノ外ニ候ナドゾ」とあり。

No. 2　源頼家（父：源頼朝、母：北条時政娘〈政子〉、童名：万寿、一万、十万）

1：寿永1（1182）．8.12　生（1）
2：建久8（1197）.12.15　従五位上（16）
3：建久8（1197）.12.15　右近衛権少将（16）
4：建久9（1198）．1.30　兼讃岐権介（17）
5：建久9（1198）.11.21　正五位下（17）
6：正治1（1199）．1.20　左近衛権中将（18）
7：正治1（1199）．1.26　頼朝の遺跡を嗣ぐ（18）
8：正治2（1200）．1．5　従四位上（19）
9：正治2（1200）.10.26　従三位・左衛門督（19）
10：建仁1（1201）.12.15　捧左衛門督辞表、無勅許（20）
11：建仁2（1202）．1.23　正三位（21）
12：建仁2（1202）．7.23　従二位（21）
13：建仁2（1202）．7.23　征夷大将軍（21）
14：建仁3（1203）．8.27　遺跡を長子一幡に譲る（22）
15：建仁3（1203）．9．7　出家（22）
16：建仁3（1203）．9.29　下向（伊豆国修禅寺）（22）
17：元久1（1204）．7.18　薨去（23）

［典拠］

父：分脈。公補・正治2年条。

母：分脈。公補・正治2年条。

童名：鏡、「万寿」とす（初見、文治4年7月10日条、終見、建久4年3月1日条)。また「一万」とす（建久6年6月3日条)。将次第・正治元年条、鎌記・正治元年条、武記・正治元年条、「十万」とす。

帝王・巻23、開闢の「千万」は誤り。

1：鏡・同日条・正治元年2月条。鏡（吉川本）・正治元年2月条に「十三日」とあるは誤り。

2：公補・正治2年条尻付。分脈、「従五下」とす。

3：公補・正治2年条尻付。帝王・巻23、将次第・正治元年条、鎌記・正治元年条、右少将とす。分脈、「同日少将」とす。

4：明月記・同日条。三長記・同日条。

5：公補・正治2年条尻付。分脈。公補、「院御給」とす。

6：鏡・2月6日条、「転左中将」とす。明月記・同日条、「右近大将通親、中将頼家」とす。分脈、「左中将」とす。帝王・巻23、「転左近衛中将」とす。将次第、「転任左中将」とす。鎌記・正治元年条、「転左中将」とす。武記・正治元年条、「転中将」とす。

7：鏡・2月6日条。

8：明月記・正月6日条。鏡・正月15日条。

明月記、「院当年御給」、また「禁色」とす。鏡、「同八日聴禁色給」とす。公補・正治2年条尻付、「院御給、今日聴禁色」とす。分脈、「同日禁色」とす。将次第、「院御給」とす。

9：明月記・10月27日条。鏡・11月7日条。

10：鏡・12月28日条、「十五日捧御辞表、無勅許、被返下云々」とす。公補、「十二月〔十五日吾妻鏡〕止督辞状、即返遣」とす。

11：明月記・同日条。鏡・2月2日条。
12：公補。分脈。武記・正治元年条。要記庚集。明月記・7月24日条、正二位とするは誤り。冷泉家時雨亭叢書本（自筆原本）にも正二位とあり、記主藤原定家本人による誤記か。
鏡・8月2日条、将軍任官と同日の22日とす。公補、頼家と同時に昇叙せる者の日付はすべて23日とす。
13：武記・正治元年条。要記庚集。帝王・巻23、建仁元年と誤る将次第・建仁元年条も、叙従二位と同日とす。叙従二位は上記のごとく23日たるにより、将軍任官も23日を是とすべきか。
明月記・公補には、将軍任官の記事なし。
14：鏡・同日条。
15：鏡・同日条。要記庚集、「年二十三」とあるは誤り。
16：鏡・同日条。
17：鏡・7月19日条。愚管抄・第6。愚管抄、殺害時の状況の伝聞記事を載す。

No.3　源実朝（父：源頼朝、母：北条時政娘〈政子〉、童名：千万、千幡、銭幡）
1：建久3（1192）．8．9　生（1）
2：建仁3（1203）．9．7　従五位下・征夷大将軍（12）
3：建仁3（1203）．10．8　元服（12）
4：建仁3（1203）．10．24　右兵衛佐（12）
5：元久1（1204）．1．5　従五位上（13）
6：元久1（1204）．3．6　右近衛少将（13）
7：元久2（1205）．1．5　正五位下（14）
8：元久2（1205）．1．29　左近衛権中将・加賀介（14）
9：元久2（1205）．4．2　左中将（14）
10：建永1（1206）．2．22　従四位下（15）
11：承元1（1207）．1．5　従四位上（16）
12：承元2（1208）．12．9　正四位下（17）
13：承元3（1209）．4．10　従三位（18）
14：承元3（1209）．5．26　更任右近衛中将（18）
15：建暦1（1211）．1．5　正三位（20）
16：建暦1（1211）．1．18　兼美作権守（20）
17：建暦2（1212）．12．10　従二位（21）
18：建保1（1213）．2．27　正二位（22）
19：建保4（1216）．6．20　権中納言（25）
20：建保4（1216）．7．20　兼左近衛中将（25）
21：建保6（1218）．1．13　権大納言（27）
22：建保6（1218）．3．6　左近衛大将（27）
23：建保6（1218）．10．9　内大臣（27）
24：建保6（1218）．12．2　右大臣（27）
25：承久1（1219）．1．27　薨去（28）
［典拠］
父：分脈。公補・承元3年条。
母：分脈。公補・承元3年条。
童名：鏡、「千万」（建久3年8月9日条）。また「千幡」（初見建仁3年2月4日条、終見同年9月15日条）。将次第・建仁3年条、「銭幡」とす。帝王・巻23、開闢、鎌記・建仁3年条の「万寿」は誤り。

1：鏡・同日条。
2：猪隈関白記・同日条。明月記・9月8日条。鏡・9月15日条。
3：鏡・同日条。
4：鏡・元久元年正月5日条。
5：公補・承元3年条尻付。「臨時」とす。明月記・正月7日条、「加叙」とす。
6：明月記・3月7日条。ただし、左右の別を示さず単に「少将」とす。鏡・同年6月20日条、「将軍家〈右少将。／去三月一日任給。〉」とす。公補・承元3年条、「三月六日任右少将」、分脈、「同（元久元）年三六右近少将」とす。よって、3月6日任右近衛少将と類推す。
7：明月記・正月6日条。鏡・同日条。
8：明月記・正月30日条。鏡・2月12日条。
中将の左右の別、正・権の別、諸書により異同多し。明月記、「左近衛権中将」、鏡・2月12日条、「任右中将」、帝王・巻23、鎌記・建仁3年条、「転右中将」、将次第、「御転任右中将」、分脈、「権中将」、公補・承元3年条尻付、武記・建仁3年条、「転権中将」とす。武記、2月29日とす。下記の如く、承元3年5月26日に中将更任の記事見ゆるも、諸書多く「右」とす。承元3年以前の官は右近衛（権）中将ならざるべからず。明月記・要記庚集を勘案するに、元久2年左権中将、承元3年4月従三位、左権中将如元、5月右中将更任と解すべきか、なお後考を俟つ（要記庚集については、14を参照のこと）。
9：将次第。ただし翌年以降も「右中将」と表記。不審。
10：三長記・同日条。鏡・3月2日条。
11：明月記・正月6日条。
12：鏡・12月20日条。
13：鏡・4月22日条。
14：鏡・5月26日条。公補、分脈、「更任右中将」とす。帝王・巻23、鎌記・建仁3年条、「復任右中将」とす。将次第、「重任右中将」とす。武記・建仁3年条、「右近中将」とす。要記庚集、「承元三年四月十日叙、左中将如元、五月二十六日更任右中将」とす。武記、承元を承久と誤記。
15：鏡・正月16日条。
16：鏡・正月28日条。将次第、建保2年正月とす。鎌記・建仁3年条、建保2年正月5日とす。武記・建仁3年条、建保3年正月5日とす。
17：鏡・12月21日条（吉川本）。公補。将次第・建暦2年条、「中将如元」とす。
鏡・12月21日条（国史大系本）は11日とす。玉蘂・12月10日条、明月記・同日条には、10日に除目ありとす。よって、叙位は12月10日とす。
18：鏡・3月6日条。「閑院遷幸、今夜即被行造宮賞」とす。
19：鏡・6月30日条、「中納言」とするも、公補、分脈、帝王・巻23、将次第、間記、鎌記・建仁3年条、武記・建仁3年条、いずれも権中納言とす。これに従う。
20：任官日、左右の別、諸書により異同多し。任官日は明月記・7月21日条、左右の別は、鏡・8月3日条による。
6月20日任権中納言の後、7月20日に中将の更任あるもののごとし。
鏡・8月3日条（吉川本）、「去月廿一日除書参着、将軍家更令兼左近中将給」とす。鏡・同日条（国史大系本）、「去月廿二日」とす。
明月記、6月記を欠く。7月21日条、「右近中将」とす。『翻刻明月記』、「左ノ誤カ」と注す。
任権中納言後の更任を記すもの、公補、「六月廿日任（権中納言）、右中将、七月廿日転左（中将）」、分脈、「建保四六廿権中納言、同年七廿兼左中将」とす。鎌記・建仁3年条、「六廿任権中納言、中将如元、同月廿一転左中将」とす。武記・建仁3年条、「（建保）四六廿任権中納言〈中将如元〉中将二人例、同七廿転左中将」とす。「中将二人例」は、中納言兼中将が近衛家通、源実朝の2人になったとの意。

任権中納言後の更任を記せざるもの、帝王・巻23、「六月廿日任権中納言。中将如元」とす。将次第、「六月廿日任権中納言左中将（建保３年条は、「右中将正二位」）、要記庚集、「建保四年六月廿日任（権中納言）同日更任右中将」、とす。
21：明月記・正月14日条。鏡・正月21日条。
22：鏡・３月16日条。同18日条に、同日左馬寮御監たるべしとあり。御監については、公補、分脈、鎌記・建仁３年条にも記載あり。鏡、「始御使入洛之時、任故右大将軍之例、可被任右、仍右幕下擬被辞申之刻、朝定上洛之間、亦改先篇、有其沙汰」とあり。
23：鏡・10月19日条。「大将如元」とす。
24：鏡・12月20日条。公補、「左大将如元」、帝王・巻23、将次第、「大将如元」とす。
25：鏡・同日条。愚管抄・第６、「正月廿八日〈甲午〉」とす。同年正月の甲午の日は、27日。よって、誤り。

No. 4　北条政子（父：北条時政、母：未詳）
1：保元２（1157）.　　　　生（１）
2：正治１（1199）.　　　　出家（43）
3：建保６（1218）. 4. 14　従三位（62）
4：建保６（1218）. 10. 13　従二位（62）
5：嘉禄１（1225）. 7. 11　薨去（69）
［典拠］
父：分脈。
1：薨去記事より逆算。
2：尼御台としての初見は、鏡・３月５日条。
法名、武記・承久元年条、「如実」とす。北条系図、２本とも「如実又号妙観上人」とす。開闢、「妙実」とす。
3：鏡・４月29日条。「出家人叙位事、道鏡之外無之、女叙位者、於准后者有此例」とあり。また同日条、「御対面」を求めた後鳥羽上皇に対し、「辺鄙老尼咫尺龍顔無其益、不可然」と辞退した記事あり。
4：鏡・10月26日条。仁和寺御日次記、将次第・承久元年条、鎌記・承久元年条、武記・承久元年条、11月13日とす。
5：鏡・同日条。勘仲記・弘安７年４月９日条。
明月記・７月17日条、「入夜中将来、東方事十二日由、飛脚来、但其由書状、未来由、武蔵太郎、答右幕下使者云々」とあり（冷泉家時雨亭叢書別冊『翻刻明月記』所収）。また同記・７月19日条、「巳時、東方女房〈冷泉母儀〉書状到来、十一日被終之由告送、件状、即覧相門了、他方音信未通云々、猶々増不審者也」とあり（同書）。７月19日条（東京国立博物館蔵）は本来安貞元年４月記と伝わるも、五味文彦「『明月記』嘉禄三年四月記の復元―東京国立博物館所蔵「安貞元年四月記」錯簡の研究―」（『明月記の史料学』、青史出版、2000年）により嘉禄元年７月記とす。

No. 5　九条頼経（父：九条道家、母：西園寺公経娘〈綸子〉、童名：三寅）
1：建保６（1218）. 1. 16　生（１）
2：承久１（1219）. 6. 25　京都出御（２）
3：承久１（1219）. 7. 19　鎌倉下着（２）
4：嘉禄１（1225）. 12. 29　元服（８）
5：嘉禄２（1226）. 1. 27　正五位下・征夷大将軍・右近衛権少将（９）
6：安貞１（1227）. 1. 26　兼近江権介（10）

7：寛喜3（1231）．2．5　従四位下（上）（14）
8：寛喜3（1231）．3.25　転左近衛中将（14）
9：寛喜3（1231）．4．8　正四位下（14）
10：貞永1（1232）．1.30　備後権守（15）
11：貞永1（1232）．2.27　従三位（15）
12：天福1（1233）．1.28　権中納言（16）
13：文暦1（1234）.12.21　正三位（17）
14：文暦1（1234）.12.21　辞権中納言（17）
15：嘉禎1（1235）.10．8　按察使（18）
16：嘉禎1（1235）.11.19　従二位（18）
17：嘉禎2（1236）．7.20　正二位（19）
18：嘉禎2（1236）.11.22　民部卿（19）
19：暦仁1（1238）．2.23　還任権中納言（21）
20：暦仁1（1238）．2.23　右衛門督（21）
21：暦仁1（1238）．2.26　検非違使別当（21）
22：暦仁1（1238）．3．7　辞右衛門督・検非違使別当（21）
23：暦仁1（1238）．3．7　権大納言（21）
24：暦仁1（1238）．4.18　辞権大納言（21）
25：寛元2（1244）．4.28　辞征夷大将軍（27）
26：寛元3（1245）．7．5　出家（28）
27：寛元4（1246）．7.11　上洛（29）
28：康元1（1256）．8.11　薨去（39）

［典拠］

父：分脈。公補・貞永元年条。

母：分脈。公補・貞永元年条。鎌記・嘉禄元年条。帝王・巻23には倫子、公経一女とあり。

童名：鎌記・嘉禄元年条。武記・嘉禄元年条、「三寅御前」とす。また、「寅歳寅日寅刻誕生」とあり。愚管抄・第6、「正月寅月ノ寅ノ歳寅時ウマレテ」と名前の由来はあるが、「三寅」との明示はなし。

1：鏡・承久元年7月19日条。

2：鏡・7月19日条。仁和寺御日次記、「号三郎君」とす。

3：鏡・同日条。

4：明月記・嘉禄2年正月12日条。鏡・12月29日条。

5：岡屋関白記・同日条。ただし、「生年八歳」とするは誤り。明月記・正月28日条、鏡・2月13日条、公補・貞永元年条尻付、帝王・巻24、右近衛少将とす。帝王・巻24、「同三月十二日聴禁色」とす。

6：鏡・2月4日条。公補・貞永元年条尻付、「府労」とす。

7：民経記・同日条、明月記・2月6日条、公補・貞永元年条尻付、将次第、鎌記・嘉禄元年条、武記・嘉禄元年条、従四位上とす。鏡・2月12日条、従四位下とす。なお、鎌記、寛喜2年とす。少将如元のこと、民経記、明月記・2月6日条、鏡・2月12日条、公補・貞永元年条尻付、鎌記、武記に見ゆ。

8：民経記・同日条。明月記・3月26日条。公補・貞永元年条尻付。武記・嘉禄元年条。また公補・貞永元年条、叙従三位の際「左中将如元」とす。鏡・4月5日条、「転右近中将」とす。将次第、「右中将」とす。鎌記、「転右中将」とす。
いま民経記等に従う。

9：民経記・4月9日条。鏡・4月17日条。公補・貞永元年条尻付、「中宮并皇子初入内賞。家子」

とす。

10：公補・貞永元年条尻付。「府労」とす。鎌記・嘉禄元年条。武記・嘉禄元年条。将次第、10日とも。

11：民経記・同日条。鏡・3月3日条。両書とも、中将如元とす。公補、「左中将如元」とす。民経記、「今日除目、依此事被行云々、毎事莫言々々」とあり。

12：民経記・同日条（「不被兼中将」とす）。明月記・正月29日条。

13：鏡・12月28日条。

14：鏡・12月28日条。

15：明月記・10月9日条。鏡・10月17日条。

16：明月記・11月20日条。鏡・11月26日条。

17：公補。

18：鏡（国史大系本）・12月3日条。公補。鏡（吉川本）・同日条、23日とす。将次第、「去按察使」とす。公補、同年12月19日、前権中納言藤原定高任按察使とす。頼経の後任か。

19：鏡・同日条。公補、「二月廿四日還任。兼右衛門督。補別当。去民部卿」とす。また公補、藤原高実辞権大納言任民部卿を23日とす。権中納言還任と辞民部卿は同日ならんか。

20：鏡・同日条。

21：鏡・同日条。公補、補別当を権中納言還任と同日とするは誤り。

22：鏡・同日条。

23：玉蘂・3月8日条。鏡・同日条。公補、「四月六日勅授」とす。将次第、「四月六日帯剣」とす。鎌記・嘉禄元年条、武記・嘉禄元年条、「大納言」とす。また両書、4月6日「帯剣」とす。

24：鏡・同日条。

25：公補。帝王・巻25。鎌記・嘉禄元年条。武記・嘉禄元年条。要記辛集。将次第は24日とす。鏡・5月5日条、頼嗣将軍任官を4月28日とす。

26：鏡・同日条。法名、分脈、行賀とす。公補、百錬抄・同日条、帝王・巻24・25、要記辛集、行智とす。鎌記・嘉禄元年条、武記・嘉禄元年条、出家日を8月5日とし法名を行智とす。大日記・寛元3年条、出家日を8月5日とし法名を行覚とす。

27：鏡・7月11日条、同日鎌倉発、同・28日条、同日入洛とす。また民経記・7月27日条、「今夜丑刻鎌倉大納言入道入華由、世上披露、六波羅武士充満、衆庶驚目云々」とし、帝王・巻25、「廿七日〈丑剋〉入洛」とし、葉黄記・7月28日条、「今日寅刻、入道将軍、自関東令渡給重時朝臣（六波羅北方探題北条重時）若松宅」とす。諸書に異同あるも、概ね両日の間に入京せるものならん。

28：経俊卿記・同日条。鏡・8月15日条。公補・寛元3年条。帝王・巻25。百錬抄・8月10日条、10日とす。察するに、10日夜半乃至11日未明に薨じたるものならん。経俊卿記、「依痢病薨去、為征夷大将軍、多年被住関東、上洛之後失人望、遂以被早世、可哀々々」とあり。

No. 6　九条頼嗣（父：九条頼経、母：藤原親能娘〈二棟御方、大宮殿〉）

1：延応1（1239）.11.21　生（1）
2：寛元2（1244）. 4.21　元服（6）
3：寛元2（1244）. 4.28　従五位上・征夷大将軍・右近衛権少将（6）
4：寛元2（1244）. 8.25　正五位下（6）
5：寛元3（1245）. 1.17　兼近江介（7）
6：寛元4（1246）.11.23　従四位下（8）
7：宝治2（1248）. 8.25　従四位上（10）
8：建長1（1249）. 1.24　正四位下（11）
9：建長1（1249）. 6.14　左近衛中将（11）

10：建長２（1250）．1.13　美濃権守（12）
11：建長３（1251）．6.27　従三位（13）
12：建長４（1252）．4.１　辞征夷大将軍（14）
13：建長４（1252）．4.３　上洛（14）
14：康元１（1256）．9.24　薨去（18）

［典拠］

父：分脈。

母：鏡・延応元年８月８日条・寛元２年４月21日条。分脈、国史大系本註にあるごとく、「内大臣家良女」とあるは誤り。同書・道綱卿孫にあるごとく、親能娘が正しい（親能娘に家良室あり）。

１：鏡・同日条。

２：鏡・同日条。百錬抄・４月28日条。鎌記裏書・寛元２年条。平戸記・４月27日条には22日とあり。５歳とするは、誤り。

３：平戸記・同日条。鏡・５月５日条。平戸記、征夷大将軍は「正二位藤原朝臣（九条頼経）譲」、従五位上は「臨時」とす。
鏡・５月５日条、百錬抄・同日条、鎌記・寛元２年条、武記・寛元元年条、歴代皇紀、右近衛少将とす。武記・寛元元年条、24日とし、右近衛少将とす。帝王・巻25、左少将とす。
平戸記、「五歳将軍如何」とあり。６歳が正しい。

４：平戸記・同日条。鏡・９月１日条。平戸記、「正二位藤原朝臣（九条頼経）閑院修造賞譲」とす。鏡、「前将軍家閑院修造功」とす。

５：平戸記・同日条。鏡・正月20日条、正月13日とす。
平戸記、正月13日・17日ともに除目あり、頼嗣任官は17日とす。これに従う。
なお、将次第、鎌記・寛元２年条、正月17日「兼美濃権介」とす。武記・寛元元年条、正月27日「兼美乃権介」とす。いずれも誤りか。

６：鏡・12月２日条。同・７日条、「去月廿七日除目聞書到来、将軍家少将如元」とす。

７：将次第・建長元年条。鎌記・寛元２年条。武記・寛元元年条。葉黄記・同日条、「正四位下頼嗣〈臨時〉」とす。この条やや不審（８を参照のこと）。

８：将次第。鎌記・寛元２年条。武記・寛元元年条。日付は、岡屋関白記・同日条（ただし頼嗣の名見えず）による。武記、22日とす。将次第、鎌記、23日とす。岡屋関白記、24日に除目あるを記し、公補また24日に参議藤原長朝兼美作権守、藤原経範叙従三位等を記す。よって24日をとる。この条やや不審、あるいは宝治２年８月25日に正四位下に越階し建長元年正月の叙位なしとすべきか。後考を俟つ。

９：将次第。帝王・巻25、鎌記・寛元２年条、武記・寛元元年条、16日とす。公補・同年条に６月14日従二位藤原隆綱任右京大夫を記す。除目の行われたるは、14日ならんか。

10：将次第。鎌記・寛元２年条。武記・寛元元年条。

11：経俊卿記・同日条。鏡・７月４日条。ともに「造閑院賞」とす。鏡、左中将如元とす。公補・建長４年条、「去年六月廿七日叙従三位」とす。
中将如元のこと、帝王・巻25、鎌記・寛元２年条、武記・寛元元年条、要記辛集に見ゆ。

12：公補・建長４年条、要記辛集、「四月一日止将軍」とす。東使上洛し頼嗣の後任に「上皇第一三宮之間」を求むること鏡・２月20日条に、頼嗣幕府を出て佐介時盛亭に入御せること鏡・３月21日条、鎌記・寛元２年条（３月20日とす）及び武記・寛元元年条（鎌記に同じ）に見ゆ。鏡・４月３日条、「去月廿二日〈御出御所〉」とす。また同日条に、「為重服、尤可有憚歟之由、陰陽道雖申之、不能御許容、遂以御進発」とあり。

13：鏡・同日条。鎌記裏書・建長４年条、４月３日鎌倉発、同18日京都着とす。

14：鏡・10月２日条。分脈。将次第・建長４年条、８月24日とす。帝王・巻25、鎌記・寛元２年条、建長７年８月24日とす。武記・寛元元年条、２月14日とす。公補、百錬抄・９月25日条、要記辛

集、歴代皇紀、9月25日とす。

没年令諸書により異同あり、延応元年生たること明らかなるにより、公補、将次第・建長4年条、要記辛集、18歳とするを是とす。帝王・巻25、鎌記・寛元2年条、武記・寛元元年条、分脈、17歳とするは誤り。

No. 7　宗尊親王（父：後嵯峨天皇、母：平棟基娘〈棟子〉）

1：仁治3（1242）. 11. 22　生（1）
2：寛元2（1244）. 1. 28　親王宣下（3）
3：建長4（1252）. 1. 8　元服・三品（11）
4：建長4（1252）. 3. 19　京都出御（11）
5：建長4（1252）. 4. 1　征夷大将軍（11）
6：文永2（1265）. 9. 17　一品・中務卿（24）
7：文永3（1266）. 7. 4　辞征夷大将軍（25）
8：文永3（1266）. 7. 8　上洛（25）
9：文永9（1272）. 2. 30　出家（31）
10：文永11（1274）. 7. 29　薨去（33）

［典拠］

父：分脈。紹運録。

母：分脈。百錬抄・仁治3年11月22日条。紹運録。五代帝王物語、増鏡・第5内野の雪に棟範女とあるは誤り。

1：百錬抄・同日条。要記辛集、正月21日とするは誤り。

2：平戸記・同日条。

3：鏡・同日条。

4：鏡・同日条。

5：鏡・4月5日条。同書によれば、宗尊は4月1日に鎌倉に入り、5日に京都から4月1日付で将軍とする旨の除書を得ている。

6：帝王・巻26。将次第。鎌記・建長4年条。武記・建長4年条。

7：鏡・同日条、佐介時盛亭に入御とす。鎌記・建長4年条、武記・建長4年条、佐介亭入御は7月2日とす。

8：将次第、武記・建長4年条、鎌倉発を7月8日、京都着を28日とす。大日記・文永3年条、閏7月8日発、7月20日着とす（ただし、当年に閏7月は存在せず）。帝王・巻26、記述に混乱あり、7月8日、20日、24日、28日等を掲ぐ。
京都着につき、鏡・7月20日条、六波羅北方探題北条時茂亭入御を同日戌刻とす。深心院関白記・7月20日条、「関東将軍子刻入洛、被坐六波羅云々、上洛不知何故」とあり。
将軍任官時東下の所要日数12日間（建長4年3月は小の月）を勘案するに、7月8日鎌倉発、20日京都着とすべきか。

9：分脈。将次第・文永3年条。紹運録。要記壬集。
武記・建長4年条、2月20日とす。帝王・巻26、鎌記・建長4年条、12月30日とす。宗尊出家は2月17日父後嵯峨院崩御によるため、2月を是とす。
法名諸書により異同多し。分脈、紹運録は「覚恵」、帝王・巻26および鎌記・建長4年条は「行勝」、将次第・文永3年条は「行澄」、武記・建長4年条は「行証」、大日記・文永9年条は「覚恵」または「行証」とす。

10：勘仲記・同日条（史料纂集本）。分脈。将次第・文永3年条。紹運録。大日記・文永11年条。歴代皇紀。ただし紹運録の没年齢32、歴代皇紀の35は誤り。要記壬集、8月1日とす。帝王・巻26、鎌記・建長4年条、武記・建長4年条は30日とするも、同月は小の月であり、誤り。

No. 8　惟康親王（惟康王、源惟康）（父：宗尊親王、母：近衛兼経娘〈宰子、御息所〉）

1：文永１（1264）．４.29　生（１）
2：文永３（1266）．７.22　従四位下・征夷大将軍（３）
3：文永７（1270）．２.23　元服（７）
4：文永７（1270）.12.20　従三位・左近衛中将・賜源氏姓（７）
5：文永８（1271）．２．１　兼尾張権守（８）
6：文永９（1272）．１．５　従二位（９）
7：建治１（1275）．３．５　復任（12）
8：建治２（1276）．１.23　兼讃岐権守（13）
9：弘安２（1279）．１．５　正二位（16）
10：弘安10（1287）．６．５　中納言・右近衛大将（24）
11：弘安10（1287）.10．４　辞右近衛大将（24）
12：弘安10（1287）.10．４　親王宣下、叙二品（24）
13：正応２（1289）．９.14　上洛（26）
14：正応２（1289）.12．６　出家（26）
15：嘉暦１（1326）.11．１　薨去（63）

［典拠］

父：分脈。公補・文永七年条。

母：分脈（後嵯峨源氏・摂家相続孫）。公補・文永七年条。鏡・文応元年２月５日条に、「最明寺禅室（北条時頼）御猶子」とあり。
帝王・巻26、「号御息所」とす。

1：将次第・文永３年条。関評。鎌記裏書・文永元年条。武記・文永３年条。

2：深心院関白記・同日条。
公補・文永７年条尻付、帝王・巻26、五代帝王物語、将次第、関評、間記、鎌記・文永３年条、鎌記裏書・文永３年条、武記・文永３年条、大日記・文永３年条、要記壬集、歴代皇紀いずれも24日とするも、同時代史料である深心院関白記をとる。

3：関評。鎌記裏書・文永７年条。

4：公補。将次第。鎌記・文永３年条。武記・文永３年条。大日記・文永７年条、左中将及び賜源氏姓のみ記載。続史愚抄・同日条、「左近衛権中将」とす。帝王・巻26、正三位とす。

5：公補。将次第、３月１日とす。鎌記・文永３年条、武記・文永３年条、３月とす。

6：公補。将次第。鎌記・文永３年条。武記・文永３年条。帝王・巻26、９年正月とす。諸書とも、「中将如元」とす。

7：公補。武記・文永３年条。
父宗尊親王の薨去による。公補、父宗尊薨去を８月１日とす。

8：公補。将次第。鎌記・文永３年条。武記・文永３年条。

9：帝王・巻26。鎌記・文永３年条。武記・文永３年条。公補、要記壬集は７日、将次第は２月５日とす。

10：勘仲記・同日条。将次第。武記・文永３年条。歴代皇紀。
実躬卿記・同日条、要記壬集、帝王・巻26、大日記・正応２年条、「権中納言」とす。公補、「中納言」とするも、非参議正二位の項目においては「任権中納言」とす。
武記、「左大将」とするは、誤り。帝王・巻26、鎌記・文永３年条、６月６日とするは、誤り。
実躬卿記、「諸人驚耳目」とあり。

11：要記壬集。歴代皇紀。勘仲記・同日条、「右幕下被還任尤珍重也」とあり。また実躬卿記・10月９日条、「将軍被辞申大将軍、立親王事被申云々、即大夫参申歟、仍去四日被宣下立親王事、大将如元通基卿帰任云々」とあり。察するに、惟康の後任者たる大納言久我通基の任右大将は、惟

康親王宣下と同日たり。帝王・巻26、鎌記・文永３年条、武記・文永３年条、惟康の辞大将を９月26日とするは誤り。

12：勘仲記・同日条。公補。帝王・巻26。鎌記・文永３年条。武記・文永３年条。大日記・正応２年条。実躬卿記・10月９日条は、叙品のこと見えず。

13：帝王・巻27。間記。鎌記・文永３年条。鎌記裏書・正応２年条。将次第、13日とす。武記・文永３年条、５月14日とするは誤り。

14：将次第。武記・文永３年条。

15：継塵記・同日条。常楽記・10月30日条、10月30日とす。紹運録、常楽記を典拠とし10月30日とす。続史愚抄、正中２年10月某日条・嘉暦元年10月30日両条（継塵記・常楽記を典拠とす）に、惟康薨去の記事あり、不審。

継塵記については、今江廣道「『光業卿記』と『継塵記』」所収「『継塵記』嘉暦元年冬記釈文（案）」（國學院大學日本文化研究所編『大中臣祭主藤波家の研究』、続群書類従完成会、2000年）を参照した。

No. 9　久明親王（父：後深草天皇、母：三条公親娘〈房子、遊義門院皇后宮御匣〉）

1：建治２（1276）．９．11　生（１）
2：正応２（1289）．10．１　立親王（14）
3：正応２（1289）．10．６　元服・三品（14）
4：正応２（1289）．10．９　征夷大将軍（14）
5：正応２（1289）．10．10　京都出御（14）
6：永仁５（1297）．12．17　一品・式部卿（22）
7：延慶１（1308）．７．19　上洛（33）
8：――――――――　出家
9：嘉暦３（1328）．10．14　薨去（53）

［典拠］

父：分脈。紹運録。

母：分脈・公季公孫。紹運録。

1：将次第・正応２年条。ただし諸書にみえる年齢表記からの逆算によれば、異同少なからず。
帝王・巻27・元服記事、間記・関東下向記事、鎌記・正応２年条・関東下着記事からの逆算では、文永11年。武記・正応２年条・鎌倉下着記事からの逆算では、建治２年。大日記・延慶元年条・入洛記事、歴代皇紀・関東下向記事の逆算からは、建治３年が得られる。

2：帝王・巻27。将次第。鎌記・正応２年条、９日とす。武記・正応２年条、１日もしくは9日とす。後掲・勘仲記、６日の元服時すでに親王たりとす。１日をとるべきか。
吉続記・９月28日条、「立親王可為来月一日、件日同可有御元服定云々」とあり。

3：帝王・巻27。以下の諸書は、元服についてのみ記載。
勘仲記・同日条。将次第。増鏡・第11さしぐし、元服を３日とす。鎌記・正応２年条、５日とす。武記・正応２年条、５日又は６日とす。
吉続記・９月21日条、「将軍御元服可為来月六日」とあり。

4：勘仲記・同日条。

5：勘仲記・同日条。増鏡・第11さしぐし。将次第。鎌倉着は、帝王・巻27、将次第、増鏡・第11さしぐし、鎌記・正応２年条、鎌記裏書・正応２年条、武記・正応２年条等ともに25日とす。歴代皇紀、10月16日とす。

6：帝王・巻27。将次第には、「式部卿」のみ記載。将次第、永仁３年・５年条に「二品」とあるは誤り。

7：将次第。武記・正応２年条。大日記・延慶元年条。大日記、32歳とす。武記、歴代皇紀、京都着

を8月4日とす。歴代皇紀、「着御二条富小路殿」とあり。

これに先立って、将次第、9日に「子剋佐介谷出御」、武記裏書・延慶元年条、9日に「御所御出佐介尾州亭、〈一説上野介亭、〉」、大日記・延慶元年条、9日に「子刻佐介谷出御云々」とす。

鎌記・正応2年条、9日に「入御上野前司（佐介）時光亭」とす。

8：鎌記裏書・嘉暦3年条に、「入道一品式部卿」とす。また要記辛集に、法名素円とす。鎌記・正応2年条、「御出家」とあるも日付を欠く。

9：常楽記・同日条。公補・同年条従三位源久良項。将次第。鎌記・正応2年条。鎌記裏書・嘉暦3年条。武記裏書・嘉暦3年条。

No.10　守邦親王（父：久明親王、母：惟康親王娘〈中御所〉）
1：正安3（1301）．5.12　生（1）
2：延慶1（1308）．8.10　元服（8）
3：延慶1（1308）．8.10　征夷大将軍（8）
4：延慶1（1308）．9.19　立親王・三品（8）
5：文保1（1317）．4.19　二品（17）
6：元弘3（1333）．5.22　出家（33）
7：元弘3（1333）．8.16　薨去（33）
［典拠］
父：分脈・後深草源氏。紹運録。
母：分脈・後嵯峨源氏。同・後深草源氏。鎌記・延慶元年条。
1：鎌記裏書・正安3年条。久明親王に王子降誕との記事あり、守邦親王と比定さる。
ただし諸書にみえる年齢表記からの逆算によれば、異同少なからず。
大日記・延慶元年条・元服記事から、正安3年。将次第・元弘3年条・薨去記事から、正安4年。
紹運録は将次第を典拠とする薨去記事から正安4年とす。
2：続史愚抄・同日条。「当此日元服歟」とす。鎌記・延慶元年条、武記・延慶元年条、大日記・延慶元年条、26日とす。うち、続史愚抄、鎌記、大日記、将軍任官と元服を同日とす。
3：続史愚抄・同日条。歴代皇紀は11日、鎌記・延慶元年条、大日記・延慶元年条は26日、間記は27日とす。
4：守邦王立親王並尊治親王立太子次第（伏見宮記録第43）。歴代皇紀には、三品のこと見えず。
5：花園天皇宸記・同日条、造宮賞とす。武記・延慶元年条、造内裏賞とす。
6：将次第。紹運録、22日とす（幕府滅亡の日と同日）。続史愚抄・5月29日条、22日または29日とす。
7：将次第。紹運録。続史愚抄・8月14日条、14日または7月とす。

鎌倉幕府執権・連署　経歴表

［凡　　例］

（1）本表は、細川重男『鎌倉政権得宗専制論』（吉川弘文館、2000年）付録「鎌倉政権上級職員表（基礎表）」から、執権・連署就任者25名（推定1名を含む）を抜粋し改訂・増補したものである。

（2）執権は17名（推定1名を含む)、連署は13名・14代（再任1名）であるが、内訳は執権にのみ就任した者12名、連署に就任し執権に昇った者5名、連署にのみ就任した者8名である。

（3）配列は就任順とし、連署に就任し執権に昇った者は連署就任時に配した。執権・連署が同日に就任した場合は、執権を先にした。

（4）各人の父母・童名・初名・猶子関係などを記載し、生没年・任官・叙位・幕府役職就任を年代順に記載して、末尾に洋数字を（　）に入れて年齢を載せた。

（5）各条の頭部の洋数字は典拠と対応している。

（6）史料が多く疑問の余地の無い場合は、代表的な史料1点を掲げ「など」と付した。

（7）前近代には1月は正月であるが、本表では、やむを得ず「1」と表記した。

（8）○で囲んだ数字は閏月を示す。

（9）※は参考文献を示す。

（10）複数回登場する史料には以下の略称などを用いる。

- 鏡：『吾妻鏡』（新訂増補国史大系）
- 鎌記：『鎌倉年代記』（増補続史料大成）。同書裏書は、鎌記裏書。
- 武記：『武家年代記』（増補続史料大成）
- 大日記：『鎌倉大日記』（増補続史料大成）
- 関評：『関東評定伝』（『新校群書類従』〈名著普及会〉「補任部」）
- 将次第：『将軍執権次第』（『群書類従』「補任部」）
- 北次第：『北条時政以来後見次第』（東京大学史料編纂所架蔵影写本）
- 六次第：『六波羅守護次第』（東京大学史料編纂所架蔵影写本）
- 開闢：『関東開闢皇代并年代記』（東京大学史料編纂所架蔵写真帳。翻刻は続国史大系5所収）
- 建記：『建治三年記』（伊藤一美校注『建治三年記 注釈』、文献出版、1999年。続史料大成）
- 永記：『永仁三年記』（続史料大成）
- 間記：『保暦間記』（佐伯真一・高木浩明編『校本 保暦間記』、和泉書院、1999年）
- 帝王：『帝王編年記』（新訂増補国史大系）
- 常楽記：『常楽記』（『群書類従』「雑部」）
- 金文：『金沢文庫古文書』（番号は神奈川県立金沢文庫『金沢文庫古文書』の文書番号）
- 神田本太平記：『太平記 神田本 全』（国書刊行会、1907年）
- 西源院本太平記：鷲尾順敬校訂『西源院本 太平記』（刀江書院、1936年）。兵藤裕己校注『太平記』2（岩波文庫、2014年）
- 分脈：『尊卑分脈』（新訂増補国史大系）
- 前田本『平氏系図』：前田育徳会所蔵『帝皇系図』内『平氏系図』（東京大学史料編纂所架蔵影写本）。翻刻は細川重男『鎌倉政権得宗専制論』所収。
- 『北条系図』A・B：『群書系図部集』（続群書類従完成会）4所収『北条系図』2本。A・Bは『群書系図部集』掲載順。
- 『桓武平氏系図』：『群書系図部集』4所収
- 纂要：『系図纂要』（影印版・活字版、名著出版）
- 野津本『北条系図』：田中稔「史料紹介 野津本『北条系図、大友系図』」（『国立歴史民俗博物館研究報告』5）、皇學館大学史料編纂所『皇學館大学史料編纂所所蔵 福富家文書 野津

本「北条系図・大友系図」ほか』(2007年)
・野辺本『北条系図』:『野辺文書』(『宮崎県史』「史料編中世1」) 所収「北条氏系図」。解題は福島金治「野辺本北条氏系図について」(『宮崎県史しおり』「史料編中世1」〈1990年〉参照)
・『桓武平氏諸流系図』:『中条文書』(『中条町史』「資料編1」) 所収
・佐野本『北条系図』:『佐野本系図』(東京大学史料編纂所架蔵謄写本) 所収
・正宗寺本『北条系図』:正宗寺本『諸家系図』(東京大学史料編纂所架蔵謄写本) 所収
・『安達氏系図』:『結城家文書』(『群馬県史』「資料編6中世2」No.416。白河市歴史民俗資料館・白河集古苑『重要文化財指定記念 中世結城家文書』、1996年) 所収

(11) 本表作成にあたっては、佐藤進一「鎌倉幕府職員表復原の試み」(同『鎌倉幕府訴訟制度の研究』〈岩波書店、1993年〉付録)・北条氏研究会編『北条氏系譜人名辞典』(新人物往来社、2001年) に負うところが大きかった。記して謝意を表す。なお、本表に上記資料を引用する場合には「職員表」・『系譜人名辞典』と略称した。

No. 1 (執権1) 北条時政 (父:北条時家、母:伴為房娘)

1:保延4 (1138).　生 (1)
2:正治1 (1199). 4.12　十三人合議制参加 (62)
3:正治2 (1200). 4. 1　遠江守・叙爵 (63)
4:正治2 (1200).12.29　重任
5:建仁3 (1203). 9.　執権 (政所別当) (66)
6:元久2 (1205).⑦.19　出家 (法名明盛) (68)
7:元久2 (1205).⑦.20　伊豆国北条下向
8:建保3 (1215). 1. 6　没 (78)

[典拠]

父:将次第・治承4年条。前田本『平氏系図』、異説として時方を載す。『北条系図』A・B。延慶本『平家物語』(吉澤義則校註『応永書写延慶本 平家物語』〈勉誠社、1935年初版、1977年復刻〉1巻頭写真) 所収「平氏系図」。北次第、異説として時方を載す。武記・治承4年条、異説として時兼を載す。分脈、野津本『北条系図』、正宗寺本『北条系図』、『桓武平氏系図』、帝王・巻23、時方とす。『桓武平氏諸流系図』、時兼とす。野辺本『北条系図』、維方とす。『源平闘諍録』(福田豊彦・服部幸造全注釈『源平闘諍録』上〈講談社学術文庫、講談社、1999年〉)、時色とす。
母:帝王・巻23。前田本『平氏系図』。野津本『北条系図』。纂要「北条」。開闢、「伴兼房女」とす。
1:武記・治承4年条。また、没年齢より逆算。
2:鏡・正治元年4月12日条。
3:鏡・正治2年4月9日条。武記・治承4年条。将次第・正治2年条。北次第。帝王・巻23。大日記・正治2年条。開闢。
4:北次第。将次第・正治2年条。大日記・正治2年条。
5:鏡・建仁3年10月9日条の源実朝政所吉書始の記事に「別当遠州・広元朝臣」とあり、時政は同年9月2日の比企氏の乱の後、政所別当に就任したものと推定される。
6:鏡・元久2年閏7月19日条。武記・治承4年条、7月20日とす (異説として閏7月20日を載す)。北次第、帝王・巻23、将次第・元久2年条、大日記・元久2年条、開闢、野辺本『北条系図』、20日とす。法名は武記・治承4年条、帝王・巻23、大日記・元久2年条、前田本『平氏系図』に拠る。北次第、法名「如実」、65歳とす。
7:鏡・元久2年閏7月20日条。大日記・元久2年条、「被押籠修善寺」とす。
8:鏡・建保3年正月8日条。武記・治承4年条・建保3年条。帝王・巻23。将次第・元久2年条。大日記・元久2年条。鎌記裏書・建保3年条。野辺本『北条系図』。北次第、7日とす。開闢、

3月7日73歳とも。

No. 2（執権2） 北条義時（父：北条時政、母：伊東祐親娘カ）

1：長寛1（1163）. 生（1）
2：正治1（1199）. 4.12 十三人合議制参加（37）
3：元久1（1204）. 3. 6 相模守・叙爵（42）
4：承元1（1207）. 1. 5 従五位上（45）
5：承元3（1209）. 7～12. 執権（政所別当）（47）
6：建保1（1213）. 2.27 正五位下（51）
7：建保1（1213）. 5. 5 兼侍所別当
8：建保4（1216）. 1.13 従四位下（54）
9：建保5（1217）. 1.28 右京権大夫（55）
10：建保5（1217）.12.12 兼陸奥守
11：貞応1（1222）. 8.16 辞陸奥守（60）
12：貞応1（1222）.10.16 辞右京権大夫
13：元仁1（1224）. 6.13 出家（法名観海）・没（62）

［典拠］

父：分脈など。

母：前田本『平氏系図』に「母伊東入道女」とあり、『工藤二階堂系図』（『群書系図部集』5）の伊東祐親の註に「伊東入道」とあることから、義時母の父は祐親であった可能性が高い。

1：鎌記・元久2年条。また、没年齢より逆算。武記・元久2年条、応保2年（1162）とするも、没年齢とあわず誤。

2：鏡・正治元年4月12日条。

3：鎌記・元久2年条。武記・元久2年条。将次第・元久2年条。

4：武記・元久2年条。鎌記・元久2年条。将次第・承元元年条。

5：一般に義時の政所別当就任は元久2年（1205）閏7月20日とされる（鏡・元久2年閏7月20日条、「執権」。分脈、「執事」。鎌記・元久2年条。帝王・巻23。北次第）。だが、岡田清一は政所発給文書への署名状況から、義時の別当就任を承元3年7月28日以降12月11日以前としており（「「執権」制の確立と建保合戦」、同『鎌倉幕府と東国』〈続群書類従完成会、2006年、初出1989年〉）、これに従う。武記・建暦元年条、同年政所別当とするも誤。

6：将次第・建保元年条。鎌記・元久2年条（建仁とするも建保の誤）。武記・元久2年条、建暦（異説、建保）3年とするも誤。

7：鏡・建保元年5月5日条。

8：将次第・建保4年条。鎌記・元久2年条（建仁とするも建保の誤）。武記・元久2年条。

9：将次第・建保5年条。鎌記・元久2年条（建仁とするも建保の誤）。武記・元久2年条。

10：将次第・建保5年条。鎌記・元久2年条（建仁とするも建保の誤）。武記・元久2年条。

11：鎌記・元久2年条。帝王・巻24。将次第・貞応元年条。武記・元久2年条、18日とす。開闢、9月16日とす。

12：鎌記・元久2年条。武記・元久2年条。帝王・巻24。将次第・貞応元年条。開闢。

13：鏡・元仁元年6月13日条。鎌記・元久2年条。武記・元久2年条。帝王・巻24。将次第・元仁元年条。鎌記裏書・元仁元年条。開闢（5日とも）。北次第。『北条系図』A・B。野辺本『北条系図』。野津本『北条系図』。纂要「北条」、3日とす。分脈、16日とす。大日記・元仁元年条、15日61歳とす。前田本『平氏系図』、12日とす。間記、3日近習により刺殺とし、63歳とす。『明月記』安貞元年6月11日条、妻伊賀方による毒殺との説を記す。法名、佐野本『北条系図』に拠る。

※安田元久『北条義時』（人物叢書、吉川弘文館、1961年）

No. 3（執権3） 北条泰時（父：北条義時、母：御所女房阿波局、童名：金剛、初名：頼時）

1：寿永2（1183）.　　　生（1）
2：建久5（1194）. 2. 2　元服（12）
3：建暦1（1211）. 9. 8　修理亮（29）
4：建保4（1216）. 3.28　式部少丞（34）
5：建保4（1216）.12.30　叙爵
6：承久1（1219）. 1. 5　従五位上（37）
7：承久1（1219）. 1.22　駿河守
8：承久1（1219）.11.13　転武蔵守
9：承久3（1221）. 6.15　六波羅北方（39）
10：元仁1（1224）. 6.17　東下（42）
11：元仁1（1224）. 6.28　執権
12：元仁1（1224）.12.17　復任
13：貞永1（1232）. 4.11　正五位下（50）
14：嘉禎2（1236）. 3. 4　従四位下（54）
15：嘉禎2（1236）.12.18　兼左京権大夫
16：暦仁1（1238）. 3.18　従四位上（56）
17：暦仁1（1238）. 4. 6　辞武蔵守
18：暦仁1（1238）. 9.25　辞左京権大夫
19：延応1（1239）. 9. 9　正四位下（57）
20：仁治3（1242）. 6. 9　出家（法名観阿）（60）
21：仁治3（1242）. 6.15　没

［典拠］
父：分脈など。
母：武記・承久3年条。鎌記・元仁元年条。
童名：鏡・建久3年5月26日条・建久5年2月2日条。『北条系図』A・B。纂要「北条」。
初名：鏡・建久5年2月2日条。鏡・正治2年（1200）2月26日条に「江間太郎頼時」、建仁元年（1201）9月22日条に「江馬〈ママ〉太郎殿泰―」とあるため、改名はこの間と推定される。『桓武平氏系図』。『北条系図』A・B。纂要「北条」。
1：鎌記・元仁元年条。
2：鏡・建久5年2月2日条。鏡、「年十三」とす。
3：関評・仁治3年条。武記・元仁元年条。将次第・承久3年条。鎌記・元仁元年条、2日とす。
4：鎌記・元仁元年条。関評・仁治3年条。武記・元仁元年条。将次第・承久3年条、式部丞とす。
5：鎌記・元仁元年条。関評・仁治3年条。将次第・承久3年条。
6：関評・仁治3年条。武記・元仁元年条。将次第・承久3年条。鎌記・元仁元年条。
7：鎌記・元仁元年条。関評・仁治3年条。将次第・承久3年条。武記・元仁元年条、12月22日とす。
8：鎌記・元仁元年条。関評・仁治3年条。武記・元仁元年条。将次第・承久3年条。
9：鎌記・承久3年条・元仁元年条。関評・仁治3年条。北次第。六次第。開闢。分脈、武記・承久3年条、大日記・承久3年条、将次第・承久3年条、14日入洛とす。帝王・巻24。鏡・承久3年6月15・16日条。
10：鏡・元仁元年6月26日条。分脈。武記・承久3年条。大日記・元仁元年条。将次第・元仁元年条。鎌記・元仁元年条。関評・仁治3年条。帝王・巻24。北次第。六次第。開闢、元仁2年とす。
11：鏡・元仁元年6月28日条。分脈、12月17日とす。鎌記・元仁元年条。開闢。将次第・元仁元年条、12月17日とす。
12：鎌記・元仁元年条。関評・仁治3年条。将次第・承久3年条。北次第。

13：鎌記・元仁元年条。関評・仁治３年条。武記・元仁元年条。将次第・承久３年条。
14：鎌記・元仁元年条。関評・仁治３年条。武記・元仁元年条。将次第・承久３年条・嘉禎２年条。
15：鎌記・元仁元年条。関評・嘉禎２年条・仁治３年条。武記・元仁元年条。将次第・承久３年条・嘉禎２年条。開闢。
16：鎌記・元仁元年条（10月６日にも記載）。関評・仁治３年条。武記・元仁元年条。将次第・承久３年条・暦仁元年条。
17：鎌記・元仁元年条。関評・暦仁元年条・仁治３年条。武記・元仁元年条。将次第・承久３年条・暦仁元年条。開闢。
18：鎌記・元仁元年条。関評・暦仁元年条・仁治３年条。武記・元仁元年条。開闢。将次第・暦仁元年条、右京権大夫とし、承久３年条、20日とし右京権大夫とす。
19：鎌記・元仁元年条。関評・仁治３年条。武記・元仁元年条。将次第・延応元年条。
20：鎌記・元仁元年条。大日記・仁治３年条。将次第・承久３年条。開闢。分脈、関評・仁治３年条、鎌記裏書・仁治３年条、野津本『北条系図』、纂要「北条」、５月９日とす。武記・元仁元年条、将次第・承久３年条、５月19日とし、仁治３年条、５月15日とす。北次第、６月とし、異説として５月を載す。
21：『平戸記』（史料大成）仁治３年６月20日条。『民経記』（大日本古記録）仁治３年６月20日条。鎌記・元仁元年条。分脈。関評・仁治３年条。将次第・承久３年条・仁治３年条。開闢。鎌記裏書・仁治３年条。武記・元仁元年条、北次第、異説として59歳を載す。大日記・仁治３年条、64歳とす。
※上横手雅敬『北条泰時』（人物叢書、吉川弘文館、1958年）

No.４（連署１） 北条時房（父：北条時政、母：未詳、初名：時連）
１：安元１（1175）.　　　生（１）
２：文治５（1189）. 4.18　元服（15）
３：建仁２（1202）. 6.25　改名（28）
４：元久２（1205）. 3.28　主殿権助（31）
５：元久２（1205）. 4.10　式部少丞
６：元久２（1205）. 8. 9　叙爵・遠江守
７：元久２（1205）. 9.21　転駿河守
８：承元１（1207）. 1.14　転武蔵守（33）
９：建保５（1217）.12.12　転相模守（43）
10：建保６（1218）.10.11　従五位上（44）
11：承久３（1221）. 6.15　六波羅南方（47）
12：元仁１（1224）. 6.19　東下（50）
13：元仁１（1224）. 6.28　連署
14：元仁１（1224）. 7.　在京カ
15：嘉禄１（1225）. 6.15　在京・東下（51）
16：嘉禄１（1225）. 7以後　連署
17：寛喜３（1231）.12.30　正五位下（57）
18：文暦１（1234）. 1.26　従四位下（60）
19：嘉禎２（1236）. 3. 4　兼修理権大夫（62）
20：嘉禎３（1237）. 1. 5　従四位上（63）
21：嘉禎３（1237）.11.29　辞相模守
22：暦仁１（1238）.②.27　正四位下（64）
23：仁治１（1240）. 1.24　没（法名称念）（66）

［典拠］

父：分脈など。

初名：鏡・建仁２年６月25日条。将次第・承久３年条。開闢。

1：元服年齢・没年齢より逆算。鎌記・元仁元年条、３年とす。

2：鏡・文治５年４月18日条。

3：鏡・建仁２年６月25日条。鏡での時房初見は同９月10日条。

4：鎌記・元仁元年条。将次第・承久３年条。武記・元仁元年条、主殿助とす。関評・仁治元年条、18日とす。

5：関評・仁治元年条。鏡・元久２年６月21・22日条、「式部丞時房」とあり。将次第・承久３年条、式部丞とす。鎌記・元仁元年条、民部丞とす。

6：鎌記・元仁元年条。関評・仁治元年条。武記・元仁元年条。将次第・承久３年条、月を脱す。

7：鎌記・元仁元年条。関評・仁治元年条。武記・元仁元年条。将次第・承久３年条。

8：鏡・承元元年２月20日条。関評・仁治元年条。将次第・承久３年条。鎌記・元仁元年条、武記・元仁元年条、４年とす。

9：鎌記・元仁元年条。関評・仁治元年条。武記・元仁元年条、将次第・承久３年条、13日とす。

10：鎌記・元仁元年条。関評・仁治元年条。武記・元仁元年条。将次第・承久３年条、18日とす。

11：分脈。鎌記・元仁元年条。関評・仁治元年条。開闢。北次第。六次第。鏡・承久３年６月15・16日条。将次第・承久３年条、14日とす。

12：鏡・元仁元年６月26日条。分脈。大日記・元仁元年条。鎌記・元仁元年条。関評・仁治元年条。北次第。開闢、元仁２年とす。間記。

13：鏡・元仁元年６月28日条。鎌記・元仁元年条。関評・仁治元年条。開闢。六次第。鏡に従えば、時房はこの日、泰時と共に「軍営御後見」（執権・連署）に就任している。だが、15のごとく、時房は翌嘉禄元年６月には在京しており、16のごとく時房連署就任を嘉禄元年７月以後とするのが、現在の定説である。鏡の記事の信憑性と共に在京中の時房の立場をいかに考えるかが問題となる。時房は泰時と共に「軍営御後見」に就任し、その地位を保ったまま京都に戻り新六波羅探題北条時氏・時盛を指導していたというのも、一つの解釈としては可能であろう。とりあえず、本表では時房の「軍営御後見」就任を立項しておく。

14：安田元久『武士団』（塙書房、1964年）169頁註16。『崎山文書』（元仁元年）７月12日付「三浦義村書状」・７月13日付「北条泰時書状」の分析により、同時期の時房在京を主張するが、根拠とした文書の様式は検討を要す。

15：『明月記』嘉禄元年６月４・14・15日条。佐藤進一『増訂 鎌倉幕府守護制度の研究』（東京大学出版会、1971年）265頁付録註８参照。

16：時房の連署就任を、嘉禄元年７月11日北条政子没後と推定する。現在、定説と言って良い最も有力な学説である。上横手雅敬『日本中世政治史研究』（塙書房、1970年）、杉橋隆夫「執権・連署制の起源—鎌倉執権政治の成立過程・続論—」（日本古文書学会編『日本古文書学論集』５、吉川弘文館、1986年、初出1980年）参照。なお、13参照。

17：鎌記・元仁元年条。関評・仁治元年条。武記・元仁元年条。

18：鎌記・元仁元年条。関評・仁治元年条。武記・元仁元年条。将次第・承久３年条、28日とし、将次第・文暦元年条、６日とす。

19：鎌記・元仁元年条。関評・仁治元年条（嘉禎２年条、２月30日とす）。開闢。武記・元仁元年条、２月30日とす。将次第・承久３年条、２月30日とし、嘉禎２年条、３月３日とす。

20：鎌記・元仁元年条。武記・元仁元年条。将次第・承久３年条・嘉禎３年条。関評・仁治元年条、２年とす。

21：鎌記・元仁元年条。武記・元仁元年条。関評・嘉禎３年条（仁治元年条、嘉禎２年とし、異説に12月を載す）。将次第・承久３年条・嘉禎２年条。開闢。

22：鎌記・元仁元年条。関評・仁治元年条。武記・元仁元年条。将次第・承久３年条。将次第・暦仁元年条、２月27日とす。

23：『平戸記』（史料大成）仁治元年正月28日条。鏡・仁治元年正月24日条。鎌記・元仁元年条。関評・仁治元年条。武記・元仁元年条。将次第・承久３年条・仁治元年条。鎌記裏書・仁治元年条。開闢。北次第。野辺本『北条系図』。野津本『北条系図』、正応２年正月23日64歳とするも誤。開闢、『北条系図』Ａ・Ｂ、法名「称念」とす。前田本『平氏系図』、法名「行念」とす。

No.5（執権４） 北条経時（父：北条時氏、母：安達景盛娘、童名：藻上御前）

1：元仁１（1224）.　　　生（１）
2：文暦１（1234）．３．５　元服（11）
3：文暦１（1234）．８．１　小侍所別当
4：嘉禎３（1237）．２．28　左近将監（14）
5：嘉禎３（1237）．２．29　叙爵
6：仁治２（1241）．６．28　評定衆（18）
7：仁治２（1241）．８．12　従五位上
8：仁治３（1242）．６．16　執権（19）
9：寛元１（1243）．６．12　正五位下（20）
10：寛元１（1243）．７．８　武蔵守
11：寛元４（1246）．３．23　辞執権（23）
12：寛元４（1246）．４．19　出家（法名安楽）
13：寛元４（1246）．④．１　没

［典拠］

父：分脈など。

母：分脈・安達景盛娘条。鎌記・仁治３年条。関評・寛元４年条。将次第・仁治３年条。帝王・巻25。大日記・仁治３年条。纂要「北条」。野津本『北条系図』。野辺本『北条系図』、「城介藤景女」とするも誤。

童名：『若狭国税所今富名領主代々次第』（『群書類従』「補任部」）。野津本『北条系図』、薬上とす。

1：鏡・寛元４年閏４月１日条と関評・寛元４年条は没年齢を33歳とする（分脈、28歳とす）が、これでは建保２年生まれで、父時氏12歳の子となる。だが、鏡・文暦元年３月５日条の経時の元服記事には「歳十一」とあり、これは鎌記・仁治３年条に「元仁元誕生」、武記・仁治３年条に「元仁元年生」、帝王・巻25に「卒二十三」、大日記・寛元４年条に没年「廿三歳」とあるに一致する。よって、元仁元年とす。関評・仁治３年条、同年18歳とするも誤。

2：鏡・文暦元年３月５日条。鎌記裏書・文暦元年条。

3：鏡・文暦元年８月１日条。

4：鏡・嘉禎３年６月23日条等。武記・仁治３年条。将次第・仁治３年条。鎌記・仁治３年条、関評・寛元４年条、右近将監とす。

5：鎌記・仁治３年条。関評・寛元４年条。将次第・仁治３年条。

6：鏡・仁治２年６月28日条。関評・仁治２年条。

7：鎌記・仁治３年条。関評・寛元４年条。武記・仁治３年条。将次第・仁治３年条。

8：分脈。関評・仁治３年条・寛元４年条。

9：鎌記・仁治３年条。関評・寛元４年条（異説に11日を載す）。武記・仁治３年条。将次第・寛元元年条。

10：鎌記・仁治３年条。関評・寛元元年条・寛元４年条。将次第・寛元元年条。帝王・巻25。開闢。武記・仁治３年条、閏７月27日とす。大日記・仁治３年条、仁治３年とす。

11：鏡・寛元４年３月23日条。

12：鏡・寛元4年4月19日条。鎌記・仁治3年条。関評・寛元4年条。武記・仁治3年条。将次第・寛元4年条。帝王・巻25。大日記・寛元4年条。開闢。
13：『葉黄記』（史料纂集）寛元4年閏4月4日条。鏡・寛元4年閏4月1日条。分脈。鎌記・仁治3年条。関評・寛元4年条。武記・仁治3年条。大日記・寛元4年条。将次第・寛元4年条。帝王・巻25。開闢。没年齢、1参照。

No. 6（執権5）　北条時頼（父：北条時氏、母：安達景盛娘、童名：戒寿）
1：安貞1（1227）. 5. 14　生（1）
2：嘉禎3（1237）. 4. 22　元服（11）
3：暦仁1（1238）. 9. 1　左兵衛少尉（12）
4：寛元1（1243）. ⑦. 27　左近将監・叙爵（17）
5：寛元2（1244）. 3. 6　従五位上（18）
6：寛元4（1246）. 3. 23　執権（20）
7：建長1（1249）. 6. 14　相模守（23）
8：建長3（1251）. 6. 27　正五位下（25）
9：康元1（1256）. 11. 23　出家（法名道崇）（30）
10：弘長3（1263）. 11. 22　没（於・最明寺別業）（37）
［典拠］
父：分脈など。
母：分脈・安達景盛娘条。鎌記・寛元4年条。関評・康元元年条。武記・寛元4年条。将次第・寛元4年条。帝王・巻25。『徒然草』第184段。『北条系図』A・B。纂要「北条」。野津本『北条系図』。野辺本『北条系図』、「城介藤景女」とするも誤。
童名：鏡・嘉禎3年4月22日条。纂要「北条」。野津本『北条系図』、皆寿とす。
1：鏡・安貞元年5月23日条。鎌記・寛元4年条。武記・寛元4年条。
2：鏡・嘉禎3年4月22日条。鎌記裏書・嘉禎3年条。
3：鎌記・寛元4年条。関評・康元元年条。武記・寛元4年条。将次第・寛元4年条。開闢、左衛門尉とす。
4：鎌記・寛元4年条。関評・康元元年条。武記・寛元4年条。将次第・寛元4年条。開闢。
5：鎌記・寛元4年条。関評・康元元年条。武記・寛元4年条。将次第・寛元4年条、3年とす。
6：鏡・寛元4年3月23日条。関評・寛元4年条・康元元年条、閏4月1日以後とす。鎌記・寛元4年条、4月とす。分脈、閏4月1日とす。将次第・寛元4年条、開闢、4月1日とす。
7：鎌記・寛元4年条。関評・建長元年条・康元元年条。武記・寛元4年条。将次第・建長元年条。帝王・巻25。
8：鏡・建長3年7月4日条。鎌記・寛元4年条。関評・康元元年条。武記・寛元4年条。将次第・建長3年条。
9：鏡・康元元年11月23日条。鎌記・寛元4年条。関評・康元元年条。武記・寛元4年条。将次第・康元元年条。鎌記裏書・康元元年条。帝王・巻25。分脈、10月23日とす。野津本『北条系図』、野辺本『北条系図』、法名「道宗」とす。
10：鏡・弘長3年11月22日条。関評・康元元年条。武記・弘長3年条（寛元4年条、23日とす）。将次第・康元元年条。鎌記裏書・弘長3年条。大日記・弘長3年条。帝王・巻25。『北条系図』A・B。野津本『北条系図』。鎌記・寛元4年条、21日とす。開闢、23日とす。分脈、10月23日32歳とす。
※高橋慎一朗『北条時頼』（人物叢書、吉川弘文館、2013年）

No. 7（連署 2） 北条重時（父：北条義時、母：比企朝宗娘）

1：建久 9（1198）．6．6　生（1）
2：承久 1（1219）．7．28　小侍所別当（22）
3：承久 2（1220）．12．15　修理権亮（23）
4：貞応 2（1223）．4．10　駿河守・叙爵（26）
5：元仁 1（1224）．10．17　復任（27）
6：寛喜 2（1230）．3．2　辞小侍所別当（33）
7：寛喜 2（1230）．3．11　六波羅北方
8：嘉禎 2（1236）．11．22　従五位上（39）
9：嘉禎 3（1237）．11．29　転相模守（40）
10：暦仁 1（1238）．7．20　正五位下（41）
11：寛元 1（1243）．⑦．27　従四位下（46）
12：寛元 2（1244）．6．22　従四位上（47）
13：宝治 1（1247）．7．3　東下（50）
14：宝治 1（1247）．7．27　連署
15：建長 1（1249）．6．14　陸奥守（52）
16：康元 1（1256）．3．11　出家（法名観覚）・辞連署（59）
17：弘長 1（1261）．11．3　没（於・極楽寺別業）（64）

［典拠］

父：分脈など。
母：鎌記・宝治元年条。
1：北次第。武記・宝治元年条。
2：鏡・承久元年 7 月28日条
3：鎌記・宝治元年条、22歳とす。関評・康元元年条。武記・宝治元年条。将次第・寛喜 2 年条。
4：鎌記・宝治元年条。関評・康元元年条。将次第・寛喜 2 年条。武記・宝治元年条、貞応 3 年とす。
5：関評・康元元年条。武記・宝治元年条。将次第・寛喜 2 年条。
6：鏡・寛喜 2 年 3 月 2 日条。後任は異母弟金沢実泰。
7：鏡・寛喜 2 年 3 月11日条・4 月11日条。将次第・寛喜 2 年条。六次第。開闢、3 月25日入洛とす。武記・寛喜 2 年条、異説として13日を載す。帝王・巻24、関評・康元元年条、鎌記・寛喜 2 年条・宝治元年条、北次第、2 日とす。分脈、3 月25日とす。大日記・寛喜 2 年条、「住北方、掃部助、廿三歳」とす。
8：関評・康元元年条。武記・宝治元年条。将次第・嘉禎 2 年条。
9：関評・康元元年条。武記・宝治元年条。将次第・嘉禎 3 年条。開闢。鎌記・宝治元年条、2 年11月21日とす。
10：関評・康元元年条。武記・宝治元年条。将次第・暦仁元年条。
11：関評・康元元年条。将次第・寛元元年条。武記・宝治元年条、従四位上とす。鎌記・宝治元年条、22日とす。
12：鎌記・宝治元年条。関評・康元元年条。将次第・寛元 2 年条。
13：鏡・宝治元年 7 月17日条。分脈。武記・寛喜 2 年条。将次第・宝治元年条、異説として 7 月 5 日と記す。開闢、5 日とす。六次第、12日とす。鎌記・宝治元年条。関評・宝治元年条・康元元年条。北次第。
14：鏡・宝治元年 7 月27日条。鎌記・宝治元年条。関評・宝治元年条・康元元年条。武記・宝治元年条。開闢。
15：関評・建長元年条・康元元年条。武記・宝治元年条。大日記・建長元年条。将次第・建長元年条。鎌記・宝治元年条、帝王・巻25、4 日とす。

16：鏡・康元元年３月11日条。将次第・康元元年条。北次第。帝王・巻25、関評・康元元年条、法名親覚とす。分脈（法名「永覚」)、武記・宝治元年条、大日記・康元元年条、野辺本『北条系図』、２月とす。鎌記・宝治元年条、建長元年８月とす。
17：鏡・弘長元年11月３日条。分脈。鎌記・宝治元年条。関評・康元元年条。武記・宝治元年条・弘長元年条。鎌記裏書・弘長元年条。開闢。北次第。大日記・弘長元年条（４日とも)、帝王・巻25、23日とす。野辺本『北条系図』。『北条系図』Ａ・Ｂ。将次第・康元元年条、23日とす。
※森幸夫『北条重時』(人物叢書、吉川弘文館、2009年)

No.8（執権７、連署３・５） 北条政村（父：北条義時、母：伊賀朝光娘）
1：元久２（1205）．6.22　生（１）
2：建保元（1213）.12.28　元服（９）
3：寛喜２（1230）．1.13　常陸大掾（26）
4：寛喜２（1230）.①．4　式部少丞
5：寛喜２（1230）.10.20　叙爵
6：嘉禎２（1236）．3．4　右馬助（32）
7：嘉禎２（1236）．4.14　右馬権頭
8：嘉禎３（1237）．9.15　従五位上（33）
9：暦仁１（1238）．8.28　正五位下（34）
10：延応１（1239）．　評定衆（35）
11：仁治１（1240）．4．5　辞右馬権頭（36）
12：寛元２（1244）．6.22　従四位下（40）
13：建長１（1249）.12．9　一番引付頭人（45）
14：康元１（1256）．3.30　連署（52）
15：康元１（1256）．4．5　陸奥守
16：正嘉１（1257）．5．7　賜越後国々務（53）
17：正嘉１（1257）．6.12　相模守
18：文永１（1264）．8．5　執権（60）
19：文永１（1264）.12.22　従四位上
20：文永２（1265）．3.28　左京権大夫（61）
21：文永３（1266）．3．2　正四位下（62）
22：文永５（1268）．3．5　連署（64）
23：文永10（1273）．5.18　出家（法名覚崇）(69)
24：文永10（1273）．5.27　没
［典拠］
父：分脈など。
母：鏡・元久２年６月22日条。鎌記・康元元年条。関評・文永10年条。武記・康元元年条。北次第。『桓武平氏諸流系図』。野辺本『北条系図』。『北条系図』Ａ・Ｂ。
1：鏡・元久２年６月22日条。北次第。武記・康元元年条。
2：鏡・建保元年12月28日条。
3：関評・文永10年条。鏡・寛喜２年２月17日条、「常陸大掾政村」とあり。鎌記・康元元年条、４月とす。
4：鎌記・康元元年条。関評・文永10年条。武記・康元元年条。
5：鎌記・康元元年条。関評・文永10年条、15日とす。武記・康元元年条、25日とす。
6：鎌記・康元元年条。関評・文永10年条。武記・康元元年条。
7：鎌記・康元元年条。関評・文永10年条。武記・康元元年条、22歳とす。

8：鎌記・康元元年条。関評・文永10年条。武記・康元元年条、25日とす。
9：鎌記・康元元年条。関評・文永10年条。武記・康元元年条。
10：鎌記・康元元年条。関評・延応元年条。
11：鎌記・康元元年条。関評・仁治元年条・文永10年条。武記・康元元年条。
12：鎌記・康元元年条。関評・文永10年条。武記・康元元年条、23日とす。
13：関評・建長元年条。鎌記・康元元年条、11月13日とす。
14：鏡・康元元年３月30日条。鎌記・康元元年条。関評・康元元年条・文永10年条。鏡・康元元年４月14日条、この日政所始とす。将次第・康元元年条、20日とし、４月14日「政所着座」とす。また、「七月日為御後見」とし、14日「着座政所」とす。北次第、26日評定出仕始、４月５日「着始政所」とす。大日記・正嘉元年条、７日とし、14日「着座政所」とす。分脈、14日とす。
15：鎌記・康元元年条。関評・康元元年条・文永10年条。武記・康元元年条。将次第・康元元年条。大日記・正嘉元年条、３月５日とす。
16：関評・文永10年条。北次第。
17：鎌記・康元元年条。関評・正嘉元年条・文永10年条。武記・康元元年条、22日とす。大日記・正嘉元年条、23日とす。将次第・康元元年条、６月23日とし、正嘉元年条、６月22日とす。
18：鎌記・康元元年条。帝王・巻26。開闢。関評・文永元年条、11日とす（文永10年条、８月とす）。北次第。
19：鎌記・康元元年条。関評・文永10年条、大日記・正嘉元年条、21日とす。武記・康元元年条、28日とす。将次第・康元元年条、21日とす。
20：関評・文永２年条・文永10年条。武記・康元元年条。将次第・康元元年条・文永２年条。帝王・巻26。大日記・正嘉元年条。開闢。鎌記・康元元年条、右京権大夫とす。
21：鎌記・康元元年条。関評・文永10年条。大日記・正嘉元年条。将次第・康元元年条・文永２年条。武記・康元元年条、２年とす。
22：関評・文永５年条・文永10年条。将次第・文永５年条。将次第・文永10年条。帝王・巻26。開闢。北次第。
23：分脈。鎌記・康元元年条。武記・文永10年条。大日記・正嘉元年条、「法名定〔覚ヵ〕崇」とす。帝王・巻26。北次第。関評・文永10年条、「法名覚宗（イ崇）」とす。開闢、「覚宗」とす。武記・康元元年条、「覚宗」とし、異説に「観覚」を載す。将次第・康元元年条、法名「定崇」とす。
24：『吉続記』（増補史料大成）閏５月４・７・12日条。鎌記・康元元年条。関評・文永10年条。武記・康元元年条・文永10年条。大日記・正嘉元年条。将次第・康元元年条・文永10年条。帝王・巻26。北次第。鎌記裏書・文永10年条。開闢。分脈、21日とす。『桓武平氏系図』、『北条系図』A・B、法名「定崇」とす。
※山野井功夫「北条政村及び政村流の研究―姻戚関係から見た政村の政治的立場を中心に―」（北条氏研究会編『北条時宗の時代』、八木書店、2008年）

No. 9（執権６） 赤橋長時（父：北条重時、母：平基親娘）
1：寛喜２（1230）. 2. 27 生（１）
2：寛元３（1245）. 12. 29 左近将監・叙爵（16）
3：宝治１（1247）. 7. 18 六波羅北方（18）
4：康元１（1256）. 3. 28 東下（27）
5：康元１（1256）. 6. 23 評定衆（不経引付）
6：康元１（1256）. 7. 20 武蔵守（国務）
7：康元１（1256）. 11. 22 執権
8：正嘉２（1258）. 12. 14 従五位上（29）

9：弘長2（1262）．2.21　復任（33）
10：文永1（1264）．7．3　出家（法名専阿）（35）
11：文永1（1264）．8.21　没
［典拠］
父：分脈など。
母：北次第。鎌記・康元元年条、関評・文永元年条、前田本『平氏系図』、纂要「北条」、「平時親女」とす。森幸夫「御家人佐分氏について」（『金沢文庫研究』293、1994年）参照。
1：北次第。武記・康元元年条、寛喜元年とす。
2：関評・文永元年条。武記・康元元年条。将次第・宝治元年条。鎌記・康元元年条、右近将監とす。
3：鏡・宝治元年7月18日条。武記・宝治元年条、寛元4年閏7月（異説4月）25日進発とす。大日記・宝治元年条、6日鎌倉を立つとす。将次第・宝治元年条、「七月日立鎌倉上洛」とす。分脈、6日上洛とす。開闢、名越時長と誤る。鎌記・康元元年条。関評・文永元年条。北次第。
4：鎌記・康元元年条。関評・文永元年条。武記・宝治元年条、将次第・康元元年条、24日とす。分脈、5月24日下向とす。北次第、21日とす。帝王・巻25。開闢、寛元3年と誤記。
5：鎌記・康元元年条。関評・康元元年条。
6：鎌記・康元元年条。関評・康元元年条・文永元年条。武記・康元元年条。大日記・正嘉元年条。将次第・康元元年条。
7：鏡・康元元年11月22日条。分脈、武記・康元元年条、帝王・巻25、10月とす。大日記・正嘉元年条、7月24日政所着座とす。将次第・康元元年条、10月2日とし、24日「着座政所、但時宗年少之間、為彼代官、所加判形」とす。北次第、11月とし、異説に10月22日を載せ、また24日「始着政所」とす。鎌記・康元元年条。関評・康元元年条・文永元年条。大日記・康元元年条。
8：鎌記・康元元年条。関評・文永元年条。武記・康元元年条。
9：関評・文永元年条。武記・康元元年条。
10：関評・文永元年条。武記・康元元年条。大日記・文永元年条。将次第・文永元年条。北次第。分脈、鎌記・康元元年条、帝王・巻26、開闢、2日とす。
11：関評・文永元年条。将次第・文永元年条。鎌記裏書・文永元年条。大日記・文永元年条。北次第。野津本『北条系図』。纂要「北条」。分脈、『北条系図』A、22日とす。武記・康元元年条、27日とす。『北条系図』B、12日とす。鎌記・康元元年条、武記・康元元年条、開闢、帝王・巻26、没年齢36歳とす。
※菊池紳一「北条長時について」（北条氏研究会編『北条時宗の時代』、八木書店、2008年）

No.10（執権8、連署4）　北条時宗（父：北条時頼、母：北条重時娘、童名：正寿）
1：建長3（1251）．5.15　生（1）
2：正嘉1（1257）．2.26　元服（7）
3：文応1（1260）．2.　小侍所別当（10）
4：弘長1（1261）.12.22　左馬権頭・叙爵（11）
5：文永1（1264）．2.25　復任（14）
6：文永1（1264）．8.10　連署
7：文永2（1265）．1．5　従五位上（15）
8：文永2（1265）．1.30　兼但馬権守
9：文永2（1265）．3.28　兼相模守
10：文永5（1268）．1.29　辞但馬権守（18）
11：文永5（1268）．3．5　執権・始評定出仕
12：弘安4（1281）．⑦．7　正五位下（31）
13：弘安7（1284）．4．4　出家（法名道杲）・没（34）

［典拠］
父：分脈など。
母：鎌記・文永元年条。関評・弘安７年条。武記・文永元年条。帝王・巻26。北次第。野津本『北条系図』。野辺本『北条系図』。纂要「北条」。『北条系図』B、「毛利蔵人女」＝毛利季光娘とす。
童名：鏡・正嘉元年２月26日条。北次第。『北条系図』A・B。纂要「北条」。野津本『北条系図』、聖寿とす。
1：鏡・建長３年５月15日条。北次第。鎌記・文永元年条、14日とす。
2：鏡・正嘉元年２月26日条。鎌記・文永元年条。関評・弘安７年条、12月とす。
3：鎌記・文永元年条。辞任の時期は不明であるが、文永２年11月16日には北条宗政・普恩寺業時の在職が確認される（鏡・同日条）ので、文永元年８月10日の連署就任にともない辞任したものと推定される。
4：鎌記・文永元年条。関評・弘安７年条。開闢。武記・文永元年条、21日とす。
5：関評・弘安７年条。武記・文永元年条。
6：鎌記・文永元年条。帝王・巻26。関評・文永元年条・弘安７年条、大日記・文永元年条、将次第・文永元年条、11日とす。分脈、22日とす。北次第、７月「為後見」、８月11日「判形始」とす。武記・文永元年条、８月１日44歳とし、９月20日政所始とす。開闢、弘長元年８月１日とす。
7：鎌記・文永元年条。関評・弘安７年条。武記・文永元年条。将次第・文永２年条、４月５日とす。開闢、20日とす。
8：鎌記・文永元年条。関評・弘安７年条。武記・文永元年条。開闢、20日とす。
9：鎌記・文永元年条。武記・文永元年条。将次第・文永２年条。帝王・巻26。関評・弘安７年条、23日とす（異説に28日を記し、文永２年条、３月とす）。開闢。大日記・文永元年条、文永元年とす。
10：鎌記・文永元年条。開闢。関評・文永５年条・弘安７年条、左馬権頭辞任とす。武記・文永元年条、文永２年正月29日左馬権頭辞任とす。将次第・文永５年条、左馬権頭辞任とす。
11：鎌記・文永元年条。関評・文永５年条・弘安７年条。大日記・文永元年条。将次第・文永元年条・文永５年条。帝王・巻26。開闢。北次第、「始評定出仕」とし、文永６年執権、文永７年４月19日「着政所」とす。将次第・文永７年条、同年４月19日「着座政所」とす。
12：鎌記・文永元年条。関評・弘安７年条。将次第・弘安４年条、正月７日とす。
13：分脈。鎌記・文永元年条。関評・弘安７年条、武記・文永元年条、法名「道果」とす。大日記・弘安７年条、法名「道演」とす。将次第・弘安７年条。帝王・巻26。鎌記裏書・弘安７年条。北次第。野津本『北条系図』、纂要「北条」、法名「道杲」とす。開闢、『北条系図』A・B、法名「道果」とす。
※川添昭二『北条時宗』（人物叢書、吉川弘文館、2001年）

No.11（連署６） 塩田義政（父：北条重時、母：家女房少納言局、童名：多門、初名：時景）
1：仁治３（1242）.　　　生（１）
2：正元１（1259）．4．17　左近将監・叙爵（18）
3：弘長２（1262）．2．21　復任（21）
4：文永２（1265）．6．11　引付衆（24）
5：文永３（1266）．3．6　辞引付衆（為引付廃止）（25）
6：文永４（1267）．11.　評定衆（26）
7：文永６（1269）．4．27　三番引付頭人（28）
8：文永７（1270）．5．20　駿河守（29）
9：文永10（1273）．6．8　連署（32）
10：文永10（1273）．6．17　始参評定

11：文永10（1273）．7．1　武蔵守・着政所
12：建治2（1276）．2.26　復任（35）
13：建治3（1277）．4．4　出家（依病）（法名政義）（36）
14：建治3（1277）．5.22　遁世・逐電（始詣信濃国善光寺）
15：建治3（1277）．6．　所帯収公
16：弘安4（1281）．11.27　没（於・信濃国塩田荘）（40）

［典拠］
父：分脈など。
母：『関東往還記』弘長2年6月20日条。北次第。野辺本『北条系図』。前田本『平氏系図』。
童名：北次第。
初名：開闢。大日記・文永10年条。将次第・文永10年条。『北条系図』A・B、時量とす。
1：没年齢より逆算。北次第、寛元元年正月3日とす。
2：鎌記・文永10年条。関評・建治3年条。武記・文永10年条、2月26日とす。
3：鎌記・文永10年条。関評・建治3年条。
4：鏡・文永2年6月11日条。関評・文永2年条。
5：鏡・文永3年3月6日条。関評・文永3年条。
6：関評・文永4年条。
7：関評・文永6年条。
8：鎌記・文永10年条。関評・文永7年条・建治3年条。武記・文永10年条。将次第・文永10年条。
9：鎌記・文永10年条。関評・文永10年条・建治3年条。開闢。北次第。前田本『平氏系図』。分脈、将次第・文永10年条、17日とす。帝王・巻26、8月8日とす。
10：関評・文永10年条。大日記・文永10年条、北次第、同日「加判」とす。
11：鎌記・文永10年条。関評・文永10年条（「着政所」の異説に3日とあり）・建治3年条。武記・文永10年条。将次第・文永10年条、「政所着座」を3月とす。帝王・巻26。北次第、7月3日「初着政所」とす。開闢、政所始を3日とす。大日記・文永10年条、11日とし、3月「着座政所」とす。
12：鎌記・文永10年条。関評・建治3年条。将次第・建治2年条。
13：建記・4月4日条。鎌記・文永10年条。関評・建治3年条。将次第・建治3年条。帝王・巻26。北次第。武記・文永10年条、開闢、纂要「北条」、法名「道義」とす。大日記・建治3年条、『北条系図』A・B、法名「通義」とす。分脈、6日とし、法名「正義」とす。
14：建記・6月2・5日条。関評・建治3年条。鎌記・文永10年条、大日記・建治3年条、将次第・建治3年条、北次第、28日とす。
15：鎌記・文永10年条。関評・建治3年条。北次第。
16：鎌記・文永10年条。関評・建治3年条。帝王・巻26。分脈、大日記・建治3年条、将次第・建治3年条、『北条系図』A・B、28日とす。武記・文永10年条、8日（異説、28日）とす。開闢、7日とす。北次第、29日30歳とす。
※下山忍「極楽寺流における北条義政の政治的立場と出家遁世事件」（北条氏研究会編『北条時宗の時代』、八木書店、2008年）

No.12（連署7）　普恩寺業時（父：極楽寺重時、母：家女房筑前局）
1：仁治2（1241）．　生（1）
2：正元1（1259）．4.17　弾正少弼・叙爵（19）
3：正元1（1259）．7.27　兼左馬権助
4：弘長2（1262）．2.21　復任（22）
5：文永2（1265）．6.11　引付衆（25）

6：文永 2（1265）. 11. 16　在小侍所別当
7：文永 3（1266）. 3. 6　辞引付衆（為引付廃止）（26）
8：文永 6（1269）. 4. 27　引付衆（29）
9：建治 2（1276）. 3.　評定衆（36）
10：建治 2（1276）. 4. 14　辞左馬権助
11：建治 3（1277）. 5. 18　兼越後守（37）
12：建治 3（1277）. 8. 29　三番引付頭人
13：弘安 3（1280）. 11. 4　転駿河守（40）
14：弘安 4（1281）. 10.　一番引付頭人（41）
15：弘安 6（1283）. 4. 16　連署（43）
16：弘安 6（1283）. 7. 20　従五位上
17：弘安 6（1283）. 9. 26　正五位下
18：弘安 7（1284）. 8. 8　陸奥守（44）
19：弘安10（1287）. 6. 18　出家（法名鑑忍）（47）
20：弘安10（1287）. 6. 26　没

［典拠］
父：分脈など。
母：北次第。野辺本『北条系図』、「女房備後局」とす。
1：没年より逆算。北次第、仁治 3 年とす。
2：鎌記・弘安 6 年条。武記・弘安 6 年条。将次第・弘安 6 年条。
3：鎌記・弘安 6 年条。将次第・弘安 6 年条。
4：鎌記・弘安 6 年条、「弘安」とするも弘長の誤ならん。将次第・弘安 6 年条。
5：鏡・文永 2 年 6 月11日条。関評・文永 2 年条。
6：鏡・文永 2 年11月16日条。この日、弓始射手選定の連署奉書を発給した相模左近大夫将監（北条宗政）と弾正少弼（普恩寺業時）は、その職務から小侍所別当と判断される。池田瞳「北条時宗・金沢実時期の小侍所—『吾妻鏡』を素材として—」（阿部猛編『中世政治史の研究』、日本史史料研究会、2010年）160頁参照。
7：鏡・文永 3 年 3 月 6 日条。関評・文永 3 年条。
8：関評・文永 6 年条。
9：関評・建治 2 年条。
10：鎌記・弘安 6 年条。関評・建治 2 年条。
11：鎌記・弘安 6 年条。武記・弘安 6 年条。関評・建治 3 年条。将次第・弘安 6 年条。建記・5 月 5・30日条。
12：建記・8 月29日条。関評・建治 3 年条（二番とするが、三番の誤）。
13：鎌記・弘安 6 年条。武記・弘安 6 年条。関評・弘安 3 年条。将次第・弘安 6 年条、11月とし、異説に12月を記す。
14：関評・弘安 4 年条。
15：鎌記・弘安 6 年条。関評・弘安 6 年条。帝王・巻26、14日とす。北次第、2 月14日とし、25日評定始、3 月 3 日判形始、5 月28日着政所とす。開闢、弘安 2 年 4 月14日（異説、弘安 6 年 2 月14日）とし、25日評定始、6 月28日政所始とす。将次第・弘安 6 年条、2 月14日とし、25日「始加合判」、6 月28日「着座政所」とす。
16：鎌記・弘安 6 年条。将次第・弘安 6 年条。
17：鎌記・弘安 6 年条。将次第・弘安 6 年条。
18：鎌記・弘安 6 年条。武記・弘安 6 年条。大日記・弘安 7 年条。将次第・弘安 7 年条。開闢。帝王・巻26。関評・弘安 7 年条。

19：分脈。将次第・弘安10年条法名「監〔覚歟〕忍」とす。北次第。帝王・巻26。開闢。武記・弘安6年条、異説4日とす。鎌記・弘安6年条、8日とす。開闢、法名「覚忍」とす。

20：『新抄』（続史籍集覧）弘安10年7月2日条。分脈。鎌記・弘安6年条。武記・弘安6年条。将次第・弘安10年条。北次第。開闢。帝王・巻26。鎌記裏書・弘安10年条。野津本『北条系図』。

No.13（執権9）　北条貞時（父：北条時宗、母：安達義景娘、童名：幸寿）

1：文永8（1271）.12.12　生（1）
2：建治3（1277）.12. 2　元服（7）
3：弘安5（1282）. 6.27　左馬権頭・叙爵（12）
4：弘安7（1284）. 7. 7　執権（14）
5：弘安8（1285）. 4.18　相模守（15）
6：弘安8（1285）. 4.23　兼左馬権頭
7：弘安10（1287）. 1. 5　従五位上（17）
8：正応1（1288）. 2. 1　評定出仕始・着政所（18）
9：正応2（1289）. 1. 5　正五位下（19）
10：正応2（1289）. 6.25　従四位下・辞左馬権頭
11：正安3（1301）. 4.12　従四位上（31）
12：正安3（1301）. 8.23　出家（法名崇暁。後、崇演）
13：応長1（1311）.10.26　没（41）

［典拠］

父：分脈など。

母：分脈・安達義景娘条。鎌記・弘安7年条。武記・弘安7年条。将次第・弘安7年条。帝王・巻26。北次第。『安達氏系図』、安達泰盛娘に「貞時朝臣母儀、以妹為養子」とあり。『北条系図』B。野津本『北条系図』、「能（ママ）景女」とす。武記・弘安7年条、「母城介義景女〈舎兄泰景（ママ）為女〉」とし、貞時母が兄安達泰盛の養女となったことを伝える。

童名：『桓武平氏系図』。『北条系図』A。纂要「北条」。

1：武記・弘安7年条。北次第。鎌記・弘安7年条。将次第・弘安7年条。

2：建記・12月2日条。武記・弘安7年条。将次第・弘安7年条。鎌記・弘安7年条、3日とす。北次第、11月2日とす。

3：鎌記・弘安7年条。北次第。将次第・弘安7年条、異説として「五〔八イ〕年六月廿七〔三イ〕日」とあり。武記・弘安7年条、右馬権頭とす。

4：関評・弘安7年条。帝王・巻26。北次第。開闢。大日記・弘安7年条、将次第・弘安7年条、7月以後とす。鎌記・弘安7年条、10年とするが誤。分脈、10月6日とす。

5：鎌記・弘安7年条。武記・弘安7年条。大日記・弘安7年条。将次第・弘安8年条。帝王・巻26。開闢。北次第、8月18日とす。

6：鎌記・弘安7年条。開闢（弘安10年とも）。

7：鎌記・弘安7年条。武記・弘安7年条。将次第・弘安10年条。北次第。

8：北次第。鎌記・弘安7年条、3月評定出仕始とす。

9：武記・弘安7年条。将次第・正応2年条。北次第。鎌記・弘安7年条、5月とす。

10：鎌記・弘安7年条。武記・弘安7年条。帝王・巻27。北次第。将次第・正応2年条、23日とす。開闢、5日とす。

11：鎌記・弘安7年条。帝王・巻27。北次第。

12：鎌記・弘安7年条。武記・弘安7年条。帝王・巻27。開闢、「法名宗暁改宗演」とす。北次第。分脈、法名「崇源改出暁」とす。大日記・正安3年条、将次第・正安3年条、22日とす。

13：常楽記・応長元年10月26日条。鎌記・弘安7年条。武記・弘安7年条。帝王・巻27。鎌記裏書・

応長元年条。開闢（11月とも）。北次第。分脈、大日記・応長元年条、40歳とす。

No.14（連署８） 大仏宣時（父：大仏朝直、母：足立遠光娘、初名：時忠）

1：暦仁１（1238）. 生（１）
2：文永２（1265）. 6. 11 引付衆（28）
3：文永３（1266）. 3. 6 辞引付衆（為引付廃止）（29）
4：文永４（1267）. 6. 23 武蔵守・叙爵（30）
5：文永６（1269）. 4. 27 引付衆（32）
6：文永10（1273）. 7. 1 辞武蔵守（36）
7：文永10（1273）. 9. 7 評定衆
8：建治３（1277）. 8. 29 二番引付頭人（40）
9：弘安６（1283）. 4. 一番引付頭人（46）
10：弘安６（1283）. 12. 16 従五位上
11：弘安８（1285）. 9. 2 正五位下（48）
12：弘安10（1287）. 8. 19 連署（50）
13：正応２（1289）. 6. 23 陸奥守（52）
14：正応２（1289）. 8. 7 従四位下
15：正安３（1301）. 8. 22 辞連署（64）
16：正安３（1301）. 9. 4 出家（法名忍昭）
17：元亨３（1323）. 6. 30 没（86）

［典拠］

父：分脈など。
母：武記・弘安10年条。
初名：鏡・建長３年正月１日条（初見）など。弘長３年（1263）８月11日条まで時忠、同15日条から宣時となるので、改名はこの間である。将次第・弘安10年条。『桓武平氏系図』。『北条系図』Ａ・Ｂ。纂要「北条」。
1：没年より逆算。北次第、仁治元年とす。
2：関評・文永２年条。
3：鏡・文永３年３月６日条。関評・文永３年条。
4：鎌記・弘安10年条。武記・弘安10年条。将次第・弘安10年条。
5：関評・文永６年条。
6：関評・文永10年条。
7：関評・文永10年条。
8：建記・８月29日条。関評・建治３年条。
9：関評・弘安６年条。
10：鎌記・弘安10年条。
11：鎌記・弘安10年条。将次第・弘安10年条。北次第。
12：分脈。鎌記・弘安10年条。大日記・弘安10年条（同日評定始、33歳とす）。帝王・巻26。前田本『平氏系図』。武記・弘安10年条、18日「御後見事被仰出」、19日評定始とす。将次第・弘安10年条、19日とし、同日「評定始」、23日「加判形」とす。北次第、29日とし、異説に19日を載す。
13：鎌記・弘安10年条。将次第・正応２年条。帝王・巻27。武記・弘安10年条、２月とす。
14：鎌記・弘安10年条。武記・弘安10年条。帝王・巻27。将次第・正応２年条、６月23日とす。
15：北次第。
16：分脈。鎌記・弘安10年条。武記・弘安10年条（異説に８月22日を載す）。大日記・正安３年条。帝王・巻27。北次第（62歳とす）。北条系図Ａ、法名「忍照」とす。将次第・正安３年条、４月

4日とす。
17：鎌記・弘安10年条。武記・弘安10年条。帝王・巻27。北次第、没年齢84歳とす。

No.15（執権10） 北条師時（父：北条宗政、母：北条政村娘、北条時宗猶子）
1：建治1（1275）.　　生（1）
2：弘安7（1284）. 7.　小侍所（10）
3：弘安8（1285）.12.17　左近将監・叙爵（11）
4：永仁1（1293）. 5.30　評定衆（19）
5：永仁1（1293）. 6. 5　三番引付頭人
6：永仁1（1293）.10.20　執奏
7：永仁1（1293）.12.20　従五位上
8：永仁2（1294）. 1.30　右馬権頭（20）
9：永仁2（1294）.10.24　辞執奏（為廃止）
10：永仁5（1297）. 7.　二番引付頭人（23）
11：正安1（1299）. 2.27　正五位下（25）
12：正安3（1301）. 8.22　執権・評定出仕始（27）
13：正安3（1301）. 9.27　相模守
14：正安3（1301）.11.15　始着政所
15：嘉元2（1304）.10. 7　従四位下（30）
16：応長1（1311）. 9.22　出家（法名道覚）・没（37）
［典拠］
父：分脈など。
母：北次第。帝王・巻27。
猶子：帝王・巻27。前田治幸「弘安七・八年の「相模四郎」について」（日本史史料研究会会報『ぶい＆ぶい』3、2008年）
1：没年齢より逆算。
2：鎌記・正安3年条。
3：鎌記・正安3年条。北次第。
4：鎌記・正安3年条。
5：鎌記・永仁元年条・正安3年条。武記・永仁元年条。
6：鎌記・永仁元年条。武記・永仁元年条。
7：鎌記・正安3年条。北次第。
8：鎌記・正安3年条。北次第。
9：武記・永仁2年条。鎌記・永仁2年条。
10：鎌記・永仁5年条。月は「職員表」・永仁5年条参照。
11：鎌記・正安3年条。北次第、正月24日とす。
12：分脈。鎌記・正安3年条。武記・正安3年条。帝王・巻27。大日記・正安3年条、将次第・正安3年条、23日とす。北次第、20日とす。
13：鎌記・正安3年条。帝王・巻27。北次第。
14：武記・正安3年条。大日記・正安3年条、10月5日とす。将次第・正安3年条、北次第、10月25日とす。
15：鎌記・正安3年条。北次第。
16：常楽記・応長元年9月22日条。鎌記・正安3年条。武記・正安3年条（9月20日「評定座ヨリ労付」との記載あり）。分脈。北次第。鎌記裏書・応長元年条。大日記・応長元年条、9月20日「於評定座師時頓病」9月21日「出家」・卒とす。将次第・応長元年条、「九月廿日於御評定座頓

死、廿一日出家、廿六日死」とす。『桓武平氏系図』、『北条系図』 A・B、9月23日没27歳とするも誤。

No.16（連署9） 北条時村（父：北条政村、母：三浦〈大河戸〉重澄娘、初名：時遠）

1：仁治3（1242）. 生（1）
2：弘長2（1262）. 1.19 左近将監・叙爵（21）
3：文永6（1269）. 4.27 引付衆（28）
4：文永7（1270）.10. 評定衆（29）
5：文永8（1271）. 7. 8 陸奥守（30）
6：文永10（1273）. 6.25 二番引付頭人（32）
7：建治3（1277）. 8.29 止二番引付頭人（36）
8：建治3（1277）.12.22 六波羅北方
9：弘安5（1282）. 7.14 辞陸奥守（41）
10：弘安5（1282）. 8.23 武蔵守
11：弘安6（1283）. 9.12 従五位上（42）
12：弘安7（1284）. 8. 8 正五位下（43）
13：弘安10（1287）. 8.14 東下（46）
14：弘安10（1287）.12.24 一番引付頭人
15：正応2（1289）. 5. 寄合衆（48）
16：正応2（1289）. 8. 7 従四位下
17：永仁1（1293）.10.20 執奏（52）
18：永仁2（1294）.10.24 一番引付頭人（53）
19：正安3（1301）. 8.23 連署（60）
20：嘉元1（1303）.11.17 兼左京権大夫（62）
21：嘉元2（1304）. 6. 6 辞武蔵守（63）
22：嘉元3（1305）. 4.23 没（64）（為嘉元の乱）

［典拠］

父：分脈など。

母：『北条系図』 A・B。佐野本『北条系図』。『三浦系図』（『群書系図部集』 4）、三浦胤義娘とす。浅羽本『三浦系図』（『浅羽本系図』〈東京大学史料編纂所架蔵謄写本〉所収）、三浦義村娘とす。纂要、「北条」の北条時村に「母大津尼〈三浦重澄女〉」と記載しつつ、「三浦」では胤義娘に「大津尼、北条政村室」、さらに義村娘に「津之尼」とあり。『関東往還記』弘長2年7月8日条。

初名：大日記・弘安元年条。将次第・弘安元年条。『桓武平氏系図』。『北条系図』 A・B。

1：没年齢より逆算。

2：鎌記・正安3年条。関評・建治3年条。武記・弘安元年条（「弘安」と誤記）。将次第・弘安元年条。

3：関評・文永6年条。

4：関評・文永7年条。

5：鎌記・正安3年条。関評・文永8年条・建治3年条。

6：関評・文永10年条。

7：建記・8月29日条。関評・建治3年条。

8：建記・12月21日条。開闢、弘安元年正月10日入洛とす。鎌記・建治3年条・正安3年条、関評・建治3年条、北次第、21日とす。武記・弘安元年条、23日鎌倉出立、弘安元年2月21日事始とす。六次第、23日（異説22日）鎌倉出立とす。分脈、弘安元年5月16日とす。大日記・弘安元年条、将次第・弘安元年条、12月23日「立鎌倉」弘安元年正月10日入洛、2月21日沙汰始とす。

9：関評・建治３年条。鎌記・正安３年条。
10：鎌記・建治３年条・正安３年条。関評・建治３年条。武記・弘安元年条。大日記・弘安４年条、弘安４年とす。将次第・弘安５年条。
11：鎌記・正安３年条。関評・建治３年条。将次第・弘安６年条、13日とす。
12：関評・建治３年条。将次第・弘安７年条。
13：分脈。関評・建治３年条。武記・弘安元年条。将次第・弘安10年条。開闢。六次第、異説に16日を記す。北次第、22日とす。鎌記・正安３年条、弘安６年９月18日とす（建治３年条は弘安10年８月とす）。
14：鎌記・弘安10年条。
15：鎌記・正安３年条。
16：鎌記・正安３年条。関評・建治３年条。将次第・弘安10年条、従五位下とす。
17：鎌記・永仁元年条。武記・永仁元年条。
18：鎌記・永仁２年条。武記・永仁２年条。
19：鎌記・正安３年条。帝王・巻27。開闢、正応２年とす。大日記・正安３年条、10月５日政所始とす。分脈、武記・正安３年条、関評・建治３年条、北次第、22日とす。将次第・正安３年条、22日とし、当日「評定始」、10月25日「政所始」とす。
20：開闢。鎌記・正安３年条、嘉元２年とするも誤記ならん。
21：鎌記・正安３年条。開闢。
22：『実躬卿記』（大日本古記録）嘉元３年４月27日・５月８日条。間記。分脈。鎌記・正安３年条。武記・正安３年条。関評・建治３年条。大日記・嘉元３年条。将次第・嘉元３年条。鎌記裏書・嘉元３年条。北次第、64歳とす。開闢、22日とす（嘉元４年２月13日65歳とも）。『北条系図』Ａ・Ｂ。纂要「北条」。
※高橋慎一朗「北条時村と嘉元の乱」（『日本歴史』553、1994年）。

No.17（執権11、連署10）　大仏宗宣（父：大仏宣時、母：北条時広娘）

1：正元１（1259）.　　　生（１）
2：弘安５（1282）. 2.28　雅楽允（24）
3：弘安５（1282）. 3.13　式部少丞
4：弘安５（1282）. 8. 6　叙爵
5：弘安９（1286）. 6.　　引付衆（28）
6：弘安10（1287）.10.　　評定衆（29）
7：正応１（1288）.10. 7　上野介（30）
8：永仁１（1293）. 5.20　越訴頭人（35）
9：永仁１（1293）. 7.　　小侍奉行（別当）
10：永仁１（1293）.10.20　執奏
11：永仁２（1294）. 8. 3　従五位上（36）
12：永仁２（1294）.10.24　辞執奏（為執奏廃止）
13：永仁４（1296）. 1.12　四番引付頭人（38）
14：永仁４（1296）.10.　　寄合衆・京下奉行
15：永仁５（1297）. 3. 6　辞越訴頭人（39）
16：永仁５（1297）. 7.　　辞四番引付頭人
17：永仁５（1297）. 7.10　六波羅南方
18：正安２（1300）.10. 1　正五位下（42）
19：正安３（1301）. 9.27　陸奥守（43）
20：乾元１（1302）. 1.17　東下（44）

21：乾元1 (1302). 2.18　一番引付頭人
22：乾元1 (1302). 8.　官途奉行
23：嘉元1 (1303). 8.27　越訴頭人 (45)
24：嘉元3 (1305). 7.22　連署 (47)
25：延慶1 (1308). 7.19　従四位下 (50)
26：応長1 (1311).10. 3　執権 (53)
27：正和1 (1312). 5.29　出家 (法名順昭) (54)
28：正和1 (1312). 6.12　没

［典拠］

父：分脈など。
母：鎌記・嘉元3年条。北次第。
1：没年より逆算。
2：鎌記・嘉元3年条、「正安」とあるも弘安の誤記ならん。北次第、21日とす。
3：鎌記・嘉元3年条、「正安」とあるも弘安の誤記ならん。北次第。
4：鎌記・嘉元3年条、「正安」とあるも弘安の誤記ならん。北次第。
5：鎌記・嘉元3年条、「正安」とあるも弘安の誤記ならん。
6：鎌記・嘉元3年条、「正安」とあるも弘安の誤記ならん。
7：鎌記・嘉元3年条。北次第、六次第、17日とす。
8：鎌記・永仁元年条・嘉元3年条。
9：鎌記・嘉元3年条。
10：武記・永仁元年条。鎌記・永仁元年条・嘉元3年条。
11：鎌記・嘉元3年条。六次第。北次第、22日正五位上とす。
12：武記・永仁2年条。鎌記・永仁元年条。
13：鎌記・永仁4年条・嘉元3年条。
14：鎌記・嘉元3年条。
15：鎌記・永仁5年条に「三月六日評云、被止越訴」とあるに拠る。
16：六波羅南方探題就任により辞任。
17：鎌記・永仁5年条・嘉元3年条。北次第。開闢、帝王・巻27、大日記・永仁5年条、7月10日鎌倉出立、27日入洛とす。分脈、六次第、27日入洛とす。武記・永仁5年条、20日 (異説10日) とし、また27日を載す。将次第・永仁5年条、7月10日「立鎌倉」、27日入洛とす。
18：鎌記・嘉元3年条。北次第。六次第。
19：鎌記・嘉元3年条。帝王・巻27。北次第 (武蔵守とす)。武記・永仁5年条、10月28日とす。
20：分脈。大日記・乾元元年条。開闢。六次第。武記・正安3年条、正安3年正月17日とす。将次第・乾元元年条、正月17日出京、28日下着とす。北次第、28日とす。
21：鎌記・乾元元年・嘉元3年条条。
22：鎌記・嘉元3年条。
23：鎌記・嘉元3年条。
24：鎌記・嘉元3年条。開闢、23日とす。武記・嘉元3年条、21日とす。北次第、21日とし、8月8日「始政所着座」とす。分脈、27日とす。六次第、8月とす。
25：鎌記・嘉元3年条。北次第。六次第。
26：鎌記・嘉元3年条。開闢。北次第、13日とす。
27：開闢。北次第。鎌記・嘉元3年条、法名「須昭」とす。分脈、大日記・正和元年条、25日「順昭」とす。武記・嘉元3年条、正和2年とし、異説に元年を載せ、法名「順忍」とす。
28：分脈。鎌記・嘉元3年条。将次第・正和元年条。常楽記・正和元年6月12日条。鎌記裏書・正和元年条。北次第。大日記・正和元年条、56歳とし、異説に54歳を載す。開闢、没年齢を57歳とす。

武記・嘉元３年条、正和２年とし、異説に元年を載す。『桓武平氏系図』、52歳とす。『北条系図』Ｂ、56歳とし、異説に52歳を載す。

No.18（執権12、連署11） 北条熈時（父：北条為時、母：未詳、初名：貞泰）

１：弘安２（1279）.　生（１）
２：永仁１（1293）. 7.20　左近将監・叙爵（15）
３：永仁３（1295）.　引付衆（17）
４：永仁６（1298）.12. 9　小侍所別当（20）
５：正安１（1299）. 2.28　従五位上（21）
６：正安３（1301）. 8.22　評定衆（23）
７：正安３（1301）. 8.25　四番引付頭人
８：乾元１（1302）. 9.11　六番引付頭人
９：乾元１（1302）.11.18　右馬権頭（24）
10：嘉元２（1304）. 9.25　五番引付頭人（26）
11：嘉元２（1304）.12. 7　四番引付頭人
12：嘉元３（1305）. 8. 1　三番引付頭人（27）
13：嘉元３（1305）. 8.22　二番引付頭人
14：嘉元３（1305）.　京下奉行
15：徳治１（1306）. 6.12　正五位下（28）
16：徳治２（1307）. 1.28　一番引付頭人（29）
17：徳治２（1307）. 2. 9　武蔵守
18：延慶２（1309）. 4. 9　寄合衆（31）
19：応長１（1311）.10. 3　連署・評定始（33）
20：応長１（1311）.10.24　相模守
21：正和１（1312）. 6. 2　執権（34）
22：正和４（1315）. 7.12　出家（法名道常）（37）
23：正和４（1315）. 7.19　没

［典拠］
父：分脈など。
初名：鎌記・応長元年条。北次第。
１：没年齢より逆算。
２：鎌記・応長元年条。北次第。
３：永記・７月12・30・８月２・14・23日条、「左親衛」。鎌記・応長元年条。
４：鎌記・応長元年条。
５：鎌記・応長元年条。北次第、正月28日・２月21日両説を載す。
６：鎌記・応長元年条。
７：鎌記・応長元年条。同書・正安３年条は引付改編を８月22日とす。「職員表」同年条の考証参照。
８：鎌記・乾元元年条。
９：鎌記・応長元年条。北次第、11日とす。
10：鎌記・嘉元２年条。
11：鎌記・嘉元２年条。
12：鎌記・嘉元３年条。
13：鎌記・嘉元３年条。
14：鎌記・応長元年条。
15：鎌記・応長元年条。北次第、年脱、異説に５月を載す。

16：鎌記・徳治２年条。
17：鎌記・応長元年条。武記・応長元年条。北次第。
18：金文324。鎌記・応長元年条。
19：分脈。鎌記・応長元年条。開闢。将次第・応長元年条、北次第、13日とす。評定始、北次第に拠る。大日記・応長元年条、12月12日「以来加判」とす。
20：鎌記・応長元年条。開闢、26日とす。北次第、24日とす。
21：鎌記・応長元年条。開闢。武記・応長元年条、３日とす。北次第、７月２日とし、正和３年正月28日政所着座とす。
22：大日記・正和４年条。北次第。鎌記・応長元年条、８月12日とす。開闢、８（異説、７）月12日とす。
23：大日記・正和４年条。北次第、38歳とす。武記・応長元年条、鎌記裏書・正和４年条、７月18日とす。将次第・正和４年条、７月15日とす。鎌記・応長元年条、８月19日とす。開闢、８月18日とす（９月４日32歳とも）。分脈、『北条系図』Ａ・Ｂ、８月９日78歳とす。

No.19（執権13） 普恩寺基時（父：普恩寺時兼、母：未詳）

1：弘安９（1286）.　　　生（１）
2：正安１（1299）.11. 4　左馬助・叙爵（14）
3：正安３（1301）. 6. 7　六波羅北方（16）
4：嘉元１（1303）.10.20　東下（18）
5：嘉元２（1304）. 6. 6　越後守（19）
6：嘉元２（1304）. 8.25　従五位上
7：嘉元３（1305）. 8.22　三番引付頭人（20）
8：徳治１（1306）. 2.21　讃岐守（21）
9：延慶１（1308）.11. 8　正五位下（23）
10：延慶２（1309）. 3.15　四番引付頭人（24）
11：延慶３（1310）. 2.18　三番引付頭人（25）
12：応長１（1311）.10.25　二番引付頭人（26）
13：正和２（1313）. 7.26　辞二番引付頭人（28）
14：正和３（1314）. 9.21　辞讃岐守（29）
15：正和４（1315）. 7.11　執権（30）
16：正和４（1315）. 7.13　評定始
17：正和４（1315）. 7.26　相模守
18：正和５（1316）. 6.23　政所着座（31）
19：正和５（1316）. 7. 9　辞執権
20：正和５（1316）.11.19　出家（法名信忍）
21：元弘３（1333）. 5.22　没（48）

［典拠］
父：分脈など。
1：没年齢より逆算。
2：北次第。六次第。
3：鎌記・正安３年条。将次第・正安３年条。開闢、６月７日「立鎌倉」、20日「入洛」とす。帝王・巻27、17歳とす。六次第、21日入洛17歳とす。分脈、23日上洛とす。北次第。
4：鎌記・正安３年条。開闢、８日出京、20日「入鎌倉」とす。六次第、10月８日関東下向とす。武記・正安３年条、７月９日下向とす。分脈、大日記・嘉元元年条、10月９日関東下向とす。北次第、10月10日とす。

5：鎌記・正安3年条。
6：北次第。六次第。
7：鎌記・嘉元3年条。
8：北次第。
9：北次第。
10：鎌記・延慶2年条。
11：鎌記・延慶3年条。
12：鎌記・応長元年条。
13：鎌記・正和2年条。
14：北次第。
15：分脈。将次第・正和4年条。北次第。武記・正和4年条、大日記・正和4年条、12日とす。鎌記・正和4年条、開闢、8月12日とす。
16：武記・正和4年条。将次第・正和4年条、12日とす。
17：大日記・正和4年条。開闢。北次第。武記・正和4年条、7月12日とす。将次第・正和4年条、19日「可任相模守之由蒙御免」とす。
18：北次第。
19：北次第。武記・正和4年条、7月10日とす。大日記・正和5年条、10月1日とす。
20：北次第。武記・正和4年条、開闢、20日とす。大日記・正和5年条、10月18日法名「観恩」とす。
21：神田本太平記・巻10「相模入道自害之事〈并〉面々腹切事」。西源院本太平記・巻10「鎌倉中合戦事同相模入道自害事」。開闢。北次第。佐野本『北条系図』、62歳とす。

No.20（執権15、連署12）　金沢貞顕（父：金沢顕時、母：遠藤為俊娘）

1：弘安1（1278).　　生（1）
2：永仁2（1294).12.16　左衛門尉・東二条院蔵人（17）
3：永仁4（1296).4.21　叙爵（19）
4：永仁4（1296).4.24　右近将監
5：永仁4（1296).5.15　左近将監
6：正安2（1300).10.1　従五位上（23）
7：乾元元（1302).7.7　六波羅南方（25）
8：乾元元（1302).8.11　中務大輔
9：嘉元2（1304).6.2　越後守（27）
10：徳治2（1307).1.29　正五位下（30）
11：延慶1（1308).12.　東下（31）
12：延慶2（1309).3.15　評定衆・三番引付頭人（32）
13：延慶2（1309).4.9　寄合衆
14：延慶2（1309).8.　二番引付頭人
15：延慶2（1309).10.2　辞越後守
16：延慶3（1310).6.25　六波羅北方（33）
17：延慶3（1310).6.28　右馬権頭
18：応長1（1311).6.　辞右馬権頭（34）
19：応長1（1311).10.24　武蔵守
20：正和3（1314).11.13　東下（37）
21：正和4（1315).7.11　連署（38）
22：正和5（1316).12.14　従四位下（39）
23：元応1（1319).2.　辞武蔵守（42）

24：元応２（1320).10.２　従四位上（43）
25：元亨２（1322).９.17　修理権大夫（45）
26：嘉暦１（1326).３.16　執権（49）
27：嘉暦１（1326).３.26　出家（法名崇顕）
28：元弘３（1333).５.22　没（56）

［典拠］

父：分脈など。
母：佐野本『北条系図』。『遠藤系図』（『群書系図部集』５）。
1：北次第の没年齢より逆算。武記・正和４年条は、出家時72歳とするが誤。
2：北次第。
3：北次第。
4：北次第。
5：北次第。
6：北次第。
7：分脈。北次第。武記・乾元元年条、７月７日進発、27日入洛とす。大日記・乾元元年条、開闢、７月７日「立鎌倉」、26日入洛とす。将次第・乾元元年条、７月26日入洛とす。『実躬卿記』乾元元年７月26日条。
8：北次第。
9：北次第。開闢、６日とす。
10：北次第。
11：武記・乾元元年条、12月下向、翌年正月下着とす。将次第・延慶２年条、延慶２年正月17日鎌倉下着とす。開闢、延慶２年正月２日出京とす。北次第、延慶２年正月「下向関東」とす。
12：金文261。鎌記・延慶２年条。貞時とあるも、貞顕の誤（武記裏書・延慶２年条参照)。「職員表」延慶２年条参照。
13：金文324。「職員表」延慶２年条参照。
14：鎌記・延慶２年条。武記裏書・延慶２年条、７月とす。「職員表」延慶２年条参照。
15：北次第。
16：分脈。北次第。鎌記・延慶３年条、６月15日とす。『延慶三年記』（『史潮』７－３、1937年）７月13日条に「越後守貞顕還上今夜亥刻令京着」とあり。開闢、６月26日とし、７月13日入洛とす。武記・応長元年条、応長元年７月12日入洛とす。
17：北次第。開闢。
18：北次第。
19：北次第。武記・応長元年条、元応元年とするも、正和４年条、正和５年７月10日とし元応元年辞任とす。
20：『大乗院具注暦日記』（東京大学史料編纂所架蔵影写本）９の同日条に「六波羅北方武蔵守貞顕下向関東」とあり。開闢、10月（異説、11月）13日とす。大日記（生田美喜蔵所蔵本)・正和３年条、「十一、廿四、下関東」とす。北次第、正和４年下向とす。武記・応長元年条、正和２年11月下向とす。百瀬今朝雄は文書の発給状況から正和３年12月中旬と推定（『金沢文庫資料図録―書状編１―』〈神奈川県立金沢文庫、1992年〉223頁)。
21：分脈。北次第。将次第・正和４年条。大日記・正和４年条。鎌記・正和４年条、８月12日とす。開闢、８月12日とし、26日評定始とす。
22：北次第。
23：北次第。武記・正和４年条、元応元年「辞守」とす。
24：北次第。
25：北次第。開闢、11月とす。

26：鎌記・正和４年条。北次第。開闢。
27：分脈。大日記（生田美喜蔵所蔵本）・嘉暦元年条（異説に４月を載す）。武記・正和４年条「正中三五十八出家〈七十二〉」とす。将次第・嘉暦元年条、４月26日、法名「宗顕」とす。北次第、４月26日とす。開闢、６月26日とす。法名、北次第。開闢。『北条系図』Ａ・Ｂ。
28：北次第（異説に26日を載す）。開闢、25日とも。神田本太平記・巻10「相模入道自害之事并面々腹切事」。西源院本太平記・巻10「鎌倉中合戦事同相模入道自害事」。
※永井晋『金沢貞顕』（人物叢書、吉川弘文館、2003年）

No.21（執権14）　北条高時（父：北条貞時、母：大室〈安達〉泰景娘、童名：成寿）
1：嘉元１（1303）.12. 2　生（１）
2：延慶２（1309）. 1.21　元服（７）
3：応長１（1311）. 1.17　小侍奉行（小侍所別当）（９）
4：応長１（1311）. 6.23　左馬権頭・叙爵
5：応長１（1311）.10.26　服解
6：正和１（1312）. 2. 4　復任（10）
7：正和５（1316）. 1. 5　従五位上（14）
8：正和５（1316）. 1.13　兼但馬権守
9：正和５（1316）. 7.10　執権（判始）
10：文保１（1317）. 3.10　相模守（兼左馬権頭）（15）
11：文保１（1317）. 3.27　辞但馬権守
12：文保１（1317）. 4.19　正五位下
13：文保２（1318）. 2. 8　評定始・着政所（16）
14：文保２（1318）. 2.12　引付・評定出仕始
15　元応１（1319）. 2.　辞左馬権頭
16：元応１（1319）.10. 3　意見始（17）
17：嘉暦１（1326）. 3.13　出家（法名崇鑑）（24）
18：元弘３（1333）. 5.22　没（31）
［典拠］
父：分脈など。
母：間記。北次第。分脈・大室泰宗娘条、纂要「安達」、貞時「母」とするも「妻」の誤。『安達氏系図』（白河結城家文書）、高時母の父を「泰景」とす。
童名：北次第。『桓武平氏系図』。『北条系図』Ａ・Ｂ。纂要「北条」。
1：北次第。鎌記・正和５年条等記載の年齢とも一致。
2：鎌記・正和５年条。北次第。
3：鎌記・正和５年条。北次第、20日「小侍出仕始」とす。
4：鎌記・正和５年条。北次第。武記・正和５年条、「正応」と誤記。
5：鎌記・正和５年条。
6：鎌記・正和５年条。北次第、２月２日とす。
7：鎌記・正和５年条。北次第。
8：鎌記・正和５年条。北次第。
9：分脈。鎌記・正和５年条。将次第・正和５年条。北次第。武記・正和５年条。開闢。大日記（生田美喜蔵所蔵本）・正和５年条、出仕始とす。
10：『花園天皇宸記』文保元年３月10日条。鎌記・正和５年条。開闢。北次第。武記・正和５年条、７月とす。大日記・文保元年条、16日とす。
11：開闢。

12：鎌記・正和５年条。北次第。
13：鎌記・正和５年条。北次第。
14：鎌記・正和５年条。
15：北次第。開闢、文保元年３月27日に但馬権守と共に「右馬権頭」を辞したごとくに記す。
16：武記・正和５年条。
17：鎌記・正和５年条。北次第。武記・正和５年条。鎌記裏書・嘉暦元年条。大日記・嘉暦元年条。開闢、『北条系図』Ａ・Ｂ、法名「宗鑑」とす。将次第・嘉暦元年条、２月13日とす。分脈、15日法名「崇監」とす。
18：北次第。開闢（25日とも）。神田本太平記・巻10「相模入道自害之事并面々腹切事」。西源院本太平記・巻10「鎌倉中合戦事同相模入道自害事」。『北条系図』Ａ、40歳とす。『北条系図』Ｂ、『桓武平氏系図』、42歳とす。

No.22（執権16）　赤橋守時（父：赤橋久時、母：北条宗頼娘）

1：永仁３（1295）.　　　　生（１）
2：徳治２（1307）.11.１　左近将監・叙爵（13）
3：応長１（1311）.６.５　評定衆（不経引付）（17）
4：正和１（1312）.12.30　従五位上（18）
5：正和２（1313）.７.26　一番引付頭人（19）
6：正和４（1315）.12.15　讃岐守・正五位下（21）
7：文保１（1317）.12.27　二番引付頭人（23）
8：元応１（1319）.２.18　武蔵守（25）
9：元応１（1319）.⑦.13　一番引付頭人
10：嘉暦１（1326）.４.24　執権（32）
11：嘉暦１（1326）.８.１　転相模守
12：嘉暦２（1327）.⑨.２　従四位下（33）
13：元弘１（1331）.１.５　従四位上（37）
14：元弘３（1333）.５.18　没（39）

［典拠］
父：分脈など。
母：鎌記・嘉暦元年条。北次第、宗頼の子兼時娘とするが、永仁３年には兼時は32歳であり、その娘が子を生む可能性は皆無でないにしても無理があり、鎌記の方が信憑性が高いと判断される。
1：没年齢より逆算。
2：北次第。鎌記・嘉暦元年条、10月１日右近将監とす。
3：鎌記・嘉暦元年条。
4：鎌記・嘉暦元年条。北次第。
5：鎌記・正和２年条。鎌記・嘉暦元年条、正和４年とするも、誤（「職員表」正和２年条参照）。
6：北次第。
7：鎌記・文保元年条。
8：北次第。鎌記・嘉暦元年条。
9：鎌記・元応元年条。
10：鎌記・嘉暦元年条。将次第・嘉暦元年条。開闢、異説に20日を載す。北次第。分脈、３月17日とす。纂要「北条」。
11：開闢。鎌記・嘉暦元年条。
12：鎌記・嘉暦元年条。北次第、元徳元年９月２日とす。
13：北次第。

14：北次第。将次第・元弘３年条。開闢。神田本太平記・巻10「赤橋盛時自害事」。西源院本太平記・巻10「鎌倉中合戦事同相模入道自害事」。分脈、16日とす。『北条系図』A・B、『桓武平氏系図』、纂要「北条」、法名「道本」とす。
※多賀宗隼「赤橋駿河守守時」（同『論集中世文化史』上、法蔵館、1985年）。

No.23（連署13） 大仏維貞（父：大仏宗宣、母：常葉時茂娘、初名：貞宗）
1：弘安８（1285）.　生（１）
2：正安３（1301）. 7.15　式部少丞（17）
3：正安３（1301）. 8.20　叙爵
4：嘉元１（1303）. 5.18　右馬助（19）
5：嘉元２（1304）. 7.10　引付衆（20）
6：嘉元３（1305）. 5. 6　小侍奉行（小侍所別当）（21）
7：徳治１（1306）. 8. 4　評定衆（22）
8：徳治２（1307）. 1.28　五番引付頭人（23）
9：延慶１（1308）. 7.19　従五位上（24）
10：延慶２（1309）. 3.15　六番引付頭人（25）
11：延慶３（1310）. 2.18　五番引付頭人（26）
12：応長１（1311）.10.25　四番引付頭人（27）
13：正和２（1313）. 7.26　辞四番引付頭人（29）
14：正和３（1314）.③.25　正五位下（30）
15：正和３（1314）.10.21　陸奥守
16：正和４（1315）. 9. 2　六波羅南方（31）
17：元亨１（1321）. 7. 3　東下（37）
18：元亨１（1321）. 7. 5　上洛
19：正中１（1324）. 8.17　東下（40）
20：正中１（1324）.10.30　評定衆
21：嘉暦１（1326）.　越訴頭人（42）
22：嘉暦１（1326）. 4.24　連署
23：嘉暦１（1326）.10.10　修理大夫
24：嘉暦２（1327）. 7.　従四位下（43）
25：嘉暦２（1327）. 9. 6　辞修理大夫（依病）
26：嘉暦２（1327）. 9. 7　出家（法名慈眼）・没
［典拠］
父：分脈など。
母：鎌記・嘉暦元年条。北次第。佐野本『北条系図』、宇都宮経綱娘とす。
初名：鎌記・嘉暦元年条。
1：没年より逆算。
2：鎌記・嘉暦元年条。北次第、13日とす。
3：鎌記・嘉暦元年条。北次第。
4：鎌記・嘉暦元年条。北次第、17日とす。
5：鎌記・嘉暦元年条。
6：鎌記・嘉暦元年条。
7：鎌記・嘉暦元年条。
8：鎌記・徳治２年条。鎌記・嘉暦元年条、12月６日とす。
9：鎌記・嘉暦元年条。北次第。

10：鎌記・延慶２年条。
11：鎌記・延慶３年条。
12：鎌記・応長元年条。
13：鎌記・正和２年条。
14：鎌記・嘉暦元年条。
15：鎌記・嘉暦元年条。北次第。
16：鎌記・正和４年条・嘉暦元年条。開闢、９月２日「立鎌倉」18日「入洛」とす。分脈、18日「上洛」とす。武記・正和４年条、北次第、３日とす。大日記・正和４年条、12月９日上洛とす。将次第・正和４年条、８月とす。纂要「北条」、８月とす。
17：将次第・元亨元年条、「七月三日俄下向関東、御気色不快之間、同五日上洛」とす。
18：17参照。
19：大日記・正中元年条、８月17日「下関東」「晦日下着」とす。将次第・正中元年条、８月17日「出京」30日「下着」とす。開闢、19日「出京」とす。武記・正和４年条の８月30日下向は、大日記の鎌倉下着日時と一致。北次第、29日「下着于関東」とす。纂要「北条」、元亨元年７月３日とするも誤。
20：鎌記・嘉暦元年条。
21：鎌記・嘉暦元年条、嘉暦２年に掛くも、同書は嘉暦元年の修理権大夫任官も嘉暦２年としており、かつ連署が越訴頭人を兼務することは考え難いので、これは嘉暦元年の誤記と推定される。よって越訴頭人就任は嘉暦元年４月連署就任以前と考えられる。「職員表」正中元年条、正中元年とす。
22：鎌記・嘉暦元年条。将次第・嘉暦元年条。開闢、異説として20日を載せ、26日評定始とす。『北条系図』Ａ・Ｂ。纂要「北条」。大日記・嘉暦元年条、27日評定始とす。北次第。分脈、３月とす。
23：北次第。開闢。鎌記・嘉暦元年条、嘉暦２年とす。
24：鎌記・嘉暦元年条。北次第、従四位下叙位の日付を記さず。
25：北次第。
26：常楽記・嘉暦２年９月７日条。鎌記・嘉暦元年条。開闢。鎌記裏書・嘉暦２年条。将次第・嘉暦２年条、大日記・嘉暦２年条、北次第、『北条系図』Ａ・Ｂ、纂要「北条」、佐野本『北条系図』（没日20日とす）、42歳とす。法名、北次第に拠る。

No.24（連署14） 北条茂時（父：北条凞時、母：北条貞時娘）

生年未詳

小侍所別当（分脈。纂要。大日記・元徳２年条）

1：文保１（1317）．7.29　左近将監・叙爵
2：嘉暦１（1326）．5.13　一番引付頭人
3：嘉暦１（1326）．9. 4　右馬権頭
4：元徳１（1329）．12.24　正五位下
5：元徳２（1330）．7. 7　連署
6：元弘３（1333）．5.22　没

［典拠］

父：分脈など。
母：北次第。
1：北次第。
2：鎌記・嘉暦元年条。
3：北次第。

4：北次第。
5：北次第。開闢。武記・元徳2年条、19日評定始とす。大日記・元徳2年条、9日「加判。評定始」とす。将次第・元弘3年条、9日「加判事被仰下評定始」とす。纂要「北条」、9日「加判」とす。
6：分脈。将次第・元徳2年条。開闢。『桓武平氏系図』。纂要「北条」。神田本太平記・巻10「相模入道自害之事〈并〉面々腹切事」、「南部右馬頭茂時」とあり。北次第、21日とす。『北条系図』A・B、25日とす。

No.25（執権17カ）　金沢貞将（父：金沢貞顕、母：未詳、正五位下〈分脈〉）
生年未詳

1：	年月日未詳	評定衆・官途奉行
2：	文保2（1318).12.	五番引付頭人
3：	元応1（1319).⑦.13	四番引付頭人
4：	元亨2（1322).7.12	辞四番引付頭人
5：	正中1（1324).11.16	六波羅南方
6：	嘉暦1（1326).9.4	武蔵守
7：	元徳2（1330).⑥.28	東下
8：	元徳2（1330).7.24	一番引付頭人
9：	元弘3（1333).5.22	執権カ。
10：	元弘3（1333).5.22	没

［典拠］
父：分脈など。
生年未詳：『系譜人名辞典』「北条貞将」は生年を乾元元年（1302）と断定するが、これは前田元重「金沢貞顕略年譜」（特別展「金沢貞顕と鎌倉文化」資料、神奈川県立金沢文庫、1978年）の推定に拠るもので、信憑性は無い。
1：金文183。
2：鎌記・文保2年条。
3：鎌記・元応元年条。
4：鎌記・元亨2年条。
5：『花園天皇宸記』正中元年11月16日条。将次第・正中元年条、1日立鎌倉、16日入洛とす。開闢。大日記・正中元年条。鎌記・正中元年条、8月29日とす（開闢にも同様の記述あり）。分脈、元亨4年7月16日、嘉暦元年9月4日の両説を載す。
6：武記・正中元年条。開闢、8月1日とす。
7：分脈。武記・正中元年条。武記・元徳2年条、7月11日下向とす。
8：鎌記・元徳2年条、「貞時」とあるも貞将の誤記ならん。
9：神田本太平記・巻10「相模入道自害之事并面々腹切事」。西源院本太平記・巻10「鎌倉中合戦事同相模入道自害事」。貞将は同日、得宗高時により、「両探題職」に補すべき「御教書」を与えられている。「探題」は執権を意味する（『沙汰未練書』）。この記事に従えば、貞将は17代目にして鎌倉最後の執権であったことになる。
10：神田本太平記・巻10「相模入道自害之事并面々腹切事」。西源院本太平記・巻10「鎌倉中合戦事同相模入道自害事」。分脈。